GÜTERSLOHER
VERLAGSHAUS

Klaus-Peter Jörns

UPDATE FÜR DEN GLAUBEN

Denken und leben können, was man glaubt

Gütersloher Verlagshaus

Bibliografische Information der Deutschen Nationalbibliothek
Die Deutsche Nationalbibliothek verzeichnet diese Publikation in der Deutschen Nationalbibliografie; detaillierte bibliografische Daten sind im Internet über https://portal.dnb.de abrufbar.

FSC
www.fsc.org
MIX
Papier aus verantwortungsvollen Quellen
FSC® C014496

Verlagsgruppe Random House FSC-DEU-0100
Das für dieses Buch verwendete FSC®-zertifizierte Papier *Munken Premium Cream* liefert Arctic Paper Munkedals AB, Schweden.

1. Auflage

Umschlagmotive:
Oben: Paul Gauguin, La Orana Maria © akg-images/De Agostini Pict. Lib.
Mitte: Jean Fouquet, Maria mit Kind © akg-images
Unten: Ägypten; ptolemäische Zeit, 306-30 v. Chr., BIBEL+ORIENT Museum an der Universität Fribourg; Inventarnr. ÄFig 1995.1.
Druck und Einband: GGP Media GmbH, Pößneck
Printed in Germany
ISBN 978-3-579-08145-8

www.gtvh.de

Willigis Jäger und Jörg Zink
dankbar gewidmet

Denn das Leben ist die Liebe,
und des Lebens Leben Geist.

GOETHE, WESTÖSTLICHER DIVAN

Inhalt

Vorwort

Die Bilder auf dem Buchdeckel deuten an, was es mit einem Update für den Glauben auf sich hat. In der millionenfach dargestellten Zweieinheit von *Maria und dem Jesuskind* können wir leicht die christliche Version eines ägyptischen Vor-Bildes erkennen, das darunter abgedruckt ist. Es zeigt die Göttin Isis, die das göttliche Kind Horus stillt. Isis und die immer mit einem Kuhgehörn dargestellte andere mütterliche Göttin, Hathor, vereinigen in sich schon alle Aspekte, die man im alten Ägypten mit der Würde der Gottesmutter verband. Hier sind die Grundlagen auch zur Marienfrömmigkeit gelegt worden.[1] Das dritte Bild, von Paul Gauguin[2], zeigt eine nicht nur durch die exotische Südseewelt völlig andere Darstellung von Maria und dem Jesuskind. Maria ist hier nicht mehr die Gottesmutter und thronende (Himmels-)Königin, als die Jean Fouquet (1452-60) seine »Madonna vor dem Kirchenportal« gemalt hatte.[3] Sondern sie ist als lächelnde Mutter, in offener Landschaft dargestellt. Ihr Bübchen sitzt mit nacktem Po auf ihrer Schulter und lehnt seinen Kopf auf den Kopf der Mutter. Ein wenig erinnert dieses Bild damit an Raffaels »Sixtinische Madonna«. Denn das Jesuskind, das Maria dort in die Welt hineinträgt, lässt auch eine ängstliche Ahnung von dem schweren Weg erkennen, den es vor sich hatte.

Das ausgewählte Motiv lenkt den Blick nicht nur von Isis auf Maria, sondern auch vom Kind Horus auf das Kind Jesus. Es geht um das, was Jesus als Mann *machen* und was mit ihm *gemacht werden* wird. Wie einst für die Ägypter die Horus-Geschichte, so bildet für uns die Jesus-Geschichte das Zentrum der Glaubensbotschaft bzw. des Evangeliums – und auch die theologische Mitte dieses Buches. Schon in Ägypten kam mit Osiris und Horus ein neuer Gottestyp auf, den man als den »verletzten Helfer« bezeichnen kann. Mit Dionysos und Asklepios ist diese Gottesvorstellung auch in Griechenland lebendig gewesen. Insbesondere an die Asklepios-Überlieferungen haben die frühen Christen in mancher Hinsicht angeknüpft, wenn sie Jesus als Heiland charakterisieren und ihrer Umwelt seine heilvolle Bedeutung verständlich machen wollten.[4] Diesen Vorgang will ich etwas genauer anschauen:

Wenn ein Update installiert wird, wird ein überliefertes System, das gewissermaßen die Basisversion darstellt, durch neue Elemente teilweise »überschrieben«. Indem wir uns das Verhältnis von Basisversion und der durch ein Update veränderten Version klarmachen, können wir auch erkennen, wie vorbiblische Glaubensvorstellungen in christliche verwandelt worden sind. Zugleich wird uns klar, dass das Christentum als Religion kein Sonderfall ist. Es hat Glaubensvorstellungen aus anderen Religionen übernommen und später selbst andere Religionen beeinflusst. Aus diesen vielfachen und wechselseitigen Einflüssen geht hervor, dass das traditionelle Verständnis von Offenbarung seinerseits eines Updates bedarf. Denn zu »Offenbarungen« gehört ganz offenbar die Geschichte hinzu, die die in ihnen verwendeten Motive oder Bilder schon vorher, in anderen Religionen, gehabt haben.

Ein Update ist kein Katechismus. Es geht um theologische Entscheidungen, mit denen ich auf Veränderungen des Welt-, Lebens- und Gottesverständnisses antworte. Diese Entscheidungen knüpfen an manches an, was ich in dem Buch »Notwendige Abschiede« und in den Büchern danach erarbeitet habe.[5] Aber sie stehen auch in Verbindung mit einem wirklichen Neuanfang, der durch das Gespräch mit der Quanten- und Evolutionstheorie, der Tierphilosophie und Jean Gebsers Theorie der Aperspektivität entstanden ist. Die einzelnen Bereiche des Updates sollen im Teil III dieses Buches vorgestellt werden.

Das Buch »Notwendige Abschiede« betrifft Glaubensvorstellungen, die ich aus Gründen der Glaubwürdigkeit nicht mehr mit meiner Sicht des christlichen Glaubens verbinden kann. Sie können in meinen Augen aber auch durch keine Neuinterpretation mehr akzeptabel gemacht werden. Sie sind zwar mit den Anfängen des Christentums verbunden, lassen sich aber nach meinem Verständnis nicht mit dem Zentrum des Glaubens, der Jesus-Überlieferung, verbinden. Als frühe christliche Glaubenszeugnisse sind sie zu respektieren. Aber wir leben in einer anderen Zeit. Unsere Zeit ist nicht besser oder weiser als frühere Zeiten, aber sie ist kulturell eine andere. Deshalb kann von uns ein Glaubenszeugnis verlangt werden, das heute verstanden wird, weil es heutige Denk- und Lebensvoraussetzungen ernst nimmt.[6] Je länger kulturell und theologisch notwendige Reformen verweigert werden, je rigoroser sich eine Religion als reformunfähig erweist und zu einem Museumsbetrieb wird, desto eher werden die irgendwann aufbrechenden Veränderungen mehr als ein Update oder Upgrade nötig machen. Wie Dietrich Bonhoeffer es schon gesehen hat, ist die Lösung unserer Glaubensprobleme nicht der »Pietismus als letzter Versuch, das evangelische Christentum zu erhalten; (nicht) die lutherische Orthodoxie, der Versuch, die Kirche als Heilsanstalt zu retten«, sondern nur eine beherzte theologische Reform unserer Glaubensvorstellungen. Dafür hat Bonhoeffer noch die Formel einer ›nichtreligiösen Interpretation christlicher / biblischer Begriffe‹ und Vorstellungen gefunden.[7] Nur sie kann den Glauben wieder authentisch machen.

Trotzdem wäre es falsch, irgendwelche Glaubensaussagen aus dem christlichen Teil der Bibel entfernen zu wollen. Sie haben nun einmal den Gang der Christentumsgeschichte geprägt. Doch nur weil sie in der Bibel stehen, können problematische Glaubensaussagen die Gestalt unseres Glaubens heute nicht mehr bestimmen. Wie diese Gestalt auszusehen hat, entscheiden für mich der – aus mehreren Gründen auch kritische – Rückbezug auf die Jesus-Überlieferung[8] und der Bezug auf die heutigen Lebensgrundlagen. Hier beginnt die Aufgabe der Theologie.

Die biblischen und kirchlichen Überlieferungen gehören zuerst denen, die sie erinnert und aufgeschrieben haben. Sie basieren auf Erfahrungen und Wahrnehmungen, die in je ihre Zeit in Formen geläufiger religiöser Sprache kommuniziert und schließlich schriftlich bezeugt worden sind. Der Respekt vor dem Glaubenszeugnis der anderen verlangt aber von uns, dass auch wir authentisch von unserem Glauben reden und offen legen, wie wir denken und leben können, was wir glauben. Das ist das konkrete Wahrheitsgebot – auch für das Reformationsjubiläum 2017.

Die Verwendung des Begriffes Update sagt von vornherein, dass es in diesem Buch weder um einen vollständigen Neuentwurf geht, noch um etwas Einmaliges. Nach diesem Update wird und muss es weitere geben, so wie es auch bisher schon wichtige Beiträge zur Glaubensreform gegeben hat, auch wenn der Begriff Update dabei nicht verwendet wurde. Deshalb ist geplant, eine Schriftenreihe mit dem Namen »Schriften zur Glaubensreform« folgen zu lassen. Darin werden unterschiedliche Autorinnen und Autoren schreiben und eigene Akzente setzen. Das heißt: Es geht nicht um Uniformität. Der einzige Anspruch, der sich mit diesem Buch und jener Schriftenreihe verbindet, betrifft die Möglichkeit, eine authentische Gestalt von Glauben finden und leben zu können. Dazu es ist notwendig, den Bezug des Glaubens auf unser Denken und Leben genauso ernst zu nehmen wie unsere Überlieferungen. Dieser Aufgabe wird sich die neu gegründete, für jedermann und jedefrau offene »Gesellschaft für eine Glaubensreform« (Waldstr. 17, 82335 Berg) widmen.

Auf ein Sachregister ist verzichtet worden, weil die Kapitel- und Abschnittsüberschriften detailliert sagen, was behandelt wird. Ein Stellenregister, das Literatur- und das Abbildungsverzeichnis finden sich am Schluss des Buches.

Meine Frau *Wiltrud* ist mir auch bei diesem Buch meine kritische Muse gewesen. Die Freude an dieser Kooperation, die uns weiterbringt, ist unteilbar. Auch Gerhart Herold war wieder in vielen Gesprächen ein mich ermutigender Kommentator. *Diedrich Steen*, meinem Lektor seit vielen Jahren, sage ich Dank für die intensive Begleitung und *Nicole Filges* für die Gestaltung des Buches im Verlag. Diesmal war es ein langer Weg, und ich danke allen für die Geduld und Beweglichkeit.

Berg, im September 2012 *Klaus-Peter Jörns*

I Updates für den Glauben außerhalb und innerhalb der Bibel und im Christentum

Updates (und Upgrades)[9] sind in der Religionsgeschichte die großen Erfolgsmodelle, auch wenn es diese technischen Begriffe früher noch nicht gegeben hat. Sie sorgen dafür, dass Religionen sich großen kulturellen Veränderungen anpassen und einen Bezug zum wirklichen Leben behalten können. Wo sie versäumt oder zu spät vorgenommen werden, bekommt das den Religionen nicht gut: Sie verlieren den Lebensbezug und kapseln sich ab, erstarren in der formalen Rechtgläubigkeit und sind nur noch mit dem Problem beschäftigt, wie sie überleben – und das heißt, wie sie die durch ihr selbst gewähltes Inseldasein wachsenden Probleme ausgleichen und ihre aus besseren Tagen stammenden Privilegien verteidigen können.

Durch die Computer kennt heute jedes Schulkind Betriebssysteme, die in immer kürzeren Abständen durch Updates an neue, von ihnen erwartete Anwendungsmöglichkeiten angepasst werden müssen. Dieses Verfahren kann uns modellhaft vor Augen führen, was Religionen leisten müssen, wenn sie innerhalb großer kultureller Veränderungen den für sie grundlegenden Lebensbezug behalten wollen. Denn lebendige Religionen sind von Glaubensvorstellungen geprägte soziale Systeme und brauchen solche Anpassungsvorgänge. Das belegen die großen Religionen des Mittelmeerraumes auf vielfache Weise. Innerhalb und nach der Antike haben vor allem die Weltsprachen Griechisch im alexandrinisch-hellenistischen und später Latein im römischen Weltreich dafür gesorgt, dass es zu einer die Grenzen zwischen den Kulturen und Religionen überschreitenden Kommunikation im Mittelmeerraum kommen konnte. Die gesamte altägyptische (religiöse) Literatur ist noch in vorchristlicher Zeit ins Griechische übertragen worden, wie auch der jüdische Tenach, den wir griechisch als die »Septuaginta« kennen. Die griechischen Dramatiker ihrerseits gehörten in der Zeit, in der Jesus von Nazareth seine Wirkung entfaltete, zum Bildungsgut der mediterranen Oberschichten.

Wie sehr das Christentum von der neuen Weltsprache Griechisch profitiert hat, macht die »Pfingsterzählung« *(Apostelgeschichte 2)* deutlich: »Creti und Plethi« konnten die Missionspredigt der Jesusapostel verstehen, weil sie neben ihren jeweiligen Muttersprachen Griechisch konnten. Das Neue Testament ist griechisch gedacht, geschrieben und kommuniziert worden. Diese Kommunikation hat die Glaubensgestalt des Christentums weit mehr geprägt, als es der Begriff einer jüdisch christlichen Überlieferung vermuten lässt. Denn die verbinden wir eher mit der hebräischen und der aramäischen Sprache, in denen der jüdische Kanon geschrieben worden ist. Doch zur Zeit Jesu war das Hebräische schon keine Umgangssprache mehr, sondern nur noch eine Kultsprache. Umgangssprache war Aramäisch in verschiedenen Dialekten, und die Gebildeten sprachen Griechisch – vielleicht auch Jesus selbst.[10] Diesen Hintergrund müssen wir im Auge behalten, wenn wir verstehen wollen, wieso es zu Updates nicht nur innerhalb einzelner Religionen, sondern auch zu Übernahmen aus anderen Religionen ins Christentum kommen konnte.

1. Beispiele

Wichtig ist, sich zuerst klarzumachen, welche Konstellationen zu solchen, mit Updates verbundenen Veränderungen in Glaubenssystemen geführt haben. Dazu lege ich eine kurze Übersicht vor. Die in Klammern gesetzten Zahlen weisen auf die der Übersicht folgenden Beispiele hin. Im Anschluss an diese Übersicht – die sich leicht erweitern ließe – skizziere ich eine Reihe von Updates, die zeigen, wie dabei jeweils vorgegangen worden ist. Im zweiten Kapitel werde ich Umwälzungen ansprechen, die auf die Neugründung von Religionen hinausgelaufen sind und schon als Systemwechsel bezeichnet werden müssen.

Ich nenne nun Konstellationen, die Updates ausgelöst haben.

- Durch Kriege entstandene Grenzverschiebungen, große Migrationen oder auch Kontinente verbindende, wirtschaftliche Entwicklungen stellten eine Herausforderung an das Selbstverständnis von Religionen dar. Sie stellten vor wichtige Fragen: Konnte die durch ihre Entstehungsgeschichte begründete Bindung der religiösen Vorstellungswelt an eine bestimmte Region und Kultur auch auf einen veränderten Kulturraum übertragen werden? Oder mussten einzelne Inhalte des Glaubens den neuen Verhältnissen angepasst werden (s. Kapitel II, 1)?
- Situationen, die es notwendig erscheinen ließen, Lehren aus der Geschichte zu ziehen und deshalb das Glaubenskonzept durch Updates zu ändern bzw. wieder an den Anfang anzupassen (1,1,1, 7).
- Erkenntnisse, dass ältere Traditionen aufgrund neuer theologischer Einsichten geändert werden mussten, um glaub-

würdig (1,2) oder kommunikabel (1,3) zu bleiben, oder auch um in der Theologie verdrängte Perspektiven auf Gott und das Leben in das Glaubenssystem einzufügen (1,8,1,9).

- Erfahrungen, die es nahelegten, wichtige Elemente aus fremden Religionen, ja, selbst fremde Götter zu übernehmen, deren Fähigkeiten in der eigenen Religion dringend benötigt wurden, die es bisher aber im eigenen Götterhimmel nicht gegeben hatte (1,4-1,6).

Diesen Konstellationen ordne ich nun die folgenden Beispiele zu:

1.1 Eine Zweitschrift der Tora nach der Katastrophe: Das Deuteronomium

Nachdem die Juden aus der babylonischen Gefangenschaft nach Palästina zurückgekehrt waren (ab 539 v. Chr.), haben Priestertheologen das alte, in den Büchern Exodus bis Numeri überlieferte mosaische Gesetz mit einer neuen Version überschrieben. Denn inzwischen hatten sie die Ursache für die babylonische Gefangenschaft im Ungehorsam gegen Gottes Tora ausgemacht. Mithilfe der Legende von der Auffindung einer »Zweitschrift des (mosaischen) Gesetzes« im Tempel (*Deuteronomium 17,18 ; 2. Könige 22,8ff*) wurde das alte Gesetz nun in eine ganz auf den Neuanfang zugeschnittene Version gefasst. Sie ist im Deuteronomium – ohne die Kapitel 31-34 – enthalten. Unter anderem wurden fürchterliche Strafandrohungen in die alten Überlieferungen eingefügt (*vgl. Deuteronomium 28)*, die das Gottesbild durch die Sprache der Gewalt verzerrt haben. Denn Sinn des »zweiten Gesetzes« war es, die Juden beim staatlichen und kultischen Neuanfang nach der Katastrophe zum *unbedingten* Gehorsam gegen die Tora zu bringen. Alles orientierte sich dabei am »Schema Jisrael«, dem Grundgebot, Jahwe als einigen und einzigen Gott anzubeten, ja, ihn zu lieben von ganzem Herzen, von ganzer Seele und mit aller Kraft (*vgl. Deuteronomium 6,4-9*). Durch das Deuteronomium wurde begründet, was Jan Assmann eine »Sündekultur« genannt hat.[11] Weil die Gehorsamsforderung absolut ist und nicht erfüllt werden kann, gewinnen »die Sünde« und die Angst vor ihr eine das Leben und Denken beherrschende Rolle.

1.2 Wer ist Ursache des Bösen? Nicht Jahwe, sondern Satan!

Es gab auch Neufassungen von älteren Erzählungen, deren theologische Aussage späteren Theologen nicht mehr einsichtig erschien. Sie haben deshalb an entscheidender Stelle die ihnen vorliegende Überlieferung geändert. So wurde ursprünglich erzählt, König David habe vor einem Krieg die Zahl der kriegstüchtigen Männer in Israel zählen lassen. Dafür habe Gott Jahwe den König aber bestraft, indem er 70.000 Menschen in Israel tötete, weil David *Jahwe* nicht unbedingt vertraut, sondern sich – durch das Zählen seiner Männer – lieber auf seine Eigen-Macht verlassen hatte (*2. Samuel 24,1-16*). Viel später haben Theologen dieselbe Geschichte noch einmal erzählt. Und zwar Theologen, die Gott nicht mehr mit allem, was geschieht, ursächlich in Verbindung bringen wollten, sondern nur mit dem Guten – von als gerecht empfundenen Strafen einmal abgesehen. Sie haben sich daran gestoßen, dass in der alten Überlieferung steht, Jahwe selbst habe David zur Zählung »gereizt« (*2. Samuel 24,1*). Wie aber hätte er David bestrafen können dafür, dass David tat, was Jahwe wollte? Mit einem solchen, in sich gespaltenen Gott mochten die späten Erzähler ihre Leser offenbar nicht belasten. Und deshalb haben sie »Jahwe« als Verursacher der Zählung aus dem Anfang der Geschichte herausgenommen und durch »Satan« ersetzt (*1. Chronik 21,1*). Nun war die Zählung zum Satanswerk geworden, und die Strafe erschien berechtigt – obwohl sie ja gar nicht David selbst getroffen hat. Man erkennt deutlich, dass die Späteren bereits einer Theologie folgten, die das Böse von Gott getrennt und mit dem personifizierten Bösen, Satan, verbunden hat – Strafen Gottes, wie gesagt, ausgenommen. Dieser Dualismus hat die neue Version der Erzählung nötig gemacht.

1.3 Das Motiv der Gottesmutter wird von der ägyptischen Göttin Isis in die Mariengeschichte eingetragen

Manfred Görg hat mit großer Detailkenntnis dargelegt, wie das apostolische Glaubensbekenntnis an ägyptische Vorstellungen angeknüpft hat. Beispielhaft dafür ist, wenn es »von der Empfängnis und Geburt des Gottessohnes in der uralten Sprache der mythologischen Szenenfolge (redet), die ihrerseits den Mythos von der Geburt aus Gott ins Bild gesetzt hat«[12]. In Luxor zeigt ein Relief, wie man sich die Empfängnis aus dem Geist Gottes vorstellte: Auf einer Bank sitzen sich der Gott Amun, der Geistgott, und die Königin, die Mutter des regierenden Pharaos, gegenüber. Sie berühren sich mit ihren Fingerspitzen, und durch diese Berührung empfängt die Königinmutter ihren leiblichen, von ihrem Mann empfangenen Sohn auch als geistgezeugten Sohn des Gottes Amun. »Die Vorstellung, dass eine menschliche Mutter zur Trägerin göttlichen Lebens wird, reicht in Ägypten bis ins 3. Jahrtausend zurück. Diese mythische Grundkonstellation« hat sich bis in die Spätzeit Ägyptens durchgehalten, in der allerdings die irdische Königsmutter durch die Darstellung der klassischen ägyptischen Gottesmutter Hathor bzw. Isis ersetzt worden ist. Bilder davon konnten die frühen Christen in Ägypten sehen, da die Verehrung der Gottesmutter Hathor-Isis in den ersten Jahrhunderten n. Chr. noch lebendig gewesen ist. Das zeigen die Tempel in Esna und Philae (1. Jh. n. Chr.!)[13] und andere Darstellungen.[14] Wie Isis-Hathor in die Mariengeschichte – auch sie empfängt Jesus ja aus heiligem Geist! (*Lukas 1,35*) – eingetragen worden ist, stellt einschließlich der theologischen Neuinterpretation ein eindeutiges Update dar. Durch die Anknüpfung war es einfach und glaubwürdig zugleich, den Glauben zu verbreiten, dass (auch) Jesus, der Sohn Marias, aus Gottes Geist gezeugter »natürlicher« Sohn Gottes war.

Dasselbe gilt für die Rede von der jungfräulichen Geburt. Bei Manfred Görg ist zu lesen, dass man schon in Ägypten von der Gottesmutter Isis sagen konnte, »dass sie es gar nicht nötig gehabt habe, an den biologischen Gegebenheiten teilzuhaben, dass sie (vielmehr) in mysterienhaftem Vollzug Mutter des Gotteskindes geworden sei«. Ja, Hathor und Isis galten, um das Wunder der Geburt aus Gott noch zu steigern, auch als »Jungfrauen«.[15] Dasselbe Phänomen finden wir in den Mythen anderer Gottesmütter außerhalb Ägyptens. Da Maria für römische Christen nicht weniger bedeutend war als die Gottesmütter für Ägypten, wurde auch für sie die Jungfräulichkeit – bis ins Biologische hinein – behauptet.

Das römisch-katholische Dogma, Maria sei sowohl bei als auch nach der Empfängnis und Geburt Jesu Jungfrau gewesen bzw. geblieben, hat angesichts der Überlieferung, dass Jesus leibliche Brüder und Schwestern hatte (*Markus 3,31f*), keine biblische Basis. Diese Kritik am Mirakelglauben soll aber nicht verdrängen, dass die Anknüpfung an die großen ägyptischen Göttinnen dafür gesorgt hat, dass das weibliche

Element wenigstens mittelbar wieder in die christliche Gottesvorstellung einziehen konnte.

Ich sage »wieder«, weil eigentlich ja schon von Genesis 1,27 her klar ist, dass Gott das Männliche *und* das Weibliche in sich hat: »Und Gott schuf den Menschen nach seinem Bilde, … als Mann und Frau schuf er sie.« Dazu passt, dass hier die Pluralform *älohim* für Gott verwendet wird. Durch die Konzentration der jüdischen Gottesvorstellung auf den Mann-Gott Jahwe ist die zweite Hälfte verloren gegangen.

1.4 Jesus wird mit einem Symbol des Horus gedeutet – mit dem Fisch

Mit *Horus* verbindet *Jesus* aber noch ein anderer, als Update deutbarer Sachverhalt: In dem am mittleren Nil gelegenen Ort Oxyrhynchos ist Horus in der Gestalt eines Fisches verehrt worden (*s. Abbildung 1*).[16] Auch Jesus ist mit dem in Ägypten tausendfach belegten Titel als »Gottes Sohn« bezeichnet und unter dem Symbol des Fisches als Lebensgabe Gottes dargestellt worden. Mit den Buchstaben des griechischen Wortes für Fisch, ιχθυς, konnten die Christen, wie *Markus 1,1* zeigt, dann sogar ihr kürzestes Jesusbekenntnis formulieren: »Jesus (ι) Christus (χ), [ist] Gottes (θ) Sohn (υ), [ist der] Heiland (ς)«. Ausgesprochen wird das Wort ichthýs. In Oxyrhynchos sind viele frühe Handschriften neutestamentlicher und »apokrypher« Texte gefunden worden, so dass man auf eine lebendige christliche Siedlung schließen kann. Das spricht dafür, dass Jesus hier mit dem ursprünglich zu Horus gehörenden Fisch-Symbol verbunden worden ist. Schon der Vorgang, in dem eine alte und eigentlich der eigenen Religion fremde Vorstellung als deutendes Element verwendet worden ist, zeigt das Vorliegen eines Updates deutlich. Dasselbe gilt schon für die Verbindung des Namens Jesus mit dem Hoheitstitel »Christus«, also mit der griechischen

Form von »Gesalbter« bzw. »Messias«, sowie mit dem ägyptischen Titel »Gottes Sohn« und dem griechisch-hellenistischen, vor allem mit Asklepios verbundenen Titel »Heiland«.

1.5 Jesus, der heilende Heiland, als christliche Version des Heilandes Asklepios

Was die therapeutische Seite Jesu angeht, so gibt es für diese Deutung keine Wurzeln in der jüdischen Messias-Vorstellung. Aber es gibt Gründe, Jesus als die christliche Version des griechisch-hellenistischen Heilgottes und Heilandes Asklepios zu sehen. Rund um das Mittelmeer herum gab es Hunderte von Asklepios-Heiligtümer, in denen Menschen Heilung suchten – und ausweislich großer Mengen von Votivtafeln[17] – auch fanden. Wegen seines Rufes als Heilgott war Asklepios 293 v. Chr. bereits in den römischen Götterhimmel integriert worden. Man hatte einen göttlichen Helfer haben wollen, der gegen die in Rom wütende Pest ankam und sich auf die Traumdeutung und die neue Therapie des Heilschlafs verstand. Zweieinhalb Jahrhunderte später wurde Jesus von seinen Anhängern auch mit dem zu Asklepios gehörenden Titel »Heiland« (griech. *sotér*) verehrt.[18] Und wir lesen in den Evangelien, dass er Kranke geheilt und Tote auferweckt hat – wie Asklepios. Und der griechische Mythos erzählt, Zeus, der Großvater des Asklepios, habe seinen Enkel getötet, nachdem dieser Tote auferweckt hatte. Nach *Johannes 11,53* löst auch bei Jesus die spektakuläre Auferweckung des toten Lazarus den Entschluss der Oberen aus, ihn zu töten. So ist es kein Wunder, dass sich die Jesus-Ikonographie der ersten Jahrhunderte weitgehend an den bildlichen[19] und plastischen Darstellungen des Asklepios orientiert hat (*s. Abbildung 2*). Und das ist in vielem bis zu den Jesus-Darstellungen der Nazarener so geblieben.

1.6 Das Johannesevangelium als Update der älteren Evangelien

Die vier kanonischen Evangelien können als eigenständige Versionen von Jesus-Überlieferungen verstanden werden, die vor der Niederschrift mündlich oder in kleineren Textsammlungen wie der »Spruchquelle Q« und dem von Matthäus und Lukas gemeinsam benutzten Sondergut kursierten. Diese ersten Quellen mussten für Gemeinden bewahrt werden, die durch ihre religiöse Herkunft in unterschiedlichen religiösen Traditionen gelebt hatten. Zu diesen Traditionen nicht passende Glaubensvorstellungen, unverständliche Begriffe und Szenen wurden überschrieben oder umgeschrieben. Vor allem im Johannesevangelium ist zu erkennen, wie eine völlig neue, bei der Logos-Vorstellung und Inkarnation (»Fleischwerdung«) ansetzende Theologie die Deutung der Jesus-Geschichte bestimmt. Dieser johanneische Jesus weist nicht mehr von sich weg auf den Vatergott und das Reich Gottes, sondern er weist auf sich selbst. Zentral und nirgends anders zu finden sind seine Selbstaussagen, die wegen ihrer Einleitung »Ich- bin-Worte« genannt werden und fundamentale Gottesprädikate nun an Jesus binden: »Ich bin der Weg, die Wahrheit und das Leben« (*14,6*), »das Brot des Lebens« (*6,35 u.ö.)*, ja, »das Licht der Welt« (*8,12; 9,5 u.ö.*), und anderes mehr. Wer ihn sieht, sieht den Vater (*14,9)*, denn »Ich und der Vater(gott) sind eins« (*10,30*). Also gilt: »Niemand kommt zum Vater denn durch mich« (*14,6).*[20]

Durch die Inanspruchnahme der Einheit mit Gott konnte Johannes aber viele, von den anderen Evangelien verwendete Überlieferungen nicht mehr übernehmen. Das betrifft die Gleichnisse Jesu einschließlich der Reich-Gottes-Botschaft, das Unser-Vater-Gebet und das Abendmahl nach apostolischer Tradition mit den Einsetzungsworten, die Brot und

Wein mit Jesu Fleisch und Blut gleichsetzen. In seiner Version des Evangeliums erscheinen nun neben den Ich-bin-Worten das große Abschiedsgebet *(17)* und die Fußwaschung *(13)*. Diese Überlieferungen kennen die drei anderen Evangelien nicht. Einzig im Johannesevangelium wird der Auferstandene ausdrücklich »Mein Herr und mein Gott« genannt. Und der so Angesprochene nennt dieses Bekenntnis dann ausdrücklich – den neuen Glauben (*20,28f*).

Geradezu aufregend ist die Korrektur, die Johannes in der Szene vom gemeinsamen Passamahl vorgenommen hat (*13,1-17*). Gleich nach dem Beginn des Mahls gürtet sich Jesus als der, der zu Tische dient, und wäscht den Jüngern die Füße. So soll auch am Ende seines Weges die Liebe sichtbar werden, die er den Jüngern immer entgegengebracht hat (*V. 1*). Als Petrus so nicht bedient werden will, sagt Jesus ihm, *nur* so könne er »rein« werden. Anders ausgedrückt: Der Mensch wird »rein«, erhält also Vergebung, wenn er sich Gottes Liebe gefallen lässt, wie Jesus sie ihnen vermittelt hat. Nachdem er die Fußwaschung beendet hat, erklärt er diesen »Umsturz« noch ausdrücklich: »Ein Beispiel habe ich euch gegeben, damit ihr tut, wie ich euch getan habe.« Das ist der Sinn eines Sakramentes! Das aber heißt: Die Fußwaschung soll das in den drei anderen Evangelien enthaltene, vom Apostel Paulus (*1. Korinther 11, 23-26)* überlieferte Abendmahls-Sakrament *ersetzen*. Um das zu unterstreichen, nimmt Johannes ein Sprichwort auf und lässt Jesus zu den Jüngern sprechen: »Ein Knecht ist nicht über seinem Herrn[21], *und ein Apostel ist nicht über dem, der ihn gesandt hat*« (*13,16b)*. Und er fügt hinzu: »Wenn ihr das wisst – selig seid wir, wenn ihr danach handelt« (*13,17*).

In die Zukunft weist das Update, das das Johannesevangelium in die Erzählung vom Auferstandenen eingefügt hat (*20,19-23*). Da erscheint der auferstandene Herr den Jüngern, die sich aus Angst vor Verfolgung eingeschlossen hatten. Er sagt ihnen den Friedensgruß und gibt den an ihn ergangenen Auftrag an sie weiter: »Wie mich der Vater gesandt hat, so sende ich euch.« Danach »tauft« er sie mit heiligem Geist (*vgl. 1,33*) und gibt ihnen einen einzigen Auftrag: einander zu vergeben, was sie Gott und Menschen schuldig bleiben. Wir werden noch sehen, wie wichtig dieser Auftrag ist.

1.7 Die lebensfreundliche Unterscheidung von »Sünde« und »Sünder« durch die Reformation des 16. Jahrhunderts

Die Wahrheit, dass große Veränderungen aus großem Leidensdruck entstehen, hat sich in der Reformation bestätigt. Die Leiden waren dadurch entstanden, dass die Menschen sich die Rettung vor dem ewigen Verderben durch strikten Gehorsam gegen »Gottes Gesetz« und durch »gute Werke« *verdienen* mussten. Die Verzweiflung, die sich mit der Einsicht verband, dass dieses Ziel auch bei bestem Willen nicht zu erreichen war, hat Luther und seine späteren Mitstreiter zu einer kritischen Lektüre der Bibel geführt. Sie konnten und wollten nicht mehr glauben, dass Gott die Menschen in eine solch quälende Aussichtslosigkeit treibe. Und sie erkannten, vor allem in den Schriften des Apostels Paulus, dass Gott »die Sünde« zwar tatsächlich und endgültig verurteilt. Aber sie erkannten auch, dass Gott Menschen, die die Gebote ernst nehmen, die, was sie schuldig bleiben, bereuen und auf Gottes Liebe vertrauen, »um Christi willen« freispricht. Denn nach der Kreuzestheologie des Paulus behandelt Gott die reuigen »Sünder«, als wären sie durch ihr eigenes Handeln gerecht. Er hält ihnen Christi unschuldiges Leiden zugute, nimmt Jesu Tod als stellvertretend erlittene Sündenstrafe, als die von der Tora verlangte Sühne des Ungehorsams (*Römer 5,1-10; 3,25*).

Gott verurteilt also »die Sünde«, nicht aber die reumütigen »Sünder« und »Sünderinnen«.

Zwar ist Paulus mit dieser auf dem Sühnegedanken aufbauenden Theologie wieder weit hinter das Evangelium Jesu von Gottes *bedingungsloser* Liebe zurückgegangen. Aber durch den Rekurs auf die Kreuzestheologie ist es den Reformatoren dennoch möglich geworden, die Angst der Menschen vor der ewigen Verdammnis zu durchbrechen und die falsche Deutung Gottes als des unerbittlichen Strafverfolgers zu korrigieren. Im Zentrum stand nun die Botschaft vom gnädigen Gott. Der Mensch blieb zwar ein chancenloser »Sünder«, aber er konnte sich fortan als von Gott *Gerechtfertigter* verstehen und mit seinen Möglichkeiten gestalten, was Paulus auf den Punkt gebracht hat: »Zur Freiheit hat uns Christus frei gemacht« (*Galater 5,1*). Damit konnte die Reformation der Neuzeit und der Aufklärung den Boden bereiten.

Leider hat die Reformation aber mit dazu beigetragen, dass der inflationäre Umgang mit den Begriffen »die Sünde« und »Sünder« bzw. »Sünderinnen« eher noch gefördert worden ist. Deswegen ist es nötig, durch einen veränderten Sprachgebrauch dafür zu sorgen, dass die *Menschen* hinter den »Sündern« und »Sünderinnen« wieder sichtbar werden.

1.8 Der Neuanfang eines modernen Glaubensverständnisses bei Rudolf Bultmann: »Entmythologisierung«

Die Bemühungen Rudolf Bultmanns waren nicht der erste Versuch, ein zeitgemäßes Glaubensverständnis durchzusetzen. Er konnte – kritisch – an die liberale Theologie des 19. Jahrhunderts und an die Existentialphilosophie Martin Heideggers anknüpfen. Nach dem Zweiten Weltkrieg wurde der französische Existentialismus auch in Deutschland einflussreich und brachte die damals aktuellen Bedingungen und Probleme des Lebens stärker als zuvor ins Bewusstsein. Auch damit wurde der Boden bereitet für den Wunsch, Glauben nicht mehr in den überlieferten Formen zu leben, sondern neue zu finden, die den kulturellen und existentiellen Standards entsprachen. Vor diesem Hintergrund ist die Serie von Fragen zu verstehen, die Bultmann 1941 zu formulieren wagte und die nach dem Krieg eine breitere Öffentlichkeit erreichten:

»Wie kann meine Schuld durch den Tod eines Schuldlosen (wenn man von einem solchen überhaupt reden darf) gesühnt werden? Welche primitiven Begriffe von Schuld und Gerechtigkeit liegen solcher Vorstellung zugrunde? Welch primitiver Gottesbegriff? Soll die Anschauung vom sündentilgenden Tode Christi aus der Opfervorstellung verstanden werden: welch primitive Mythologie, daß ein Mensch gewordenes Gotteswesen durch sein Blut die Sünden der Menschen sühnt!«[22]

Bultmann erkannte, dass die biblische Sprache für seine Zeitgenossen längst eine Fremdsprache geworden war, weil sie Denk- und Sprachformen des Mythos benutzt. Sein Programm hieß deshalb: Entmythologisierung. Oder anders ausgedrückt: Neutestamentliche Überlieferungen, die mythischem Denken folgten, mussten in gegenwärtige Denk- und Redeformen übersetzt werden. Besonders beeindruckend ist auf diesem Hintergrund sein für jedermann gut lesbares Buch »Jesus«[23]. Es versuchte, keine Biographie oder sterile Lehre zu formulieren. Es ging Bultmann um eine Begegnung mit Jesus, mit dem Zuspruch des Evangeliums und mit dem Anspruch der Anrede, die eine neue Existenz in der Nachfolge eröffnet: »Im Worte und nicht anders bringt Jesus die Vergebung. Ob sein Wort wahr ist, ob er von Gott gesandt ist, – das ist die Entscheidung, in die der Hörer gestellt ist, und es bleibt bei Jesu Wort: *›Heil dem, der nicht Anstoß nimmt an mir!‹« (Lukas 7,23).*

1.9 Der Perspektivenwechsel durch feministische Theologie und Gender-Forschung

Durchaus reformatorische Qualität hat auch der von der feministischen Theologie begonnene und mittlerweile von der Gender-Forschung fortgeführte Perspektivenwechsel in der Theologie. Er hat für eine Überschreibung der seit Urzeiten patriarchalisch-männerzentriert gedachten Theologie gesorgt, die wir in den allermeisten biblischen Überlieferungen und in der christlich-kirchlichen Theologiegeschichte – von der Mystik abgesehen – bis ins 20. Jh. finden. Besonders stark davon geprägt ist die Erlösungstheologie, insofern diese durch die implizite Behauptung einer »heiligen Gewalt« das Blutvergießen *de facto* nicht nur im Blick auf den Tod Jesu gerechtfertigt hat (*Hebräer 9,22*). Der gewaltbereite Vatergott wird von der feministischen Theologie durch ein mütterliches Gottesbild überschrieben, die im Neuen Testament erwähnten Frauen werden neben die Apostel gestellt und in ihren gemeindeleitenden Funktionen wieder kenntlich gemacht. Die feministische Auslegungspraxis zielt darauf, hinter den kirchlichen Ämterkonstruktionen »Männerphantasien« (Klaus Theweleit) aufzudecken. Die Forschungsergebnisse haben ihren Niederschlag nicht nur in der theologischen Wissenschaftstheorie gefunden, sondern haben auch die liturgische Praxis stark beeinflusst.[24] Trotzdem ist es der feministischen Theologie bisher nicht gelungen, Frauen den Zugang zu allen kirchlichen Ämtern auch in der römisch-katholischen und orthodoxen Kirche zu öffnen. Inzwischen hat sich die feministische Forschung zu einer Genderforschung und -theorie weiterentwickelt. Ihre Ergebnisse zeigen, dass alle Institutionen an einer eingeschränkten Wahrnehmung des Lebens leiden, die meinen, auf die spezifisch weiblichen Perspektiven verzichten zu können.

2. Religionen passen alte Überlieferungen durch Updates an veränderte Lebenssituationen an

Updates sind für Religionen wichtig, weil Religionen zuerst einmal Erzähl- und darum Erinnerungsgemeinschaften sind. Deswegen ist es notwendig zu bedenken, was beim Wahrnehmen und Erinnern im menschlichen Gehirn vor sich geht.[25] Wenn wir Begebenheiten aus dem Gedächtnis erinnern, werden gespeicherte »Engramme« – das sind in neuronale Bahnen des Gehirns »eingeschriebene« Daten – abgerufen. Das geschieht aber nicht so, dass sie einfach reproduziert würden, sondern die Engramme werden schon im Vorgang des Erinnerns an die Erzählsituation angepasst – durch Updates, mit denen sie »überschrieben« werden. Das »über« heißt nicht, dass die überschriebenen Schichten völlig ausgelöscht würden. Sondern die bisherigen werden in Teilbereichen, die geändert werden sollen, durch die neuen Zug um Zug ersetzt. Dadurch sind die vom Gehirn angesteuerten »Engramme nach wiederholtem Erinnern gar nicht mehr identisch [...] mit jenen, die vom ersten Lernprozess hinterlassen wurden«[26]. Denn jedes Erinnern erzeugt eine weiter veränderte Erinnerungsgestalt der eigentlichen Wahrnehmung oder Erfahrung. Das hat auch damit zu tun, dass die Erinnerung von den emotionalen Bewertungen des Erinnerten – ob also das Erinnerte gut, schlecht, gefährlich, unglaubwürdig etc. für uns ist – begleitet wird. Darum bemühen wir uns zumeist ganz unbewusst, etwas als negativ Erlebtes beim Erinnern zu »schönen«, um damit besser umgehen zu können. Oder aber wir machen es noch schlimmer, als es ohnehin schon war, um uns leichter davon distanzieren zu können. Wahrnehmen und Erinnern passen also die erinnerte Wirklichkeit den Menschen und ihrer sozialen Umgebung an.

Aber so, wie sich die Wirklichkeit in der Erinnerung zeigt, »ist« sie für die Menschen dann auch gewesen. Das gilt mit einer Einschränkung: In der psychoanalytischen Erforschung unserer Erinnerungen kann es – zum Teil erst nach Jahren – gelingen, durch veränderte Erinnerungsgestalten zu den ursprünglichen Erfahrungen wieder durchzudringen. Das heißt aber, dass es *unter* den Engrammen noch so etwas wie »Sicherungsdateien« gibt. Aber diese werden nur erreicht, wenn die Analyse den Schlüssel zu ihnen entdeckt.

Wenn Theologinnen und Theologen auf der Kanzel pflichtgemäß religiöse Traditionen erinnern, greifen ihre theologischen Einsichten genau so in den Prozess des Erinnerns ein – zumeist unbewusst, aber auch bewusst. Manchmal geht dieser Eingriff dann aufgrund theologischer Verantwortung auch so weit, wie die zitierten Verfasser des 2. Chronik-Buches gegangen sind, als sie die alte Geschichte von der Zählung der Männer durch David umgeschrieben haben. Dann erweist sich der Prozess des Erinnerns als das absichtliche Schaffen einer neuen Version, in der eine alte Erzählung von den Predigthörern und -hörerinnen künftig erinnert werden *soll*.

Der ganze Vorgang des Erinnerns aber gehört in den größeren Zusammenhang der Wahrnehmung hinein. Denn jeder Wahrnehmungsvorgang bedeutet zuerst eine »einmalige Begegnung von Ich und Umwelt« und führt uns punktuell zu jenem »Urerlebnis« einer Einheit von Subjekt und Objekt. Nehme ich einen Schmerz wahr oder sehe ich einen Vogel fliegen, bin ich von dem Wahrgenommenen nicht getrennt, sondern mit ihm verbunden. Viktor von Weizsäcker, dem ich damit folge, nennt das »die Kohärenz der Wahrnehmung«. Sie erzeugt in uns eine starke Veränderung des Wahrgenommenen. Was dabei herauskommt, ist eine neue und ganz originale »Wahrnehmungsgestalt« des Wahrgenommenen, wie Viktor von Weizsäcker formuliert hat[27], *nicht* eine Reproduktion. In ihr ist das, was wir wahrnehmen, mit Vorstellungen und Bildern verschmolzen worden, die wir bereits in uns gespeichert hatten. Geben wir die Wahrnehmungsgestalt als Erzähler an andere weiter, setzt der schon beschriebene Vorgang ein, in dem die Wahrnehmungs- bzw. Erinnerungsgestalt an die neue Situation erneut durch ein Update angepasst wird.

Erinnern und Updaten finden unter den Bedingungen der Gegenwart statt. Das ist auch schon so gewesen, als Evangelisten mehrere Jahrzehnte nach Jesu Tod die ihnen überlieferten Erfahrungen mit Jesus und dabei gesprochene Worte zu Papier gebracht haben. Auch diese Texte stellen – reflektierte – Erinnerungsgestalten dar, also Originale. Aber Originale sind Evangelientexte nicht im Blick auf den historischen Jesus, sondern im Blick auf die von den Evangelisten überlieferten Wahrnehmungsgestalten Jesu. Sie schließen ein, was er in ihnen ausgelöst, für sie bedeutet hat.

Was für die Texte der Evangelisten gilt, gilt für alle anderen biblischen Texte auch: Alle sind Wahrnehmungs- bzw. Erinnerungsoriginale, aber keine Reproduktionen von Ursprungserfahrungen. Mit dieser Aussage nehme ich meine These auf, dass die ganze Religionsgeschichte nicht als Offenbarungsgeschichte, sondern als universale Wahrnehmungsgeschichte Gottes verstanden werden muss. Da wir Gott nicht über die Schulter schauen können, ist es angemessen, wenn wir die heiligen Schriften nicht aus göttlicher Perspektive beschreiben, sondern aus menschlicher. Und diese menschliche Perspektive hat nun einmal mit Wahrnehmungen zu tun: Das Wahrgenommene ist in menschlichen Sprachen geäußert und mit den Mitteln menschlicher Theologie reflektiert und schriftlich fixiert worden.

3. Updates bringen alte Glaubenserfahrungen nicht um ihre »eigentliche Gestalt«

Die Beschreibung dessen, was beim Vorgang des Erinnerns geschieht, könnte für manche so klingen, als wenn das Erinnerungsgeschehen beim Überschreiben das Erinnerte um seine »eigentliche« Gestalt brächte. Wir nähern uns diesem Problem, indem wir uns klarmachen, wie die Jesusgeschichte erinnert worden ist und wird. Den historischen Jesus haben wir nirgends als Gestalt, die sich selbst bezeugt. Weder als Bild noch in Form von handschriftlichen Texten. Von Jesus haben wir nur *Wahrnehmungsgestalten*, die sich in den Evangelisten und Briefautoren des Neuen Testaments gebildet und die sie schriftlich fixiert haben. Zwischen ihnen und Jesus selbst gibt es lange mündliche und schriftliche Überlieferungswege. Was in den Schriften steht, ist also die mehrfach erinnerte Erinnerung dessen, was Menschen irgendwann vorher von Jesus unmittelbar wahrgenommen hatten. Beim erzählenden Erinnern sind dann auch bekannte und beliebte Attribute fremder Götter wie Horus und Asklepios mit Jesus verbunden worden – um seine Bedeutung auszudrücken. Wer *heute* predigt oder auch sonst von Jesus redet, muss auf diese biblischen Erinnerungsgestalten zurückgreifen. Aber er und sie werden mit diesen Erinnerungsgestalten auch das verschmelzen, was Jesus *ihnen heute* bedeutet. Ein komplizierter Weg! Aber einen anderen gibt es nicht.

Bevor man sich der Enttäuschung darüber hingibt, dass es nicht leichter geht, muss man sich die Frage stellen, was für eine Gestalt das denn wäre, dieser »eigentliche« Jesus, der vor dem Erinnerungsgeschehen geschützt werden sollte? Die Antwort ist desillusionierend: Es wäre ein *von niemandem wahrgenommener* und also auch *nicht mehr erinnerter Jesus.*

Wenn man sich dieser Erkenntnis wirklich stellt, erkennt man, dass ein solcher Jesus, der von niemandem wahrgenommen und erinnert worden wäre, für uns gar nicht erreichbar wäre. Es gäbe ihn nämlich für uns gar nicht. Und hätte er etwas geschrieben, läge es irgendwo in einem Museum. Da er aber von vielen wahrgenommen und immer wieder erinnert worden ist, haben wir die Evangelien als erste Zeugnisse. Und zum anderen haben wir die in der Erzähl- und Predigtpraxis der Kirchen sich immer neu bildenden Erinnerungsgestalten Jesu. Näher jedoch kommen wir an Jesus nicht heran.

Aber es geht am Ende ja nicht um Texte, sondern um lebendige Menschen, und zwar auf beiden Seiten des Erinnerungsgeschehens. An dieser Stelle kommt die Ostererfahrung ins Spiel, die sagt, dass der Erinnerte als Auferstandener durch den Geist Gottes gegenwärtig ist (*Römer 8,11*). Dazu passt die Beobachtung, dass sich in den beschriebenen Überlieferungsprozessen nicht nur die Gestalt Jesu, sondern auch die überliefernden Menschen selbst verändert haben. Mit aller Vorsicht kann man sagen, dass der Glaube auch eine neue Version der eigenen Existenz geschaffen hat: »Ist jemand in Christus, so ist er eine neue Kreatur«, hat Paulus diese Veränderung formuliert (*1. Korinther 2,17; Galater 6,15*). Denn wer eine Glaubenserfahrung erinnert und in einer eigenen Erinnerungsgestalt weitergibt, hat sich geistig mit dem Erinnerten verbunden, es in sich hineingelassen. Was er dann als seine Gestalt des Glaubens anderen erzählt, enthält folgerichtig auch Anteile seines Denkens und Fühlens – und seiner theologischen Reflexionen. Und das ist gut so.

Paulus hat diesen Prozess als ein großes »Hören-Sagen« beschrieben (*Römer 10,17*): »Also kommt der Glauben aus dem Hören-Sagen, das Hören-Sagen aber durch das Wort Christi.«[28] Da er seine Briefe schon *nach* Jesu Tod geschrieben hat, wusste er, wovon er redete und was er tat, wenn er dabei die gesamte Jesus-Überlieferung ausgeblendet hat (*2.*

Korinther 5,16) – von Jesu Tod und Auferstehung abgesehen. Irgendetwas in ihm muss den radikalen Neuerungen in Jesu Botschaft widerstanden haben. Den Glauben der von ihm missionierten Christen hat er später sehr energisch an sein Hörensagen gebunden. Ihm lag an einer – um noch einmal im gewählten Bild zu reden – *eigenen* Version des Evangeliums (*»mein Evangelium«: Römer 2,16; 16,25 vgl. 2. Timotheus 2,8*), das den Tod Jesu im Rahmen jüdischer Sühnevorstellungen gedeutet hat – also an einer neuen Version seines jüdisch-kultischen Erbes.

Was ich mit »Hören-Sagen« übersetze, heißt im Griechischen *akoé* und meint das Ohr, betont also das Hören. Aber *akoé* ist eben auch das Hören*sagen* und betont also zugleich das Reden, die Botschaft. Obwohl wir gelegentlich geringschätzig sagen, wir kennten etwas »nur vom Hörensagen«, haben wir nur über diese Brücke einen Zugang zu Zeiten und Personen vor uns. Luther hat das Wort, die kirchliche Praxis vor Augen, mit »Predigt« übersetzt. In der Tat ist die Predigt das Instrument der Kirchen geworden, die frühen Glaubenszeugnisse zu erinnern, den eigenen Glauben zu verbreiten und den Glauben anderer zu befestigen. Der Glauben soll sich ja unter Menschen verbreiten. Darum ist es eine Wohltat, dass der Glauben auf demselben Weg verbreitet wird, auf dem uns Gott in der Welt auch begegnet: im Menschenwort.

Ausgelöst wurde das Hören-Sagen ursprünglich »durch das Wort Christi«, sagt Paulus, also durch Begegnungen mit Jesus und das dabei von ihm Gehörte und Gesehene. Wenn wir die Evangelien lesen, erreichen wir seine Worte in der Gestalt, wie sie von anderen gehört und weitergesagt, aber auch theologisch reflektiert worden sind. Obwohl das so ist, lässt sich aus den parallel überlieferten vier Evangelien eine Art Schnittmenge bilden, die die Konturen des Jesus-Weges und der historischen Jesus-Botschaft erkennen lässt. Denn trotz aller – auch apostolischen – Überschreibungen haben sich Eigenheiten durchgesetzt, die Jesus von der religiösen Umgebung abheben. Sie bestimmten auch »den Weg«, auf dem die Jesus-Anhänger ihm nach seinem Tod nachfolgen wollten. So ist »Der Weg« auch die (erste) Selbst-Bezeichnung der Gemeinschaft geworden, die die Jesus-Jünger und -Jüngerinnen bildeten (*Apostelgeschichte 19,23; 24,14 vgl. 16,17; 18,25f*). Damit spiegelten sie in ihrer Existenz, was Jesus bei Johannes von sich selbst sagt: dass er »*der Weg*, die Wahrheit und das Leben ist« (*14,6*). Heute können wir diese Trias als Hinweis darauf verstehen, dass unser kritisches *Denken* uns ständig fragt, ob der Glaube unsere Lebenserfahrungen zu deuten vermag, ja, ob er unser Leben »trägt«.

4. Wie Kirchen mit ungebetenen Updates aus dem Internet umgehen können

Mittlerweile gibt es nicht nur eine kirchliche und theologisch gesteuerte Bibelauslegung, sondern auch eine ganz freie. Denn durch die weltweite Vernetzung der Menschen via Internet entstehen so genannte »Online Communities«. Das sind virtuelle Gemeinschaften, in denen man sich durch Preisgabe persönlicher Daten einschreibt bzw. Mitglied wird. In ihnen wird eine besondere »Weltsprache« gesprochen, die mit den Funktionen des Betriebssystems korrespondiert. In der *online* geführten Kommunikation werden auch Glaubenssysteme bestehender Religionsgemeinschaften mit ungebetenen Updates versehen, denn »Online Communities« erkennen keine Deutungsmonopole von Kirchen oder anderen religiösen Institutionen mehr an. Je höher der Prozentsatz derer ist, die vernetzt sind, desto schneller werden Veränderungen im Sinne von punktuellen Updates vor sich gehen und vor keiner Religion und Kirche Halt machen. Zudem bieten sich außerhalb solcher Netze Portale an, die eine eigenständig-kritische oder fundamentalistische Sicht auf Bibel, Kirchengeschichte und gegenwärtige Kirchen vermitteln. In welche Richtung sich diese Kommunikation entwickeln wird, hängt davon ab, was »Sinn zu *machen*« scheint.

Sinn ist für die meisten heute nicht mehr etwas, das eine Idee und ein Handeln (in sich) »hat«. Die neue umgangssprachliche Verbindung von »Sinn« und »machen« ist aus dem Englischen eingewandert. Sie besagt, dass Sinn hergestellt werden muss. Nachdem alte Sinn-Vorgaben für die meisten ausgedient haben, weil sie sachlich – vor allem vom Menschenbild her – und sprachlich keine Brücke mehr zu ihnen finden, müssen neue »gemacht« werden. Die Industrie stellt die »trendigen« Accessoires und Konsumgüter bereit, um den »angesagten« Sinn durch ihre Produkte beeinflussen und zugleich selbst herstellen und so Sinn mit-*machen* zu können. Gelingt es, in die Sprache und in den »Warenkorb« bei (Internet-)Einkäufen zu gelangen, ist man »gut aufgestellt« im täglich neuen Wettlauf, hinter dem Sinn her. Scheinen traditionelle Sinnangebote gar keine Anknüpfungspunkte mehr dafür zu bieten, dass sie (den gesuchten) Sinn machen, werden diese Angebote verworfen.

Was wir religionssoziologisch beobachten können, deutet zugleich darauf hin, dass der Bedarf an Events gewachsen ist und weiter wachsen wird. Events vermitteln ein nur durch das Dabeisein erfahrbares großes Erlebnis, das die eigene, mit dem individuellen Tun verbundene Erlebniswelt zu transzendieren vermag. Da die »Online Communities« – genauso wie die an PCs gebundenen Arbeiter, Angestellten und Wissenschaftler – im Berufsleben außer Kopf, Händen und Gesäß vom menschlichen Körper nichts brauchen, schaffen Events jeder Art hier zusätzlich einen Ausgleich. Durch sie können – wie durch den Tanz und die Bewegungen in Diskos und Clubs – Menschen erleben, dass sie ein ganzer Leib sind. Für diesen speziellen Gewinn an Leiberfahrung lassen sich Menschen, die sonst auf den eigenen Lebensstil viel Wert legen, auch gerne in szenische Großveranstaltungen mit möglichst vielen Teilnehmerinnen und Teilnehmern hineinkomponieren. Dabei sind sie selbst dann gewissermaßen die Updates, die sich installieren und so eine innere Verbindung zur Masse herstellen.

Wie können Kirchen auf diese Entwicklungen reagieren? Entweder lassen sie die Dinge laufen, wie sie nun einmal laufen, und gehen den vom deutschen Papst 2011 in Freiburg im Breisgau vorgeschlagenen Weg der »Entweltlichung«. Damit ziehen sie sich allerdings in die Kokons der immer kleiner werdenden Zirkel aus regelmäßigen Kirchgängern zurück, aus dem sie eigentlich als Schmetterlinge hätten aufsteigen und die Freiheit der Kinder Gottes erfahren und verbreiten sollen. Wenn sie diese Freiheit aus mangelndem Vertrauen in Gottes Geist aber nicht leben können, bleibt nur der Weg zurück, und das heißt in den Biblizismus und Dogmatismus und in die permanente Strukturreform als Selbstbeschäftigung. Jede Abgrenzung nach außen führt zu einem erhöhten Druck nach innen, normenkonform zu leben. So soll das Profil geschärft und zugleich die notwendige Geborgenheit bereitgestellt werden, die die durch Selbstausgrenzung entstehenden Defizite ausgleichen muss. Eine theologische Kritik der Überlieferungen und der eigenen Institutionen wird bei dieser Rückwärtsbewegung allerdings – als Gift – ausgeschlossen.

Oder aber die Kirchen entscheiden sich dazu, ihre Mitglieder selbst zu vernetzen, um eine offene, traditions- und selbstkritische Kommunikation zu pflegen. Diese Form der Vernetzung müsste allerdings interaktiv organisiert sein und nicht allein darauf abzielen, Botschaften auf einem neuen »Postweg« zu versenden. Im Vordergrund müssten Information und Kommunikation stehen, müsste ein Netzwerk ein Forum anbieten, über das nicht nur die Nutzer, sondern auch die Veranstalter wichtige Informationen erhalten können. Eine introvertierte Selbstabgrenzung gegen andere informelle Netzwerke kann kein Ziel sein. Vielmehr müssten die netzbetreibenden Theologinnen und Theologen so ausgebildet sein, dass sie die neuen »Texte« auch in anderen Netzwerken lesen können, die heute ohne jedwede Kontrolle von offiziellen Instanzen verfertigt werden. Die dafür notwendige Offenheit erfordert die Bereitschaft, sich allen, auch ungewohnten Fragen zu stellen und Selbstkritik zu üben. Die Bibelauslegung, die bisher monopolistisch durch kirchliche Predigt und Bibelarbeit geschieht, müsste in diesem Netzwerk für alle Mitglieder offen gehalten werden. Zum Beispiel könnten die Kirchen ausgewählte biblische Texte oder auch Teile der Liturgie und der kirchlichen Hierarchie diskutieren lassen. Ja, sie müssten es eigentlich unverzüglich, wenn sie ihrer Basisaussage trauten, dass die Taufe die Getauften mit dem heiligen Geist begabt und mündig macht.

Natürlich werden dann Fragen aufkommen nach inneren Verbindungen des Christentums zu anderen Religionen und Wissenschaften. Deshalb würde sich mit der Entscheidung für ein solches Netzwerk auch die andere verbinden müssen, das Theologiestudium neu zu organisieren, so dass diese Fragen überhaupt beantwortet werden können. Schließlich müssten die Kirchen dann auch bereit sein, Vorschläge für Liturgien netzöffentlich zu diskutieren, die sich von traditionellen Mustern wie dem einer Sünden-, Sühne- und Opfertheologie abwenden. Auf solchen Wegen könnten die Kirchen die geistigen Energien in eine zukunftsfähige Existenzform von Kirche lenken, ohne die Ortsgemeinden aufzugeben.

Dass Liturgien mehr und mehr Elemente in sich aufnehmen, die Event-Charakter haben, ist schon jetzt erkennbar und deutet darauf hin, dass Wahrnehmen und Bewegen auch im Religiösen eine Einheit bilden. Umso schwerer wird es allerdings für diejenigen Gemeinden oder Gemeindebezirke werden, in denen sich nur noch wenige Menschen zu Gottesdiensten treffen. Event-Elemente haben hier kaum Platz. Aber zum Beispiel über die vielen Möglichkeiten, die der Tanz, schon in einfachsten Formen des Kreistanzes, bietet, lassen sich auch dann Bewegungselemente in Gottesdienste einfügen. Das aus dem 3. Jahrhundert stammende »Tanzlied Christi« in den Johannesakten dokumentiert, wie früh der Tanz mit der Liturgie verbunden worden ist. Es kann auch heute als Vorlage für einen Tanzgottesdienst dienen.[29]

II Systemwechsel, die zu neuen Religionen geführt haben

Manche Veränderungen von Religionen haben allerdings so tief in das religiöse System eingegriffen, dass man nicht mehr von einem Update (oder Upgrade) sprechen kann. Drei Beispiele sollen zeigen, wie durch herbeigeführte Systemwechsel, teils nur vorübergehend, teils auf Dauer, neue Religionen entstanden sind.

1. Die Sonne im Zentrum religiöser Neuanfänge in Nordeuropa und im Alten Ägypten

Den 1902 in Trundholm/Jütland (Dänemark) gefundenen »Sonnenwagen« und die 2002 in Nebra/Mitteldeutschland ausgegrabene »Himmelsscheibe« kann man getrost als Jahrhundertfunde bezeichnen:

> »Der Sonnenwagen ist die bislang älteste Darstellung der Idee, dass die Reise der Sonne mit Hilfe eines göttlichen Pferdes vonstatten geht. Zusammen mit der Himmelsscheibe von Nebra illustriert er die Ursprünge der Vorstellung von einer Reise der Himmelskörper, wobei die Bewegung … in Trundholm durch das Pferd und auf der Himmelsscheibe von Nebra durch das Schiff ausgedrückt wird.«[30]

Das Besondere dieser Funde ist, dass es sich nicht um Importe aus dem Mittelmeerraum handelt, sondern um mitteleuropäische Produkte. Die 32 cm messende Himmelsscheibe von Nebra *(s. Abbildung 3)* wurde um 1600 v. Chr. als Teil eines Bronzeschatzes in der Erde deponiert, ist aber, wie mehrere Umarbeitungen zeigen, deutlich vorher hergestellt und lange benutzt worden. Das älteste Bildprogramm auf ihr soll noch aus der Steinzeit stammen. Die Scheibe zeigt Sonne, Mond und Sterne, wobei eine Gruppe von ihnen die Plejaden bildet. An beiden Seitenrändern sind Horizontbögen dargestellt (einer ging verloren), und unterhalb von Sonne und Mond ein schlichtes Schiffs-Symbol. Das Erscheinen der Plejaden am Himmel wurde in vielen Kulturen als Zeichen verstanden, bestimmte Handlungen wie die Aussaat zum richtigen Zeitpunkt vorzunehmen.

Der 66 cm lange Sonnenwagen von Trundholm (*s. Abbildung 4*) wurde von einem Bauern beim Pflügen aus dem Erdboden herausgezogen. Nur bei der Reise nach rechts erstrahlt die Sonnenscheibe durch eine Blattgoldverzierung. Die Rückseite ist dunkel-bronzefarben. Das erleichterte die Deutung: Reist der Wagen mit der Sonne von Ost nach West bzw. von links nach rechts, vollzieht er den Tageslauf der Sonne. Verschwand die Sonne am Abend, musste sie sich in der Dunkelheit der Nacht – bei dem Weltbild der Bronzezeit – in der Unterwelt von West nach Ost zurückbewegen. Der Sonnenwagen zeigt die kosmologische Vorstellung, die man um 1400 v. Chr., zur Zeit seiner Herstellung, hatte.

Beide Fundstücke belegen auf spektakuläre Weise, dass im mitteleuropäischen Raum der Bronzezeit die Sonne eine zentrale religiöse Rolle übernommen hatte. Woher dieser Impuls kam, wie mögliche Zusammenhänge mit anderen Kultstätten – außer Grablegen – und Kulten ausgesehen haben, aber auch, wie lange die Sonne diese Rolle gespielt hat, ist weitgehend unklar. Denn es gibt keine Texte, die darüber Auskunft geben könnten.

Das ist im Blick auf die Sonnen-Religion, die der ägyptische Pharao Amenophis IV. Echnaton in der zweiten Hälfte des 14. Jh.s v. Chr. eingeführt hatte, anders. Da gibt es genügend Texte, auch aus seiner Feder, und künstlerische Zeugnisse, durch die wir sehr gut Bescheid wissen. Alles Überlieferte besagt, dass Echnaton – wie neuerdings betont wird: stark beeinflusst von seiner Frau Nofretete – eine religiöse Revolution von ungeheurem Ausmaß durchgeführt hat: Er hat an die Stelle der vielen unterschiedlichen Göttinnen und Götter der traditionellen polytheistischen Religion des Alten Ägypten die Sonne(nscheibe) Aton gesetzt. Damit hat Echnaton den entscheidenden Schritt zum Monotheismus getan, also einen Wechsel des religiösen Systems vollzogen, der sich auf die gesamte Kultur Ägyptens ausgewirkt hat. Die Kulte in den Tempeln stellte er auf den Monotheismus um, die Priesterschaften ließ er theologisch umschulen und eine neue Hauptstadt – Amarna – bauen, um das Regiment der alten Priesterschaften zu brechen. Und schließlich wurden die Künste auf ein neues Konzept eingeschworen. In ihm gab Zärtlichkeit den Ton an – nicht mehr die Gewalt, wie auf den bisherigen Darstellungen der Pharaonen, die zeigten, wie sie ihre Feinde niederschlugen. Echnaton und seine Frau Nofretete selber stellten nun mit ihren Töchtern in standardisierten Szenen die »heilige Familie« dar. Sie wurden beschienen von der Sonne Aton und gestreichelt von den Enden der Sonnenstrahlen, die ihnen die göttliche Energie liebevoll zuwendeten *(s. Abbildung 5)*. Diese neue Theologie hat allerdings jenen Teil der alten dualistischen Vorstellungen verdrängt, der sich bis dahin mit der Nachtfahrt der Sonnenbarke und dem Kampf gegen die Chaosmächte der Finsternis verbunden hatte. Alles konzentrierte sich nun auf die Fahrt der Sonnenbarke über den Taghimmel.[31]

Doch der Wechsel zu einer neuen Religion mit der unpersönlichen Sonnenscheibe Aton am Himmel – die durchaus mit traditionellen Götternamen angerufen werden konnte – hat die Regierungszeit des Echnaton nicht überdauert. Aber sehr viele der darin entwickelten Glaubensvorstellungen, vom Monotheismus angefangen, sind sowohl ins Judentum als auch ins Christentum übernommen worden. Sie bilden den Grundbestand ihres religiösen Bildprogramms.[32] Eine Brücke dahin hat wohl schon Mose geschaffen, der als Ägypter und möglicher Anhänger der Reformen Echnatons nach dessen Tod über das Nildelta nach Palästina geflohen ist.[33] Aber auch die letzten Pharaonen, die Ptolemäer (323-30 v. Chr.), haben Brückendienste geleistet. Denn sie haben das gesamte ägyptische Schrifttum ins Griechische übersetzen lassen. Und schließlich fuhr auch Christus als Sonnengott Helios vierspännig über den Himmel, wie ein frühkirchliches, unter dem Petersdom gefundenes Mosaik zeigt *(s. Abbildung 6)*.

2. Vom jüdischen Tenach zur interreligiösen christlichen Bibel

Wenn wir von den »frühen Christen« reden, müssen wir, was ihre religiöse Herkunft angeht, von Judenchristen oder jüdischen Christen reden. Denn nicht nur Jesus war Jude, sondern auch alle, die im christlichen Teil der Bibel schreiben, waren zumindest dem Glauben nach Juden, ehe sie Christen geworden sind. Vor allem die vielen Zitate aus dem jüdischen Teil der Bibel, die wir im christlichen Teil finden, legen es erst einmal nahe, das so genannte »Neue Testament« als Update des jüdischen Tenach zu bezeichnen – natürlich nur aus (juden-)christlicher Sicht. Denn die ersten Christen haben sich noch als Juden verstanden. Doch zeigt das Wort

Jesu im Johannesevangelium »Niemand kommt zum Vater denn durch mich«, dass Jesus zumindest für eine bestimmte Gruppe von Christen zu demjenigen geworden war, der in seiner Person die allein gültige Interpretation des jüdischen Vatergottes darstellte (*Johannes 14,6*). Dadurch aber, dass er mit Gott in eins gesetzt wurde (»Ich und der Vater sind eins«), wie es das andere Jesus-Wort (*10,30*) und das Bekenntnis des Thomas zum auferstandenen Jesus (»Mein Herr und mein Gott!«) ausdrücklich tun (*20,28*), war die Grenze zum Systemwechsel und hinein in eine andere Religion überschritten. Die Bezeichnung Jesu als »Messias« (Christus«) und »Gottes Sohn« (*Markus 1,1*) haben schon deutlich in diese Richtung gewiesen.

Dass Jesus Christus als jüdischer Messias verstanden worden ist, diese Sicht steckt auch in der von Paulus und Lukas tradierten Abendmahlstheologie, in der der Kelch als »Kelch des *neuen* Bundes« bezeichnet wird – wodurch der Mosebund zum *alten* Bund erklärt worden ist. Auch in der Wendung »mein Blut des Bundes« bei Matthäus und Markus ist dieser Anspruch deutlich, zumal dieses Blut (nur) bei Matthäus als »zur Vergebung der Sünden vergossen« bezeichnet wird.[34] Doch indem die Judenchristen den Tod Jesu als Beglaubigung (»Testat«) eines neuen Bundes verkündet haben (*1. Korinther 11,26*), mussten sie keine neue Terminologie erfinden. Immerhin hatte bereits der Prophet Jeremia den Mosebund als – durch den Ungehorsam Israels – gebrochen und beendet angesehen und einen neuen in Aussicht gestellt. Auf seine Ankündigung konnten sich die Judenchristen berufen und verstanden sich nun als die durch Jesus realisierte Version des »neuen Bundes«:

»Siehe, es kommen Tage, spricht der Herr, da schließe ich mit dem Hause Israel und mit dem Hause Juda einen neuen Bund. Nicht einen Bund, wie ich ihn mit ihren Vätern schloss zu der Zeit, als ich sie an der Hand nahm, sie aus dem Lande Ägypten herauszuführen; denn sie haben meinen Bund gebrochen, ich aber habe sie verworfen, spricht der Herr. Nein, das ist der Bund, den ich in jenen Tagen mit dem Hause Israel schließen will, spricht der Herr: Ich werde meine Tora in ihr Inneres legen und sie ihnen ins Herz schreiben; ich werde ihr Gott sein und sie werden mein Volk sein …« (*Jeremia 31,31-33*).

Einen klareren Wechsel des Systems kann es nicht geben. Aber gerade, wenn man diesen Wechsel ernst nimmt, stellt die christliche Bibel eine bemerkenswerte Besonderheit dar. Da sie, ganz unabhängig von den genannten Rückbezügen, die jüdische heilige Schrift, den Tenach, und die christlichen Schriften miteinander zu *einem* Kanon verbunden hat, ist sie ein echter interreligiöser Kanon geworden. Dieser Begriff ist gerechtfertigt, weil sich beide Religionen gerade in ihrem Gottesverständnis nicht einig geworden und selbstständige Religionen (geblieben) sind. Denn zum Gottesverständnis gehört, weniger von der Erzählebene als von der Dogmatik und der Trinitätslehre her, die unterschiedliche Einschätzung der Gestalt Jesu.

Obwohl die dominant gewordene Richtung innerhalb der judenchristlichen Theologie der frühen Kirche sich so stark an die jüdische Bundestheologie gebunden hat, müssen wir zur Kenntnis nehmen, dass der Begriff »Bund« in der gesamten Jesus-Überlieferung nicht einmal vorkommt – außer in den Abendmahlsworten. Und die spiegeln eben schon die neue frühkirchlich-apostolische Theologie wider. Jesus aber hat das Thema Bund offenbar nicht interessiert. Wichtig ist es für Christen erst geworden, als sich Juden und Judenchristen endgültig getrennt und gegenseitig verworfen hatten. Denn nun mussten die Christen ihren Anspruch theologisch begründen, von den zum »alten« Bund gehörenden Verheißungen auch im »neuen Bund« gemeint zu sein.

3. Von der interreligiösen christlichen Bibel zum Koran

Auch der Koran bezieht sich auf wesentliche Überlieferungen beider Teile der christlichen Bibel. Ja, man spricht sogar von den drei »abrahamitischen Religionen« Judentum, Christentum und Islam, weil Abraham als der gemeinsame Stammvater gelten kann. Aber der Koran erinnert und »überschreibt« diese Überlieferungen in einem arabischen Kontext vom 7. Jh. an. Mit dem Sprachenwechsel war auch ein gewaltiger Kulturwechsel verbunden, denn die arabische Kultur hatte schon damals eine große Offenheit den Wissenschaften gegenüber.

Interessant ist, wie der Koran den Begriff »Bund« benutzt: »Damals, als wir einen Bund mit den Propheten schlossen, mit dir, mit Noah, Abraham und Mose und Jesus, Marias Sohn. Wir schlossen mit ihnen einen festen Bund«, sagt Gott zu Muhammad (*33,7*). Da gibt es also keine Unterscheidung zwischen altem und neuem Bund, sondern nur den *einen* Bund, der mit den wechselnden Propheten geschlossen bzw. bestätigt worden ist. Die von Hartmut Bobzin zusammengestellten Belege zeigen aber, dass das Wort »Bund« fast ausschließlich auf die Tora als Bund mit Israel bezogen gebraucht wird.[35] Als heilige Schrift werden »die Tora und das Evangelium« gleichgestellt: Sie sind, wie der Koran, vom Himmel »herabgesandt« (*3,3*). Aber nur der Koran ist »das Buch (mit) der Wahrheit« (*3,3; 5,48* u.ö.).

Und genau an dieser Stelle ist der Systemwechsel zu erkennen: Nicht nur ist Muhammad derjenige Prophet, der als erster, noch vor Noah, Abraham, Mose und Jesus genannt wird. Sondern von dem ihm offenbarten Koran aus werden die biblischen Überlieferungen beurteilt und eben auch überschrieben. Mag sein, dass hier indirekt auf Johannes 16,13

Bezug genommen worden ist, wo Jesus »die ganze Wahrheit« als etwas *noch Ausstehendes* bezeichnet hat. Das Verhältnis des Koran zur Tora des Mose wird so beschrieben: »Und ihm ging das Buch des Mose als Vorbild und Barmherzigkeit voraus. Und dies ist ein Buch zur Bestätigung in arabischer Sprache, um diejenigen, die Unrecht tun, zu warnen, und als Frohbotschaft für die Rechtschaffenen« (*46,12 vgl. 35,31*).[36]

Ein Systemwechsel gegenüber dem christlichen Teil der Bibel liegt auch insofern vor, als die Kreuzigung nicht mehr mit Jesus verbunden wird: Statt seiner ist – mit Gottes Hilfe – jemand anderer gekreuzigt worden (*4,157-159*). Offenbar war es für Muhammad undenkbar, dass Gott die Hinrichtung seines Propheten Jesus zugelassen oder gar gewollt haben sollte. In der byzantinisch beeinflussten christlichen Theologie war für diese Sicht bereits der Boden bereitet worden. Doch der Systemwechsel betrifft noch mehr das unmittelbare Verhältnis Jesu zu Gott: Wie vom Judentum wird die Trinität abgelehnt und Jesus nicht als Gottes Sohn verstanden. Ähnlich der Sonderrolle des vollmächtigen Auslegers, die Jesus in der Bergpredigt (*Matthäus 5*) gegenüber den jüdischen Vätern für sich beansprucht (»Ich aber sage euch …«), ist auch Muhammad der unmittelbar von Gott bevollmächtigte Ausleger der Bundesüberlieferungen. Schließlich: Ist die christliche Bibel, religionsgeschichtlich betrachtet, ein jüdisch-christlicher interreligiöser Doppelkanon, so ist der Koran ein islamisch redigierter, integrativer Kanon aus jüdischen, christlichen und islamischen Überlieferungen.[37]

III Ein Update für den christlichen Glauben

Wer bewusst und ohne Denkverbote glauben will[38], wird sein Bildungswissen mit dem Glauben in Beziehung halten. Denn der Glaube ist ein wesentliches Element der persönlichen Bildung für das Leben. Gelingt es nicht, das Bildungs- und das Glaubenswissen ins eigene Leben zu integrieren, müssen Gläubige auf der Grenze zwischen unverbundenen Teilen der Wirklichkeit leben oder gar zwischen beiden Teilen hin- und herwechseln. Und das ist ungesund für Geist und Seele. Nicht zuletzt die W-Fragen der Kinder und Enkel – auch gläubiger Menschen – machen deutlich, dass es keinen Sinn hat, sich gegen ein reflektiertes Bildungswissen abzuschotten. Da wir alle durch unsere Geburt »zur Welt gekommen sind«, können wir weder den Wie- noch den Warum-Fragen nach Entstehung, Sinn und Ende dieser Welt entgehen. Da Bildung und Glaube auf diese Fragen Antworten geben, müssen wir auch beider Antworten ernst nehmen und herausfinden, ob sie uns helfen, unser Leben zu verstehen.

Zweifel sind dabei allemal angebracht, nicht nur, weil Zweifel und Glauben Geschwister sind. Denn bei den Glaubensantworten haben wir es zum Teil mit Vorstellungen zu tun, die denen der frühen Mythen noch sehr nahe sind. Mythen sind zwar durchaus rational gestaltet. Aber ihre Rationalität geht von anderen Denkvoraussetzungen (Axiomen) aus als die naturwissenschaftliche Rationalität[39]: In den Mythen haben wir eine Götter- und Heroenwelt und deren sinnstiftende Handlungen (*archai*), in der Physik das Erfahrungswissen und die aus ihm abgeleiteten Regeln, ohne dass hier ein Sinn »mitgeliefert« würde. Aber trotzdem erleben wir auch in der Gegenwart bei den Naturwissenschaften, wie sich da und dort neumythische Vorstellungen – zum Beispiel von der völligen Autonomie des Gehirns – entwickeln.[40] Sie zu vertreten wäre nur erlaubt, wenn wir Menschen (als Wissenschaftler) die Position eines externen Beobachters zum – vor allem menschlichen – Leben einnehmen könnten. Auch empirisch überprüfbare Daten und mathematische Gleichungen verhelfen so wenig wie Mythen zu einer solchen externen Position. »Die Quantenphysik sagt uns, dass nichts, was beobachtet wird, vom Beobachter unbeeinflusst bleibt.«[41] Ich sehe meine Aufgabe als Theologe darin, als interner Beobachter vom Leben und darin vom Kosmos, von der Erde, den Lebewesen und Gott zu reden. Seit Gott sich als Mensch, in Fleisch und Blut zu erkennen gegeben hat, wie die Theologie der Inkarnation des Johannesevangeliums sagt, gibt es selbst in der Theologie keine Eindeutigkeit mehr. Als interner Beobachter des Lebens rede ich als »Betroffener« und also mit der Unschärfe, die unumgänglich ist, wenn man nicht mehr glaubt, über »*die* Wahrheit« verfügen zu können.

In dem zentralen Teil des Buches geht es um das, was ich als »Update« in die traditionelle Gestalt des christlichen Glaubens einbringen möchte. Ich entfalte meine Gedanken im Zusammenhang einer größeren Zahl von Problemen, die heute gelöst werden müssen. Dabei gliedere ich nach thematisch unterscheidbaren Bereichen und Teilbereichen, obwohl letztlich alle mit allen auch wieder zusammenhängen.

Ich beginne mit einem Kapitel, das aus den dargestellten religiösen Updates und Systemwechseln Konsequenzen für den heutigen Umgang mit der Bibel zieht. Denn sie belegen ja vor allem, wie viel Freiheit auch Christen am Anfang ihrer

Geschichte gehabt haben, als es darum ging, ihrem Glauben eine Gestalt zu geben[42]: Sie haben einerseits ihre ganz authentischen Erfahrungen und theologischen Gedanken mitgeteilt, aber sie haben andererseits ganz bewusst an Vorlagen angeknüpft, und zwar sowohl durch Übernahmen als auch durch Korrekturen von Vorhandenem. Sie hatten offenbar ein Bewusstsein dafür, dass sie nicht die ersten gewesen sind, die mit Gott und seinen Gesandten zu tun hatten. Weil ich dieses Bewusstsein teile, behandele ich die Bibel in dem Rahmen, in dem sie heute auch ausgelegt werden muss: im Rahmen der Religionsgeschichte, und das heißt, der universalen Wahrnehmungsgeschichte des einen Gottes, der im Geist gegenwärtig ist und wirkt. Die einzelnen Absätze des Kapitels werden mit Thesen eingeleitet.

1. Die Bibel und ihre Auslegung im Rahmen der universalen Wahrnehmungsgeschichte Gottes

1.1 Religionen und heilige Schriften sind perspektivische Zugänge zu Gott; sie dürfen sich nicht vor Gott stellen

»Gott« ist ein vernünftiger Begriff, der alle Wahrnehmungen von Leben bündelt – auch die, die wir nicht verstehen können. Menschen leiten bestimmte, schreckliche und gute Erfahrungen von (einem) Gott her, weil sie vieles im Leben als etwas empfinden, das menschliches Verstehen und Vermögen »übersteigt«, also mitten im Leben transzendent, ja, letztlich unfassbar ist. Unfassbar ist das wirkliche Leben auch in seiner

Komplexität. Dabei meint der Begriff »unfassbar« erkenntnistheoretisch auftretende Grenzen, die für alle an Empirie gebundene Wissenschaften gelten. Der Grund dafür ist, dass wir selbst Teil des Lebens sind.

Die Bibel markiert weder den Anfang noch das Ende, sondern einen Abschnitt der Religionsgeschichte. Die darin enthaltenen Gotteserfahrungen haben sich unter Anknüpfung an jeweils ältere Überlieferungen anderer Religionen gebildet. Die vielen männlichen, weiblichen, androgynen, aber auch tierlichen Gestalten Gottes sind von Menschen wahrgenommen worden, indem sie das, was ihnen jeweils von Gott begegnet ist, mit ihnen bekannten Erfahrungen und Bildern zu Wahrnehmungsgestalten Gottes verbunden haben.[43] Deshalb wandeln sich diese Wahrnehmungsgestalten von Kultur zu Kultur. Und wo sich die Kulturen vermischen, können sich auch die Gestalten Gottes gegenseitig ergänzen oder zu neuen verbinden. Aus dieser Tatsache müssen Konsequenzen für das Verhältnis zu den anderen Religionen gezogen werden. Denn der Glaube muss denken können, dass Gott mit der Vielfalt der Religionen zu tun hat und sich in ihr spiegelt.

Von heute aus gesehen hat es nur Sinn, von einem einzigen *und* einheitlichen »Gott« *zu reden*, und ich werde das durchgängig tun. Zugleich muss gesagt werden, dass dieses (im Deutschen männliche) Wort »Gott« dann aber grammatisch und geschlechtlich als Plural zu verstehen ist. Eine Brücke dahin baut das Hebräische, weil es für Gott den pluralischen Begriff *älohim* (»Götter«) verwenden kann – z. B. in der ersten Schöpfungserzählung und Psalm 8,6.[44] Das ist gerade dort von Bedeutung, wo gesagt wird, *Älohim* habe »den Menschen nach seinem Bild geschaffen, (nämlich) als Mann und Frau« (*Genesis 1,27*). Damit ist ja gesagt, dass das Gottesbild »Mann und Frau« enthielt, also androgyn war. Da es sich bei dem, was wir von Gott sagen, um Wahrnehmungsgestalten Gottes handelt, kann Gott durch den Gebrauch unterschiedlicher personaler oder nicht personaler Namen in seinem Sein nicht verändert werden. Deshalb ist es nicht nötig zu verbieten, Gottes Namen auszusprechen.

Dogmen *sind Deutungen und müssen bei wachsender Einsicht in ihre Unhaltbarkeit geändert werden.* Erfahrungen mit Gott sind alle erst, längst nachdem sie gemacht wurden, theologisch reflektiert, ausgewählt und mit anderen Überlieferungen zu ganzen Schriften zusammengefügt worden. Biblische Texte sind keine von Gott diktierten Reden, auch wenn es in der Bibel wie in anderen heiligen Schriften viele als Gottesreden formulierte Gotteswahrnehmungen gibt. Offenbarungen sind Wahrnehmungen Gottes, die theologisch eine besondere Bedeutung gewonnen haben und als Belegstellen für dogmatische Aussagen benutzt werden.

Gotteserfahrungen oder -wahrnehmungen finden sich in allen Religionen und enden niemals, solange Gott und Menschen miteinander zu tun haben. Gott ist nicht der Wärter eines Museums, in dem Zeugnisse seiner früheren Begegnungen mit bestimmten Völkern und Gruppen als normativ für alle Zeiten und Menschen ausgestellt werden. Er ist zu jeder Zeit durch seinen Geist gegenwärtig. Ein Gott, von dessen Gegenwart nichts Neues mehr erwartet würde, wäre ohne Bedeutung angesichts der neuen Herausforderungen, die jede Zeit mit sich bringt.

Kirchen müssen alle Versuche, die historisch-kritischen Erkenntnisse über die Entstehung der Bibel *als unbedeutend oder gar schädlich für den Glauben darzustellen, also jede Form von* Fundamentalismus *und* Biblizismus, *zurückweisen.* Es darf keinen Rückfall in einen »Glauben« geben, der unaufgeklärt bleiben möchte und sich hinter dem Begriff Offenbarung versteckt. Die historische Kritik muss vielmehr entschieden in einer theologischen Kritik biblischer Überlieferungen, kirchlicher Liturgien, Bekenntnisse, Katechismen und Lieder fortgeführt werden. Diese Forderung zielt auf einen aufgeklärten Glauben, der es erlaubt, sich gemeinsam mit Angehörigen anderer Religionen den Aufgaben zu widmen, die sich in Gesellschaft, Politik und Kultur stellen.

Die Wahrheit ist Gott *selbst*. Heilige Schriften *bezeugen jeweils eigene Zugänge zu Gott, mehr nicht.*[45] Neben ihnen gab und gibt es andere – durch Menschen und andere Geschöpfe, den Kosmos, die Erde, die Natur, aber auch durch Literatur, Musik und bildende Kunst. Im Johannesevangelium sagt Jesus seinen Jüngern, dass nicht schon seine (biblisch überlieferten) Reden, sondern erst der noch ausstehende »Geist der Wahrheit« sie in die »ganze Wahrheit« führen werde (16,13). Das weist deutlich über den Rand des Kanons hinaus, hält ihn offen. Sieht man auf die Fülle der Religionen und heiligen Schriften, von denen wir Christen insgesamt noch viel zu wenig verstehen, ist die *ganze* Wahrheit uns weit voraus.

Die Bibel ist unsere »heilige Schrift«, *nicht die Schrift gewordene Wahrheit schlechthin*. Andere Religionen haben ihre eigenen heiligen Schriften und Zugänge zu Gott und Wahrheit. Keine dieser Schriften ist ohne Wahrnehmungs- und Erinnerungsvorgänge zustande gekommen, und keine hat die ganze Wahrheit in sich. Deshalb müssen sich alle Religionen in ihren Ansprüchen, die Wahrheit zu kennen oder gar zu besitzen, zurücknehmen. Heilige Schriften stellen in Schriftform geronnene perspektivische Wahrnehmungen Gottes dar. Mehr als solche, natürlicherweise begrenzten, Wahrnehmungsgestalten Gottes und der Wahrheit kann kein Kanon bieten. Wo die eigene Perspektive absolut gesetzt wird, wird der Blick auf Gott und das Leben verzerrt.

Das Wissen über die Entstehung der Bibel *und über ihre Einbettung in die* Religionsgeschichte *darf kein Privileg der wissenschaftlichen Theologie bleiben*, sondern muss Kirchenmitgliedern und Interessierten weit besser als bisher vermittelt werden. Das ist eine Pflicht der Kirchen. Dabei muss auch diskutiert werden, welche der biblischen und kirchlichen Überlieferungen sich in der Geschichte als eher lebensdienlich und welche sich als eher lebensfeindlich erwiesen haben. Vor allem: Welche haben dem Frieden gedient (*Matthäus 5,9*) und welche nicht? Nur wenn Christen die Freiheit haben, so zu fragen, können sie zu einem authentischen Glauben finden und auch für ihn einstehen. Was für Christen gilt, gilt für die Angehörigen aller anderen Religionen auch.

Die europäische *Kultur- und Geistesgeschichte lehrt, dass auch die Wirkungsgeschichte biblischer Vorstellungen in die* theologische Kritik *der Bibel einbezogen werden muss.* Wesentliche Fortschritte menschlicher Erkenntnis und der Menschenrechte konnten nur gegen den entschiedenen Widerstand der Kirche und der von ihr kontrollierten Institutionen durchgesetzt werden. Denn die Kirche – auch die evangelische – hatte entgegenstehende biblische Vorstellungen lange pauschal als »wahr« und als Teil »der Offenbarung« angesehen. Als Beispiele seien die Erkenntnisse über die Position der Erde im Weltall, die Rechte der Frauen in Kirche und Gesellschaft und die Religionsfreiheit genannt. Wo sind Kirchen, die die eigenen geistigen Gefangenschaften von sich aus offen legen und die biblischen und kirchlichen Traditionen einer schonungslosen Kritik unterziehen? Wo sind Kirchen, die ernsthaft herausfinden wollen, ob und wo sie sich lebensfeindlich verhalten haben? Kirchen, die damit anfangen, hätten die Chance, glaubwürdig zu werden – zumal sie von ihren *Gläubigen* in den Liturgien gerne eine »offene Schuld« fordern.

Die Eingangsliturgie unserer Gottesdienste *ist immer noch antiken* Unterwürfigkeitsritualen *nachgestaltet.* Kaum hat ein Gottesdienst begonnen, werden die Kirchgänger als unwürdige Sünder begrüßt, die es Gott, ihrem allmächtigen Herrn, in keiner Weise recht machen können. Deshalb muss um Gnade gefleht und auf das herrscherliche Erbarmen gewartet werden, ehe sie den Kopf wieder heben können.[46] Dahinter stehen die Absicht, Gott als absoluten Herrscher zu ehren, und das kirchliche Interesse, durch die Handhabung der Gnadengaben an der herrscherlichen Macht Gottes partizipieren zu können. Ein glaubwürdiges Christentum holt Gott aus solchen Verstrickungen heraus. Es verwendet in den Liturgien keine göttlichen Drohungen mehr mit seelischer und körperlicher Gewalt (»Wir haben den Tod verdient«). Es lehrt die Gläubigen auch nicht mehr, in der Sprache und Haltung von Sklaven oder Todeswürdigen mit Gott zu reden.

Gegen solche Deformationen des Redens von und mit Gott hilft, das Unser-Vater-Gebet *Jesu als Sprachschule des* Glaubens *ernst zu nehmen*, statt es einfach nachzubeten. Das beginnt bei der Gottesanrede (»Lieber Vater«) und betrifft den ganzen Tonfall. Jesus hat uns gelehrt, dass Gott weder mit seelischer noch mit körperlicher Gewalt paktiert. Deshalb darf auch die Art, in der Gottes Gegenwart im Gottesdienst gefeiert wird, dürfen aber auch die Auftritte von Bischöfen, Kardinälen und Papst nicht mehr an die Hofhaltung antiker Herrscher erinnern. Tiefgreifende Revisionen liturgischer Texte und der Gesangbücher sind nötig. Denn auf Schritt und Tritt werden darin die alte Herrschaftssprache und ein Menschenbild reproduziert, die Gott mit Gesetz und Strafandrohung und Menschsein zuerst mit Gehorsam verbinden.

1.2 Alle Religionen gehören zur universalen Wahrnehmungsgeschichte Gottes, keine redet eindeutig von Gott

Es hat keinen Sinn mehr zu glauben, der eine Gott habe seine Liebe zu Menschen erst mit dem Erscheinen von Juden und Christen in der Geschichte entdeckt. Alle Menschen, die glaubten, etwas von Gott erfahren zu haben, hatten auch die Gewissheit, von Gott gemeint zu sein. Nehmen wir den Glauben an die Einheit und Einzigkeit Gottes ernst, müssen wir alle heiligen Schriften der Religionen von den Wahrnehmungen der Menschen her verstehen und mithilfe der Wahrnehmungstheorie auslegen. Dann können wir sagen: Alle Religionen gehören mit ihren Transzendenz-Erfahrungen hinein in die eine und universale Wahrnehmungsgeschichte Gottes. Alle Menschen, ja, alle Geschöpfe, sind gleichermaßen in diese Gottesbeziehung eingeschlossen, und zwar von Anfang an und für alle Zeit.

Die Kanones und Kanonfamilien bilden innerhalb der universalen Wahrnehmungsgeschichte Gottes je eigene Gedächtnisspuren. So gehören der jüdische und der christliche Teil der Bibel mit dem islamischen Koran zusammen.[47] Dies anzuerkennen und für die eigene heilige Schrift und Religion keine Sonderrolle zu beanspruchen, drückt den Respekt vor Gottes Einzigkeit und Einheit aus. Im Bild gesprochen: Wir dürfen Gott nicht teilen, nur weil Menschen Gott unterschiedlich wahrnehmen. Im Unser-Vater-Gebet beten wir: »Dein Wille geschehe wie im Himmel, so auf Erden« – und nicht: ›Richte Dich nach unseren Vorstellungen von Dir‹!

Die Vorstellung, von Gott vor anderen erwählt *zu sein, ist eine äußerst problematische Erbschaft der Bibel.* Sie stammt zwar schon aus altägyptischer Zeit und begegnet in der Antike häufig auch da, wo Städte und Länder sich im Schutz- und

Trutzbündnis mit ihren Gottheiten wussten. Aber der Glaube, vor anderen erwählt zu sein, ist von Juden und Christen perfektioniert worden. Und so hat er schon in der Bibel immer wieder zu Auseinandersetzungen mit »Nichterwählten« oder gar »Verworfenen« geführt, zu Selbstüberhebungen und rachegeleiteten Demütigungen – und in allem zur Instrumentalisierung Gottes. Heutige Theologie muss den Erwählungsglauben aufgeben und sagen, dass Gott mit dem Leben aller Geschöpfe ohne Einschränkung verbunden ist. Gott ist nicht in sich gespalten. Dass Menschen sich von Gott zu besonderen Aufgaben berufen fühlen, steht auf einem anderen Blatt. Ein Anspruch auf damit verbundene Vorrechte macht solche Berufungen allerdings gefährlich.

Wir können dankbar sein, dass die christliche Bibel selbst das einmalige Beispiel einer heiligen Schrift gibt, die zwei Religionen gehört (interreligiöser Kanon). Und dies, obwohl sich Juden und Christen in der Gottesfrage nicht einig sind, und obwohl beide eine mehr als schwierige, ja, in vielem traurige Geschichte miteinander haben. Das gute Beispiel der interreligiösen Bibel aber sollte dazu anreizen, eine solche Zusammenschau der Geschichte Gottes mit den Menschen über den Rand von Bibel und Dogma hinaus zu wagen. Ein »Kanon aus den Kanons« ist dazu die ›fromme Hoffnung‹[48]. Sie wird genährt durch das, was wir heute von der Entstehung der Bibel und anderen heiligen Schriften und den darin wirksamen Einflüssen wissen. Denn keine Religion hat bei Null angefangen.

Ihre wahre Autorität erweist die Bibel wie andere heilige Schriften auch allein auf spirituellem Weg. Sie lässt sich nicht durch dogmatische Sätze schaffen und nicht durch kirchenrechtliche Sicherungen stärken. Nur so kann man Ernst damit machen, dass die Bibel *menschliche* Wahrnehmungen Gottes enthält. Um sie geht es denen doch auch heute, die sich für den Glauben interessieren. Das ist wichtig für die

Auswahl und Funktion von biblischen Texten in den Liturgien, Predigttextordnungen und kirchlichen Stellungnahmen: Ihr kirchlicher Gebrauch darf ihre menschliche Sprach- und Wahrnehmungsgestalt nicht verdecken.

»Gottes Wort« meint keine substantielle Qualität. Die »historisch-kritische Methode« in der Bibelexegese ist nach dem Zweiten Weltkrieg gegen jahrzehntelange Widerstände in den Kirchen durchgesetzt worden. Sie hat in den 60er-Jahren des vergangenen Jahrhunderts einen unglaublichen Zulauf zum Theologiestudium ausgelöst – aber sie hat trotzdem das kirchliche Reden von der Bibel kaum verändert. Abzulesen ist das daran, dass die Kirchen die biblischen Überlieferungen im *Wortbestand* nach wie vor »Wort Gottes« nennen. Alles, was wir über die oben behandelten Wahrnehmungs-, Erinnerungs- und Reflexionsvorgänge behandelt haben, wird dabei ausgeblendet. Schon vom einfachen Wortsinn her verbreitet die Rede vom »Wort Gottes«, wenn sie sich auf die Bibel bezieht, doch wieder die Vorstellung einer Verbalinspiration – dass sie Gottes Diktat oder – wie im Koran von der jüdischen Tora, dem christlichen Evangelium und dem Koran gesagt – zu den Menschen *herabgesandte* Abschrift einer himmlischen Urschrift sei (*3,3: 43,4; 56,77-80; und 2,41.176; 3,3-4 u. ö.*). Dabei gerät aus dem Blick, dass »Offenbarungen« in der uns erreichbaren schriftlichen Gestalt Ergebnis menschlicher Wahrnehmungen und Reflexionen sind. Wo uns die Bibel Einsichten vermittelt, die so tief gehen, dass wir in einem bestimmten Zusammenhang nichts mehr fragen müssen (*Johannes 16,23*), hat der Begriff »Gottes Wort« einen Sinn.

Es gibt auch andere als verbale Gotteswahrnehmungen*, wie* Meditation *und* Mystik *in unterschiedlichen Religionen lehren.* Wird die Gotteserfahrung auf die Ebene des Wortes fixiert, werden alle nonverbalen Äußerungen von Gottes Geist als »Quellen der Offenbarung« ausgeblendet. Immerhin gibt es in der jüdisch-biblischen Theologie eine Linie, die die Schöpfung als Bundesschluss Gottes mit den Menschen und den Regenbogen als dessen Wahrzeichen (*Genesis 8,22*) versteht. Auch der Islam spricht davon, dass die Schöpfung Gotteserkenntnis vermitteln kann (*2,163-164; 3,190; 13,2-4 u. ö.*). Wer aber Selbstäußerungen Gottes durch die Schöpfung nicht eindeutig genug findet, muss bedenken, wie wenig eindeutig die schriftlichen Zeugnisse der Religionen sind – um deren Auslegung bekanntlich viele Kriege geführt wurden. Noch wichtiger ist die Tatsache, dass sich Gott nach christlicher Theologie in dem Menschsein Jesu selbst uneindeutig gemacht hat: »Er kam in sein Eigentum, aber die Seinen nahmen ihn nicht auf«, schreibt Johannes in seinem Evangelium (*1,11 vgl. 1,4f*).

1.3 Religiöse Vielfalt zu achten gehört zu der auch der Theologie gebotenen Ehrfurcht vor dem Leben

Im Grunde vermitteln Kirchen und Theologien immer noch den Eindruck, von der Bibel und insbesondere vom »Neuen Testament« aus habe eigentlich nur ein Typ Kirche entstehen sollen – nämlich der jeweils eigene. Alle Kirchen bestehen auf der Notwendigkeit des eigenen Kircheseins, und zwar um der »Schriftgemäßheit« willen, durch die sie gerade ihren Kirchentyp legitimiert sehen. Ähnliches gilt auch für die, bislang nicht erwähnten, vielen anderen christlichen Denominationen. Wahrnehmungstheoretisch betrachtet, heißt das aber: Jede hat ihre eigene Gestalt von Kirche in der Begegnung mit den Texten wahrgenommen und in der Realität wahrgemacht. Das geht auch gar nicht anders. Aber es müsste allen bewusst werden, was sie tun. Nur so können bisherige Ansprüche auf den alleinigen Besitz von Wahrheit ihren Sinn und Grund verlieren.

Dass die getrennten Kirchen sich alle von der Bibel legitimiert sehen, liegt zum einen am Neuen Testament *selbst.* Denn es dokumentiert alles andere als ein einheitliches Verständnis von christlichem Glauben und Leben. Das geht schon aus dem Nebeneinander der vier theologisch sehr unterschiedlichen Evangelien und aus Zeugnissen von massiven Auseinandersetzungen unter den Aposteln und Evangelisten hervor[49], nicht zuletzt um die Gestalt des Abendmahls. Eine Kirche ist darin noch gar nicht greifbar, allenfalls Spuren von werdenden Ämtern, die zumeist, wie im Judentum, Männern vorbehalten blieben. Offenbar entwickelten sich neben- und teils gegeneinander differente Glaubensrichtungen. Sie orientierten sich an der fast kultlosen revolutionären Verkündigung Jesu, an den auf Schriftauslegung und Gebet konzentrierten Synagogengottesdiensten oder auch an der bis 70 n. Chr. im Jerusalemer Tempel beheimateten Heilsvermittlung durch Opfer und Sühne und an vielen anderen Vorstellungen von Heil und Heilsvermittlung.

Die Vielfalt *der* Kirchentypen *hat auch mit der Vielfalt der Kulturen zu tun, in denen Gemeinden und Kirchen entstanden sind.* Ihr kulturelles Erbe haben sie zusammen mit ihrem Glaubens- und Kirchenverständnis in das Christentum eingebracht: Aus Rom (Katholische Kirche), Byzanz (Orthodoxe Kirche) und Mitteleuropa (Reformatorische Kirchen) flossen ganz eigene Lebens- und Weltverständnisse in Schriftauslegung und Kirchengestalt ein. Diese Einflüsse haben dafür gesorgt, dass sich in der Begegnung mit den biblischen Überlieferungen noch einmal erheblich veränderte Versionen bzw. Wahrnehmungsgestalten Gottes, Jesu, von Kirche und Ämtern gebildet haben und in jeweils eigenen Riten erinnert worden sind – und werden. Nicht zuletzt die Ikonographie – einschließlich des Verzichts auf sie - spiegelt diese Eigenheiten. Wird aber die eigene Gestalt von Kirche als die allein seligmachende verstanden, kann Vielfalt nicht mehr geschätzt werden

Für die frühe Christenheit *müssen wir aber, anders als bisher, von einer großen* Vielfalt *auch im Bereich der Liturgien ausgehen.*[50] Noch war alles »flüssig«. Aber diese »Flüssigkeit« ist sehr bald in einen »geronnenen Aggregatzustand«[51] überführt und also beendet worden, nachdem man den Kanon »geschlossen« und das Christentum 380 unter Kaiser Theodosius I. zur Staatsreligion erklärt hatte. Fortan wurde zum absoluten Referenzrahmen kirchlichen Redens das, was – in personifizierter Form – »die Bibel«, »die (heilige) Schrift«, »das Evangelium« oder gar »Gottes Wort« »sagt«. Dogmen und Bekenntnisschriften spiegeln das durch die Fülle entsprechender Bibelzitate. Und was durch theologische – und machtpolitische – Entscheidungen zustande gekommen war, wurde im Nachhinein durch die Berufung auf den heiligen Geist mit unangreifbarer Autorität ausgestattet. Das sind totalitäre Strukturen, die das Nebeneinander der vier Evangelien im Neuen Testament verspotten.

Innerhalb des neutestamentlichen Kanons erhielt die – im Wesentlichen mit Paulus *verbundene* – apostolische Tradition *die Deutungshoheit. Sie überlagerte auch Jesu Botschaft*[52] von einer un-bedingten, an keinerlei Heilsgeschehen gebundenen, also wirklich bedingungs-losen Liebe Gottes zu seinen Geschöpfen. Die apostolische Linie konzentrierte sich ganz darauf, den gewaltsamen Tod Jesu als Sühnopfer für unsere Sünden zu deuten, und auf die Auferstehung. Darin sah sie nun Gottes eigene Versöhnungs- und Erlösungstat (*2. Korinther 5,18-21; Römer 3,25*). Die Botschaft Jesu aber kommt in den Paulusbriefen nur mittelbar vor[53] – von Jesu Wort zur Scheidungspraxis (*1. Korinther 7,10f*) abgesehen. Ganz offenbar sind die in den Evangelien enthaltenen scharfen Attacken Jesu auf die pharisäische Priesterschaft am Tempel in Jerusalem (*Matthäus 16,1-12; 22,34-23,16*) nicht ohne Wirkung auf Paulus geblieben, der selber pharisäischer Theologe war. Dass er die Jesus-Gläubigen nach Jesu Tod so böse verfolgt hat (*Apostelgeschichte 9,1-2.13.21*), wird wohl auch damit zusammenhängen.

Manche von der apostolischen Linie abweichende Glaubenseinsichten sind frühzeitig vom Kanon ferngehalten worden. Sie finden sich zum Beispiel in (neutestamentlichen) Apokryphen, die offiziell den Glauben nicht mehr beeinflussen durften. Denn sie galten, wie der Begriff sagt, als »verborgene Schriften« – vielleicht, weil sie verborgen bleiben *sollten*. Trotz ihrer fragwürdigen Herabstufung sind »apokryphe« Schriften theologisch oft hoch brisant. In der Didaché wird der Begriff »Apostel« zum Beispiel noch nicht auf den fiktiven Zwölferkreis beschränkt. Vor allem finden wir in ihr die erste, wörtlich so genannte Eucharistiefeier. Sie verbindet beim Abendmahl Wein und Brot noch *nicht* mit Jesu Blut und Leib, ja, nicht einmal mit seinem Tod. Es gibt noch keine Einsetzungsworte, in denen die frühkirchliche Theologie dann ihre Sühne- und Bundestheologie untergebracht hat. Alles, was gesagt wird, ist lobpreisende Danksagung (*eucharistía*) an Gott. Wein und Brot waren in der (syrischen?, ägyptischen?) Gemeinde, aus der diese Eucharistie stammt, Lebensgaben – wie Jesus selbst auch, der »das Leben offenbart hat«.[54] Diese und andere, nicht in den Kanon aufgenommene Überlieferungen gehören zum Bildungsgut von Christen und müssen entgegen der normierenden Tendenz des Kanons den heutigen Christen endlich leicht zugänglich gemacht werden.[55]

In den Kanon aufgenommene, aber der Kirche dann doch fragwürdig erschienene Überlieferungen hat man zum Teil mit Zusätzen überschrieben, die die apostolische Sicht nachtrugen – um die Vielfalt zu verdecken.

Besonders gut kann man ein solches Verfahren im 6. Kapitel des Johannesevangeliums studieren. Wer sich den Bibeltext anschaut, kann den Sachverhalt leicht erkennen: Die Verse 51b bis 58 fügen in die »Brotrede« Jesu eine drastische Passage ein, in der es um das Essen seines »Fleisches« geht. Dadurch sollte ausgeglichen werden, dass Johannes das Abendmahlssakrament aus dem Bericht über das letzte Mahl Jesu in Kap. 13 herausgenommen und durch die Fußwaschung ersetzt hatte. V. 6,58 wiederholt V. 6,51a fast wörtlich und macht die Unterbrechung der »Brotrede« durch die Einfügung erst recht deutlich. Wir haben in den Kapiteln 13 und 6 also in gewisser Weise Update und Gegen-Update vor uns.

In solchen Nachträgen hat sich angebahnt, was das Christentum zu einer Schriftreligion gemacht hat: die absolute Schriftbindung und die selbstreferentielle Auslegung. Die Predigt der Kirchen wurde an »die Schrift« gebunden, und alle Bibelstellen mussten von anderen Bibelstellen her (»selbstreferentiell«) ausgelegt werden. Anfangs ist keiner anderen Literatur eine zureichende Qualität zugestanden worden, um zur Auslegung von »Gottes Wort« etwas beitragen zu können. Später kamen Kirchenvätertexte, Dogmen und Bekenntnisschriften als Referenzliteratur hinzu – weil es sich dabei zumeist auch um Bibelauslegungen handelte. Bis heute ist es prinzipiell ausgeschlossen, in den Predigten Texte aus anderen Religionen auszulegen. Das bedeutet angesichts der bedeutenden Vorprägungen jüdischer und christlicher Glaubensvorstellungen vor allem aus Ägypten, Mesopotamien und Griechenland eine gezielte Engführung des Glaubens und eine Irreführung der Gemeinden. Dahinter steht die geschichtsvergessene Vorstellung von einem Gott, der Heilsrelevantes nur Juden und Christen offenbart habe.

Problematisch ist daran auch, dass die an den Kanon gebundene kirchliche Lehre und Erziehung über lange Zeit hin jede Sinnsuche behindert hat, die außerhalb von Bibel und kirchlicher Lehre ihre Leitbilder und Deutungsmuster fand. Solche Suchbewegungen hat es im Christentum aber durchaus gegeben, und wir können schon sehr früh Updates für die immer dominanter gewordene apostolische Gestalt des Glaubens erkennen. Dafür können apokryphe Schriften wie das griechisch und koptisch überlieferte Thomasevangelium[56], aber auch Leben und Lehren der ägyptisch Wüstenväter[57] und später dann vor allem mystische Schriften als Beispiele stehen.

Sehen wir auf die Anfänge zurück, gehört die Vielfalt von Anfang an zur Bibel mit ihrem jüdischen und christlichen Teil. Und in beiden Teilen leben die Einflüsse aus Vorgängerreligionen weiter. Aber auch der christliche Teil zeigt ein vielfältiges Nebeneinander von Theologien, Christologien, Riten und Gemeindestrukturen. Dass sich daraus unterschiedliche Kirchentümer bzw. Konfessionen entwickelt haben, ist kein Irrweg gewesen, sondern Ausdruck der Bereitschaft, Menschen in ihrer Lebenswirklichkeit wahrzunehmen. Mit seiner Ausbreitung und Einwohnung in unterschiedlichen Kulturen musste sich das Christentum in differenten Versionen entwickeln. Menschen und andere Geschöpfe kann man nur wahrnehmen, wie sie (geworden) sind,[58] und nicht so, wie man sie sich denkt.

Vielfalt als Gottesgabe wahrzunehmen, gehört auch für die Theologie zu der gebotenen Ehrfurcht vor dem Leben, *wie es geworden ist.* Eine christliche Ökumene kann deshalb nur ein füreinander offenes Miteinander von Kirchen sein – mit freien Übergängen. Kein Mensch gehört der Kirche, in die er einmal durch die Taufe aufgenommen worden ist. Jeder hat ein Recht auf einen Wechsel der Kirche – oder Religion, und zwar ohne Verruf. Die Vorstellung von einer Einheitskirche, die alle Kirchen ersetzen sollte, ist nicht nur lebensfremd. Sie folgt entweder einem rigiden Harmonie- oder einem Herrschaftsbedürfnis. Beide sind lebensfeindlich. Der Weite der Erde entspricht im Grunde nur eine Ökumene der Religionen. Die positive Unterstellung, dass Gott auch die anderen

Religionen – menschlich gesagt – gewollt hat, ist nicht zu widerlegen. Wer Vielfalt so akzeptiert, hat auch die Fähigkeit, den Dialog der Kulturen zu führen. Im »Haus der Religionen« in Bern[59] wird dies beispielhaft vorgelebt. Die »Eugen-Biser-Stiftung«[60] in München wird mit einem deutsch-türkischen Wörterbuch zu zentralen Begriffen in Christentum und Islam einen anderen wichtigen Beitrag leisten.

1.4 Aufgabe der Bibelauslegung ist es nicht, biblische Sprachfiguren zu konservieren, sondern Menschen zum eigenen Glauben zu helfen

Dass sich das Christentum *zur* »Schriftreligion« *verengt hat, wird auch daran deutlich, dass* gegenwärtige Gotteserfahrungen *prinzipiell nicht für würdig befunden, theologisch wahrgenommen zu werden.* Dem gegenwärtigen Wirken des heiligen Geistes gegenüber sind die Kirchen, trotz der Taufe und trotz der alljährlich glorifizierten Pfingsterzählung (*Apostelgeschichte 2*), immer skeptisch bis ablehnend geblieben – als sei es von Natur aus des Umsturzes verdächtig. Dass das offizielle Christentum Schriftreligion bleiben will, ist deutlich abzulesen an den getrennt festgelegten Ordnungen für die in den Gottesdiensten des Kirchenjahres vorzulesenden und für die in der Predigt auszulegenden biblischen Texte. Spezielle Zeitschriften und Internetportale liefern den Predigenden für jeden Sonn- und Feiertag und für alle vorkommenden Anlässe, bei denen gepredigt werden muss, Predigtvorbereitungshilfen. In der katholischen Messe dürfen nur geweihte Priester predigen. Die an den Universitäten lehrende wissenschaftliche Theologie wirkt in den evangelischen (Landes-)Kirchen über die Prüfungsämter, die theologischen Ausschüsse und durch gelegentlich bestellte Gutachten daran mit, dass Ausbildung und Verkündigungspraxis »schriftgemäß« erfolgt.

Im krassen Gegensatz dazu steht das absolute Desinteresse von Kirchen und Theologie an dem, was Dietrich Bonhoeffer eine »religionslose Interpretation religiöser Begriffe« genannt hat. Ich verstehe diese hermeneutische Forderung so, dass Jesu Evangelium so vermittelt werden muss, dass heutige Menschen ihren Glauben gedanklich und sprachlich authentisch aussprechen können. Dazu aber bedürfte es einer völlig anderen Didaktik als der heutigen, auf die Textauslegung in Predigt und Unterricht gerichteten Bemühungen. Vor allem müssten die gläubigen Menschen selbst entscheiden können, was der Glaube für sie bedeutet und warum er ihnen hilft, leben und sterben zu können.

Auch die Theologie *unterwirft sich aber der Forderung,* Schriftgemäßheit *objektiv festzustellen*, was schon wegen der im Neuen Testament dokumentierten Vielfalt von Theologien und Selbstverständnissen[61] gar nicht festgestellt werden kann. Die schon genannte hermeneutische Regel, dass nur biblische Texte und diese immer nur mithilfe anderer biblischer Texte oder von Dogmen oder Bekenntnisschriften ausgelegt werden können, täuscht solche Objektivität nur vor. Denn durch das Netz innerbiblischer Zitate und Querverbindungen stellt diese Regel ja nur den Anschein her, als hätten die Autoren der aus einem Zeitraum von tausend Jahren stammenden biblischen Schriften doch alle zur selben Zeit gelebt und denselben kulturellen und religiösen Hintergrund gehabt. Und trotz großer Unterschiede hätten alle *das* im Sinn gehabt, was von der christlichen Dogmatik immer und überall begründet wird: das Wunschgebilde einer Glaubenseinheit.

Wie aber soll das zusammenpassen mit den Gotteswahrnehmungen, die in den biblischen Texten – und ja schon damals mittels »Überschreibungen« – reflektierend erinnert wurden? Das sind doch auch damals schon Vorgänge gewesen, in die Menschen ihre Vorstellungen von Gott und vom Leben eingebracht haben, also keine »objektiven« Protokolle, sondern erinnerte Wahrnehmungen. Wo aber wird in einer selbstreferentiellen Hermeneutik ernst genommen, dass jede Wahrnehmung und ihre Erinnerung, schon gar ihre Reflexion, genau genommen selbst jeweils Updates sind, etwas, was an die Verstehens- und Lebensmöglichkeiten im Jetzt angepasst worden ist? Und wo werden aus solchen Einsichten Konsequenzen gezogen?

Wo wird endlich eine theologische Kritik der Bibel, der Dogmen und Bekenntnisschriften begonnen? Voraussetzung dafür wäre, dass die sich in den biblischen Überlieferungen zeigende Vielfalt klar herausgestellt und nicht zugedeckt würde. Statt zu unterstellen, Glaube wolle unbedingt Einheit, sollte man erst einmal anerkennen, dass Glaube lebensbezogene Authentizität will. Und dann kann man klar und deutlich von einer Religionsgeschichte des Christentums reden, die im Neuen Testament begonnen und sich in der Kirchengeschichte bis heute fortgesetzt hat. Rainer Albertz hat Vergleichbares vorbildlich im Blick auf den jüdischen Teil der christlichen Bibel getan, indem er eine »Religionsgeschichte Israels in alttestamentlicher Zeit« geschrieben hat.[62] Die Religionsgeschichten Israels und des Christentums zusammen aber gehören in die universale Wahrnehmungsgeschichte Gottes hinein, an der alle Religionen beteiligt sind. Das bedeutet, dass die Perspektive dabei durch die menschlichen Wahrnehmungen, Erinnerungen und Reflexionen bestimmt wird und nicht zuletzt auch durch die wechselseitig wirksamen Einflüsse der Religionen aufeinander.

Vielfalt heißt, dass sich ein multiperspektivisches Neben- und Miteinander zeigt. Und das ist ja auch die Sache von Glaube und Theologie: Da reden Menschen von Gott und sich und sagen, was sie wahrgenommen haben. Und dann versucht man, sich zu verstehen. Einheit in und aus der Vielfalt kann dann nur auf dem Weg gefunden werden, dass alle Gotteswahrnehmungen auf den einen und einzigen Gott *zurückgeführt* werden. Und die Differenzen in den Wahrnehmungen können durch Faktoren erklärt werden, die in den Wahrnehmenden liegen. Aber das ist dann ein Ergebnis theologischer Reflexion und nicht von göttlicher Offenbarung.

Nun sind die Bibel *und andere kirchliche Überlieferungen wichtigste Teile des kirchlich-kulturellen Gedächtnisses und als solche gar nicht zu überschätzen.* Sie haben die eigene Geschichte entscheidend geprägt. Aber die christlich-kirchliche Kultur hat sich zugleich ab- und eingegrenzt: Im Inneren gegen Weltbilder und Lebensvorstellungen, die an nichtbiblische Erfahrungen und nichttheologische Wissenschaften gebunden waren. Und nach außen gegen andere Kulturen und Religionen und gegen nichtmenschliche Mitgeschöpfe. So ist inmitten der Wirklichkeit eine Sonderwirklichkeit entstanden, für die nicht selten von Kirche und Theologie beansprucht wurde, dass sie die eigentliche Wirklichkeit sei. Solche Abgrenzung kann nicht der Sinn der Bibelauslegung sein.

Aufgabe theologischer Bibelauslegung ist es, mit den Methoden der historischen Kritik zu erforschen, wie die Schriften der Bibel entstanden sind, welche Quellen sie benutzt und wie und von wem sie bis zur endgültigen literarischen Gestalt redaktionell überarbeitet worden sind. Zweitens ist es Aufgabe der Theologie, durch eine theologische Kritik der kanonischen und kirchlichen Traditionen zu klären, welche davon die Gestalt des Glaubens in unserer Zeit maßgeblich beeinflussen sollen und welche nicht. Die Kriterien dafür müssen offengelegt werden. Wichtigstes Kriterium ist für mich die Frage nach der Lebensdienlichkeit der Überlieferungen. Jesu These »Der Mensch ist nicht für den Sabbat da, sondern der

Sabbat für den Menschen« (*Markus 2,27*) stellt selbstverständlich auch soziale und kulturelle Standards aus beiden Teilen der christlichen Bibel infrage. Und drittens muss theologische Bibelauslegung die unterschiedlichen Religionen, ihre Schriften und Riten als religiöses Gedächtnis der Menschheit zusammensehen, um Theologie als eine interkulturelle Wissenschaft betreiben zu können.

Diese Anforderungen an die Bibelauslegung *setzen voraus, dass das* Theologiestudium *dazu befähigt,* Theologie *nicht als reproduktive, sondern als produktive Wissenschaft zu betreiben.* Den meisten Theologiestudentinnen und -studenten fällt es nach ein paar Semestern schwer, einen einzigen Satz ihres Glaubens zu sagen, der ohne direktes oder indirektes (Bibel-)Zitat auskommt. Das ist auch angesichts der Schriftbindung der Predigten, die sie gehört haben und auf die sie sich nun selbst vorbereiten, nicht verwunderlich. Zugleich ist darin aber auch die Ursache der meisten Probleme zu finden, die Pfarrerinnen und Pfarrer selbst und die auch Gemeinden mit der Predigt haben. Denn durch die Schriftbindung der Predigt wird die sprachliche Gestalt des Glaubens wieder und wieder an den Wortlaut der alten Schriften gebunden. Und die Predigt wird zur immer neuen Reproduktion alter Sprachfiguren verleitet, die sich immer weiter von der heutigen Umgangssprache entfernen. Unausgesprochen gilt in den Kirchen die Überzeugung, die biblische Sprache und ihre Bildwelt seien die einzig angemessene Art, vom Glauben zu reden; und Gott spreche selbst wohl Hebräisch, Aramäisch oder Griechisch. Ähnliches kann man unter Muslimen im Blick auf den Koran und das Hocharabische finden.

Wie dringlich es ist, das bis in die Vergötzung hineingehende Schriftprinzip *aufzugeben, belege ich noch mit einem Beispiel.* Es zeigt, dass es auch in der evangelischen Kirche ein Gehorsamsproblem gibt, allerdings weniger Bischöfen und Präsides als »der Schrift« und dem Schriftprinzip gegenüber. Man kann darin eine Nachwirkung der Tatsache erkennen, dass das reformatorische Prinzip des *Solus Christus! Sola fide! Sola gratia! Sola scriptura!* eben auch die Bindung an die »Schrift« als Grund der evangelischen Freiheit nennt. Inzwischen hat aber der daraus gewordene Grundsatz der unbedingten »Schriftbindung« ein merkwürdiges Regiment übernommen. Er sorgt dafür, dass bibel-, theologie- und liturgiekritische Positionen oft schon wieder als glaubensfeindlich angesehen werden. Selbst auf Kirchentagen kommen fundamentalkritische Positionen nur noch am Rande vor, alles ist auf eine Verteidigung des Bestehenden aus, die als letzte Rettung verstanden wird.

Man kann den Eindruck gewinnen, als sei eine theologische Kritik biblischer Überlieferungen etwas Gotteslästerliches – und, wenn es sich dabei um jüdische Überlieferungen handelt, zusätzlich ein Ausweis von Antijudaismus. Das führt dazu, dass Schwierigkeiten, die die meisten Kirchenmitglieder mit der inhaltlichen Seite des Glaubens – auch und gerade in den Liturgien – haben, von den Kirchen nicht ernst genommen, sondern übergangen werden. Wenn es das Aufbegehren der feministischen Theologie und die Veröffentlichungen Einzelner nicht gegeben hätte, keine kritischen Foren in evangelischen und katholischen Akademien, keine Kirchenvolksbewegung »Wir sind Kirche« und nicht die Zeitschrift »Publik-Forum«, nicht viele offene Diskussionen in Pfarrkonventen und unter Religionslehrerinnen und -lehrern – die Kirchen würden sich nicht darum kümmern, dass die überall von mündigen Christen geäußerte Kritik an der traditionellen Glaubensgestalt gehört und ernst genommen würde. Das ist so, obwohl Umfragen seit Jahrzehnten belegen, wie groß die Distanz der Kirchenmitglieder und selbst von Pfarrerinnen und Pfarrern gegenüber zentralen Glaubensaussagen ist.[63] Diese Distanz betrifft vor allem das Gottes- und Menschenbild und die »Erlösungslehre«. Dass von den Kirchenleitungen kein Impuls ausgeht, zu fragen, was die Menschen in den Gemeinden wirklich glauben, und die vorhandene Glaubenskritik aufzunehmen und zu diskutieren, erleben viele zu Recht als Missachtung. Über alles darf diskutiert werden, aber nicht über die unmündig machende Schriftbindung. *Das ist der eigentliche Krebsschaden, an dem die Kirchen leiden.* Denn damit höhlen die Kirchen gerade den Glaubensartikel aus, der von der Gegenwart Gottes im Geist und als Geist spricht. Wo aber das Wirken des Geistes beschränkt wird, wird gegen ihn gesündigt (*Matthäus 12,31f; Lukas 12,10*).

Und nun das Beispiel. Beim 75-jährigen Jubiläum des Konvents der (ev.) Theologinnen in Bayern hat der bayerische Landesbischof sich Ende September 2010 in Nürnberg in einer Predigt im Namen der Ev.-Luth. Landeskirche in Bayern dafür entschuldigt, dass unzählige Frauen haben »bitter und erniedrigend erfahren müssen, dass ihr Zeugnis in der Kirche ... nichts galt und nicht willkommen war«. Sie »wurden ignoriert, abgewimmelt oder es wurde ihnen offen ins Gesicht gesagt, dass ihr Dienst im geistlichen Amt unerwünscht ist.« Das war eigentlich eine hocherfreuliche Geste des Bischofs, auch wenn sie viel zu spät kam. Das eigentliche Problem aber ist, dass der Bischof zwar sehr einfühlsam von den »tiefen Wunden« gesprochen hat, die die Kirche den Frauen geschlagen habe. Aber weder er noch die mitwirkenden Theologinnen haben ein einziges Wort dazu gesagt, dass die Regelung, Frauen von Ordination und Pfarramt fernzuhalten, stets *biblisch* begründet werden konnte und auch begründet worden ist - vom jüdischen Priestergesetz und von jener im 1. Korinther des Paulus überlieferten Anordnung her, die da lautet: »Wie in allen Gemeinden der Heiligen sollen die Frauen in den Gemeindeversammlungen schweigen; denn es ist ihnen nicht gestattet zu reden, sondern sie sollen sich unterordnen, wie auch das Gesetz sagt. Wollen sie aber etwas lernen, sollen sie zuhause die eigenen Männer fragen; denn es ist für eine Frau schimpflich, in der Versammlung der Gemeinde zu reden« (*1. Korinther 14,33b-35*).[64] So haben auch evangelische Frauen aufgrund der rigiden »Schriftbindung« der Kirchen bis ins letzte Drittel des 20. Jahrhunderts hinein schweigen müssen. Weltweit werden Frauen *deshalb* bis heute nicht nur in den katholischen und orthodoxen, sondern auch in einer ganzen Reihe von evangelischen Kirchen nicht ordiniert bzw. zu Priesterinnen geweiht.

Dass Kirchen es selbst bei inzwischen geänderter kirchlicher Praxis nicht wagen, solche mit der apostolischen Tradition mitgeschleppten, sozialen und anthropologischen Standards der Antike öffentlich und klar für nicht mehr verbindlich zu erklären und damit endlich eine *theologische* Kritik der Bibel durchzuführen – *da, an dieser Stelle, zeigt sich das wirkliche Skandalon.* Zum Glück sind viele Pfarrerinnen und Pfarrer mutiger als ihre Kirchenleitungen, wie ich in einem bayerischen Gemeindebrief zum selben Anlass habe finden können.[65]

Solche Anzeichen weisen auf eine gefährliche Scheinheiligkeit hin, die der öffentlichen Kommunikation des Evangeliums *Jesu den Weg versperrt.* Das Problem dabei ist: Die Kirchen reden eben fast ausschließlich in eigenen Räumen, deren künstlerische Ausgestaltung dieselbe Schriftbindung spiegelt. Und da macht keiner Zwischenrufe. So wird die Illusion genährt, der Glaube habe mit einer Sonderwelt zu tun. Und das kann sich dann so äußern: Sagt ein Mensch als Ausdruck seines Glaubens, er fühle sich in der Gottesbeziehung geborgen, wird er von »bibeltreuen« Gläubigen zu hören bekommen, das zu sagen, reiche nicht. Da fehle vieles, weil in dem Satz die Wörter Sünde, Erlösung, Kreuz, Christi Blut etc. nicht vorkommen. *Müssen* sie denn wirklich vorkommen? Sollten Christen auf dem Sterbebett vielleicht die Erlösungslehre aufsagen können? Natürlich nicht, denn darin fehlt die ganze Verkündigung Jesu von Gottes unbedingter Liebe.[66] Das Unser-Vater-Gebet ist zwar formal auch kein Bekenntnis, aber es ist als Gebet Bekenntnis genug. Jedes Gebet ist eine Glaubensaussage – und zumeist eine ganz authentische. Darum ist es wichtig, das Beten zu praktizieren, in der Anredeform oder als Meditation. Nirgendwo ist der Lebensbezug so direkt und persönlich da wie beim Beten.[67]

Authentizität *ist für den Glauben wichtig, weil es um das Leben- und Sterben-Können von Menschen geht.* Deshalb muss ernster genommen werden, dass die moderne Kommunikationstechnik in immer mehr alltägliche Lebensbereiche einwandert und dort Zwänge ausübt, die es den Einzelnen schwer machen, sie selbst zu sein. Vor allem Schüler und Studenten leben heute unter dem Druck, überall und jederzeit erreichbar zu sein, Auskunft über sich zu geben und ihre Meinungen zu allem, was »angesagt« ist, abzugeben. Die soziale Kontrolle aller über alle und ihre Gewohnheiten wird immer lückenloser, eine authentische Lebensgestaltung immer schwerer. Abweichungen vom Mainstream fallen auf und befremden. Die Hoffnung, von diesen Zwängen, von dieser Art Mobbing gerettet, ja, *erlöst* zu werden, hat für viele durchaus die Tiefe und Dringlichkeit einer religiösen Bedeutung. Aber nur, wenn die Theologie der Alltagssprache zutraut, »religionsfähig«, also geeignet zu sein, die eigenen Hoffnungen – auch als Protest gegen aufgezwungene Lebensstrukturen – auszusprechen, kann sie überhaupt erkennen, dass es hierbei um religiös relevante Themen geht. Und erst ein solches Zutrauen könnte dafür sorgen, dass der Glaube in den Augen vieler junger Menschen für den Alltag wieder Bedeutung gewinnt. Die Sprache, in der im Alltag gesprochen wird, muss immer die religiöse Basissprache sein. Wo Updates für den Glauben gelingen, ist sie die Brücke zum Leben der Einzelnen. Die Bibel kann sich selbst nicht »updaten«.

Auf die Spur der basisreligiösen Alltagssprache führt auch jene von Thomas Luckmann *beschriebene* »unsichtbare Religion«[68]. Luckmann unterscheidet religionssoziologisch fassbare Transzendenzerfahrungen und beschreibt kleine, mittlere und große Transzendenzen.[69]

»Kleine Transzendenzen« betreffen Grenzen, die Raum und Zeit uns da setzen, wo wir sind. Über sie können und werden wir immer wieder physisch und gedanklich gehen. »Die Grenze, an die man in der Erfahrung der ›mittleren‹ Transzendenzen stößt, kann (scil. physisch) nicht überschritten werden, so ›undicht‹ sie auch manchmal, z. B. in der Ekstase einer großen Liebe, erscheinen mag. Das ›Außen‹ des anderen verkörpert ein ›Innen‹, das als solches nicht unmittelbar erfahren werden kann. Aber es verkörpert es so vertraut, daß wir meinen können, das Innen sei unmittelbar im Äußeren erlebbar.« Aber indem wir uns jemandem gedanklich zuwenden und ein Wir-Bewusstsein entwickeln, können wir auch diese Grenze überschreiten. Die dritten, »großen« Transzendenzen sieht Luckmann mit dem Wechsel vom alltäglichen Leben zu Schlaf und Traum – und wieder zurück – verbunden. Es ist der Übergang in eine andere Wirklichkeit, in der zum Beispiel ethische und moralische Relevanzstrukturen aufgehoben erscheinen. Den Übergang zum Totsein rechnet Luckmann nicht zu den Transzendenzen, da wir das Wissen vom Tod als Grenze des menschlichen Lebens nur durch den Tod anderer erwerben und nach dem eigenen Tod nicht zurückkehren.

Luckmann hat mit seinem Vorschlag einen Weg gewiesen, der das Reden von Transzendenz in der Alltagssprache möglich macht. Man könnte auch anders ansetzen als er, zum Beispiel bei der auf dem Gegenüber von Ich und Du aufbauenden Anthropologie Martin Bubers. Damit sind Möglichkeit verbunden, Lebenserfahrungen, die gläubige und nichtgläubige Menschen machen, kommunizieren und auslegen zu können. Hier müssen Theologie und Kirchen zeigen, ob auch sie dazu in der Lage sind. Dabei kann man sich dann durchaus in Zustimmung und kritischer Distanz auf die Bibel (und andere heilige Schriften) beziehen. Aber eben nicht, um sie zu reproduzieren. Der tiefe kulturelle und wissenschaftliche Graben, der uns von biblischen Zeiten trennt, muss ernst genommen werden. Aber wir können und sollen *fragen*, was über diesen Graben hinüberreicht – und was in ihm versinkt, weil sich die Kulturen gewandelt haben.[70]

Sich auf diese Form von Lebensauslegung einzulassen verlangt aber auch, die alte Prämisse aufzugeben, die Bibel halte alles bereit, was heutige Lebensprobleme *lösen könnte.* Entscheidend ist, dass ein Mensch in seinem Glauben auch selber vorkommt und eine Beziehung zu Gott hat. Wie dieser Glaube und diese Gottesbeziehung im Einzelnen aussehen, können kein Katechismus und keine Apostelbiographie bestimmen. Soll ein Glaube hilfreich sein, muss er die Erwartungen, die von den heutigen Lebensfragen und -interessen her an ihn gerichtet werden, wahrnehmen, erkennen und beantworten können. Dazu müssen Kirchen helfen, ohne Antworten vorzuschreiben. Der ironische Satz, kirchliches Reden erkenne man daran, dass es auf Fragen antworte, die keiner mehr stellt, kann seine Berechtigung nur durch eine geänderte Praxis des Redens verlieren. Jeder und jede Gläubige müssen in der eigenen Sprache sagen können, was ihnen hilft oder helfen würde, leben und sterben zu *können* und nicht nur zu *müssen*. Diese Sprache müsste auf jeden Fall im Theologiestudium gelernt – und dafür zumindest auf eine der drei alten Sprachen verzichtet werden.[71]

1.5 Das Christentum ist eine Religion wie jede andere und anders als alle anderen; das lädt zu einem gelassenen Umgang mit der Bibel ein

Religiöse Texte *aus der* Antike *lesen wir zumeist mit großer Gelassenheit, mit Respekt und manchmal auch mit Schmunzeln oder Kopfschütteln.* Und nicht selten passiert es, dass wir beim Lesen von solchen Texten, bei Aufführungen antiker Tragödien im Theater oder auch beim Betrachten von bildlichen Darstellungen und alten Heiligtümern angerührt werden. Vielen geht das bei Reisen so. Für mich haben solche Begegnungen mit anderen Religionen jedenfalls eine große Rolle gespielt. Ich habe Ehrfurcht vor denen gelernt, die diese Glaubenszeugnisse geschaffen haben. Und ich habe jeden Zweifel verloren, *dass es sich um* Glaubenszeugnisse *handelt*, also um Zeugnisse wirklicher Wahrnehmungen Gottes, die da als Texte, Tempel, Statuen oder Bilder Gestalt geworden sind – von den rein politisch motivierten abgesehen.

Bei Reisen habe ich auch gelernt, dass es keine Heiden *gibt.* Von Christen gebraucht, drückt das Wort »Heide« eine unerträgliche Selbstüberhebung aus. Die Ausgrenzung von »Heiden« – das ist ein eher jüdisches und christliches Problem – oder von »Ungläubigen« – das ist ein im Koran sehr häufig vorkommendes Thema – geht auf den ethnozentrischen Glauben zurück, dass Gott die Lebens- und Glaubensperspektiven der eigenen Religion denjenigen anderer vorziehe. Doch die Geschichte lehrt, wie schnell aus »Heiden« und »Ungläubigen« so genannte »Unter-« oder »Nichtmenschen« werden konnten – und heute noch werden.

Denn die Begriffe »Heide« und »Ungläubiger« sprechen den damit Bezeichneten ja eine Beziehung zum »wahren Gott« ab, die man selber »hat«. Zumeist belegt ihr Gebrauch zusätzlich eine große Unkenntnis davon, wie stark das Juden- und das Christentum in ihren Glaubensvorstellungen von Vorläuferreligionen wie vor allem der ägyptischen geprägt worden sind. Und für mich steht fest: Diese Tatsachen müssen in unser Gottes- und Schriftverständnis und in das Nachdenken über die innere Beziehung des Christentums zu anderen Religionen einbezogen werden. Ein glaubwürdiges Christentum wird in einer Art religiöser Archäologie dankbar seine Wurzeln offenlegen.[72] Das kann zu dem heilsamen Bewusstsein führen, mit heute fremden Kulturen dennoch verwandt zu sein. In meinem Buch »Lebensgaben Gottes feiern« habe ich deshalb ein kleines Lektionar mit außerbiblischen Lesungen für christliche Gottesdienste zusammengestellt und die Auswahl begründet. Ich glaube, wir haben die Aufgabe, die Verbindung zu anderen heiligen Schriften der Menschheit selbst herzustellen und so einen wesentlichen Beitrag zum Frieden zu leisten.

Durch den gelassenen Umgang mit Zeugnissen anderer Religionen *ist mir aber auch klar geworden, wie wir den Umgang mit der* Bibel *verändern können.* Denn ich kann fremde heilige Schriften vor allem deshalb gelassen lesen und häufig sogar schön und groß finden, weil sie mir nicht mit dem Anspruch entgegenkommen, Glauben einfordern zu wollen – was die Bibel tut, wenn die Kirchen von ihr reden. Dass sie das so tun, liegt daran, dass die Bibel ihnen als einzige Quelle göttlicher Offenbarung gilt. Eine solche Festlegung fordert die Leser und Leserinnen fortgesetzt heraus, sich dem Text gegenüber zu positionieren. Wird den Gläubigen abverlangt, die Bibel als »Gottes Wort« zu akzeptieren, darf sie nicht mehr Literatur sein. Und da es bekanntlich sehr unterschiedliche Bibelauslegungen gibt, muss ich als Leser ständig darauf achten, dass ich die Texte auch »richtig«, und das heißt: kirchlich genehmer Theologie folgend, verstehe. Katholische Universitätstheologen müssen außerdem darauf achten, dass sie der kirchlichen Lehrmeinung nicht widersprechen. Auch im 21. Jh. kann es ihnen sonst noch passieren, dass sie auf Befehl der Glaubenskongregation in Rom ihre »Irrtümer« öffentlich – und das heißt auch im Internet – widerrufen müssen.

Ein solches Schriftverständnis *macht eine gelassene Beziehung zur Bibel unmöglich.* Im Konfliktfall wird die persönliche Wahrnehmung nicht nur eingeengt, sondern umgebogen. Die Freiheit der Wissenschaft wird diskreditiert, obwohl Universitätstheologen Staatsbeamte sind. Alles wäre anders, wenn biblische Bücher einfach als Zeugnisse aus bestimmten Zeiten der Glaubensgeschichte zu mir sprechen könnten, ohne jeden Glaubensanspruch. Aber sie sind ein für alle Mal der Dogmatik dienstbar gemacht worden, die sie als Belegstellensammlung verwendet. So wird das Lesen durch die aufdringliche Frage, ob ich das glauben kann, was da steht, verunstaltet. Außerdem gewinnen Aussagen in biblischen Büchern, die mit vergangenen Weltbildern oder sozialen Standards zusammenhängen, eine völlig unangemessene Bedeutung – wie zum Beispiel die schon zitierten Schweigegebote für Frauen in Gottesdienst und Lehre. Denn sie erscheinen nun auch als »Gottes Wort« – und das hat auf vielen Ebenen in der Kirchengeschichte verheerende Folgen gehabt, hat Biographien verunstaltet – »in Gottes Namen«.

Dass die Freiheitsgeschichte *samt den* Menschenrechten *gegen den oft gewalttätigen Widerstand der Kirchen durchgesetzt werden musste, ist unbestreitbar – und eine Verpflichtung zur Kritik der Bibel.* Man muss es klar sagen: Ein unbedingtes Lebensrecht der Menschen haben weder der in der Tora formulierte Anspruch Gottes auf die Opferung aller männlichen Erstgeborenen (*Exodus 13,2*) noch das christliche Menschenbild zugelassen. Dieses Recht haben sich die Menschen gegen die Bibel erkämpft, die nur eine bedingte, an Gnade gebundene Zusage kennt. Bei Jesus gab es solche Einschränkungen allerdings nicht.

Es ist tragisch, wie viel Kraft die Kirchen mit den Bemühungen vergeudet haben, biblisch fundierte Lehrgebäude gegen den kulturellen und wissenschaftlichen Wandel zu verteidigen und die *dadurch erzeugten* Probleme bei der Bibelauslegung in Predigt und Unterricht zu bearbeiten. Umso mehr gilt es, sich dem im Geist gegenwärtigen Gott zuzuwenden und unsere Überlieferungen historisch- und theologischkritisch zu lesen. Die ängstliche Meinung, nur durch eine inhaltlich unveränderte Glaubensgestalt könnten die Kirchen Profil und gesellschaftlichen Einfluss retten, hat sich als völlig falsch erwiesen. Denn tatsächlich verlieren die Kirchen immer mehr an Einfluss, weil sie entgegen der Bezeichnung »Volkskirchen« eine Sonderwirklichkeit verwalten. Sie tragen immer weniger zum Verständnis des Lebens bei. Inhaltlich hat der dogmatisch festgeschriebene Glaube nicht mehr viel zu tun mit dem, was das »Kirchenvolk« und die Pfarrerschaft mehrheitlich glauben.[73]

Erfreulicherweise gibt es inzwischen aber überall im Lande Gemeinden, Gruppen und Einzelpersonen, die aus dieser Sonderwirklichkeit und Erstarrung herauswollen. Ohne kirchlichen Segen ändern sie Schritt für Schritt die Gestalt des Glaubens. Und viele Pfarrer und Pfarrerinnen haben begonnen, mit neuen oder geänderten Liturgien Gottesdienst zu feiern. Die so lange »von oben« verwehrte oder aus falschem Gehorsam nicht riskierte Freiheit im Glauben wächst unaufhaltsam. Auch in der katholischen Kirche: Allen voran haben die 300 österreichischen Priester ihre Gewissensentscheidungen über den Gehorsam gegen Papst und Bischof gestellt und deutlich gemacht, was getan werden *muss* und wie es gemeinschaftlich getan werden kann.[74]

Wo biblische Überlieferungen aus der Geschichte herausgehoben und als überzeitliche Normen gesetzt werden, behindern sie Gott in seiner Geistesgegenwart. Dann werden aus Glaubenszeugnissen »stehende Bilder«, wie Carl Friedrich von Weizsäcker dieses Phänomen einmal treffend genannt hat.[75] Stehende Bilder, die Menschen beherrschen, nannte man früher Götzen. Mit Hilfe der historischen und theologischen Kritik der Bibel müssen wir in öffentlich geführter Diskussion vielmehr entscheiden, worin die Bibel – und andere religiöse Überlieferungen – uns heute wichtig sind. So kann sie von jedem legalistischen – und oft auch kirchlich-totalitären – Gehabe befreit werden und ihre wahre, nämlich spirituelle Autorität wieder erweisen.

Das ist das Ziel: Dass Menschen die Bibel wieder als große Literatur *lesen*, als eine Sammlung teils Respekt einflößender, teils anrührender, aber zuweilen auch abstoßender und dann wieder überraschend modern sprechender Glaubenszeugnisse von Juden und Christen aus einem kulturell fernen Jahrtausend zwischen 900 vor und 100 nach Christi Geburt. Dann wird, da bin ich sicher, auch die große und tragische Geschichte Jesu von Nazareth wieder in den Vordergrund treten. Und wenn dies alles seine Kraft entfalten kann, muss man sich um die Wirkung der Bibel keine Sorgen mehr machen. Denn viele der großen Erzählungen in beiden Teilen der Bibel bewirken von selbst, dass auf die Leserinnen und Leser übergeht, was biblische Geschichten so anziehend machen kann: dass sie vom Leben reden, wie es ist – und sein könnte.

2. Lässt sich der Schöpfungsglaube mit physikalischen Theorien der Weltentstehung verbinden?

Wie heftig um dieses Thema gerungen wird, spiegelt sich in den Auseinandersetzungen von Physik und Theologie mit den Vertretern des so genannten Kreationismus, der sich mittlerweile nicht nur bei evangelikalen Fundamentalisten vor allem in den USA findet. Er hat vielerorts angefangen, zu einer Bedrohung für die Freiheit von Forschung, Wissenschaft und Bildung zu werden.[76] Kreationisten jedweder Richtung sind durch einen krassen Biblizismus und die Vorstellung verbunden, »Schöpfung« sei durch persönliches Eingreifen eines außerkosmischen Gottes zustande gekommen. Die so genannten »Kurzzeitkreationisten« gehen davon aus, dass sich die Erschaffung von »Himmel und Erde« aufgrund biblischer Angaben in das Jahr 4004 v. Chr. datieren lasse, die des Kosmos auf ca. 10.000 Jahre vor heute. Deswegen ist es nötig, auf Punkte einzugehen, an denen quantenphysikalische Einsichten zur Weltentstehung (Kosmogonie) mit biblischen Vorstellungen von einer Schöpfung durch Gott (Kosmologie) kollidieren.

Physikalische Aussagen zur Kosmogonie betreffen den Anfang und das Ende des Kosmos

Gleich am Anfang muss, auch wenn es ernüchternd klingt, gesagt werden: Astrophysikalische Aussagen zur *Entstehung* des Kosmos[77] sind im Grunde auch Aussagen zum Ende des Kosmos. Der Kosmos hat für die meisten Physiker nicht nur einen Anfang und eine Geschichte, sondern auch ein Ende, er ist endlich. Damit entsprechen sich unser menschliches Schicksal und das Schicksal des Kosmos. Obwohl die Bibel nicht von der Erschaffung des Kosmos, sondern von »Himmel und Erde« redet, weiß sie auch von deren Endlichkeit: In der Johannesoffenbarung (*21,1*) wird mit der Vision »eines neuen Himmels und einer neuen Erde« die klare Aussage verbunden: » … der erste Himmel und die erste Erde sind vergangen, und das Meer (scil. die »Urflut«) ist nicht mehr.« Endlichkeit ist ein Kennzeichen aller sichtbaren, organischen und anorganischen Lebensgestalten, und also auch des Kosmos. Und Endlichkeit heißt Sterblichkeit. Diese Einsicht lässt den Schluss zu: Unsterbliche Lebewesen hat es auf der Erde nie gegeben.

»Kosmos« heißt eigentlich »Schmuck«

Für die griechischsprachigen Menschen hat das Wort Kosmos ganz von selbst eine besondere Seite des Alls angesprochen: *kósmos* meint im Griechischen nicht nur Weltall, Welt und Ordnung, sondern es heißt seit Homer vor allem »Schmuck«. Von daher hat »Kosmos« in dieser Sprache einen sehr positiven Klang, ist ein Ausdruck des Staunens über die sich dem Menschen bei der Betrachtung der Welt bietende Schönheit und kann durchaus zusammengesehen werden mit der mehrfach wiederholten Bewertung »gut«, ja, »sehr gut«, die Gott am Ende der einzelnen Schöpfungstage dem Geschaffenen in der Bibel gibt. Die negative Charakterisierung des Kosmos, die wir von der Bibel her gewöhnt sind, ist ein frühes mesopotamisches Erbe. In dem Mythos Enuma Elish, der sich noch in dem Chaos andeutet, von dem die erste Schöpfunsgerzählung der Bibel spricht (*Genesis 1,2*), werden Himmel und Erde aus der zerteilten Chaosgestalt Tiamat gefertigt. Von diesem Erbe her kann Paulus (*Römer 11,12.15*) *kósmos* sogar zur Bezeichnung der »Heiden«-welt verwenden. Und Johannes hat die »Sünde des Kosmos« (*1,29*) dadurch bestimmt gesehen, dass »die Welt« Jesus nicht als ihr göttliches Licht erkannt, ihn nicht angenommen hat (*1,5.10.11*). Solche Urteile haben uns den Kosmos als »böse Welt« erscheinen lassen. Aber auch hier meint »Kosmos« nicht das Universum, sondern die Erde, genauer den den Schreibenden bekannten Teil der »Welt«.

Wer den Glauben und kritisches Denken wieder zusammenbringen will, muss zugeben, dass die genannten Urteile über die Welt von einem bestimmten »Sünden«-verständnis geprägt sind. Sie betreffen nur die Menschen und ihre Sicht durch die Theologie. Deshalb ist es gut, uns klar zu machen, was wir meinen, wenn wir sagen, dass Kinder durch die Geburt »zur Welt kommen«. »Welt« ist hier eine auf Zukunft hin offene Größe, weder positiv noch negativ bewertet. Wenn aber jemand sagt, er wolle keine Kinder (mehr) in »diese Welt setzen«, dann überwiegt bereits ein negatives Urteil.

Die Bibel erzählt nicht vom Anfang des Kosmos, sondern vom Anfang von »Himmel und Erde«

Die Bibel redet ausdrücklich vom »Anfang«. Die Physik spricht eher von der Entstehung des Kosmos durch den Urknall. Was meinen sie jeweils? Für die Bibel gibt die erste der beiden Schöpfungserzählungen wichtige Hinweise:

»(1) Am Anfang schuf Gott Himmel und Erde. (2) Und die Erde war wüst und öde, und Finsternis lag auf der Urflut, und der Geist Gottes schwebte über dem Wasser. (3) Da sprach Gott: Es werde Licht! Und es ward Licht. (4) Und Gott sah, dass das Licht gut war. Und Gott schied das Licht von der Finsternis. (5) Und Gott nannte das Licht Tag, und die Finsternis nannte er Nacht. Und es wurde Abend, und es wurde Morgen: ein Tag. (6) Und Gott sprach: Es werde eine Feste inmitten des Wassers, und sie scheide Wasser von Wasser. (7) Und Gott machte die Feste und schied das Wasser unter der Feste vom Wasser über der Feste. ... (8) Und Gott nannte die Feste Himmel« (*Genesis 1, 1-8*).

Was die erste und jüngere Schöpfungsgeschichte vom »Anfang« sagt, betrifft den Anfang von »Himmel und Erde«. Dabei handelt es sich um das Sichtbare des Kosmos über den Köpfen und unter den Füßen der Menschen. Das Weltbild ist geozentrisch, erdbezogen gedacht, und die Schöpfung läuft auf die Menschen zu, ist anthropozentrisch ausgerichtet. Im Blick ist die Erde als Wohnort der Menschen und der ihnen untertan gemachten Pflanzen und Tiere, wobei die Tiere ihnen erst nach der Sintflut auch als Nahrung dienen (*Genesis 9,2f*). Der der Erde von Anfang an zugeordnete »Himmel« spricht im Altdeutschen eine positive Vorstellung an: Das deutsche Wort »Himmel« bedeutet nämlich ursprünglich auch »Mantel«, »Kleid«. Der Himmel als Mantel der Erde! In den vielen Darstellungen der »Schutzmantelmadonna« sind dieser Gedanke und die ihm korrespondierende Sehnsucht lebendig geblieben. Sie wurden auf die heilige Mutterfigur übertragen, die Schutz selbst gegen den undurchschaubaren (Vater-)Gott bietet.

Die Erzählung denkt sich die »Urflut« wohl als etwas, was die Erde (in Form einer Scheibe) *und* den Himmel *zusammen* umgibt. Stelle ich mir das in einem menschlichen Bild vor, so

drängt sich der Gedanke an den Embryo auf, der von Fruchtwasser und Fruchtwasserblase im Mutterleib umgeben und darin ernährt und geborgen wird. Die Wörter »Urflut« und »Wasser« werden dicht nebeneinander gebraucht. Sie nennen das bis heute doppelte Gesicht des Wassers: Es ist gefährlich, kann als Chaos hereinbrechen, und es ist für Land und Lebewesen lebenswichtige Feuchtigkeit.[78]
Doch da gibt es noch eine andere Assoziation zum Wasser, und zwar durch die hebräischen Wörter für Wasser und Himmel. Erstaunlich ist, dass im Hebräischen Wasser *majim* heißt und Himmel *scham-majim*, wörtlich: »(das) Wasser da (oben)«. Auch hier führt die Perspektive des Menschen Regie, aber hier kommt, weil beide alles umgeben, auch der Zusammenhang von Urflut und Wasser heraus. Nimmt man hinzu, dass der Sternenhimmel als »Feste«[79] – wie in unserem Fremdwort »Firmament« – verstanden wurde, dann schützt er vor einem vernichtenden Herabstürzen des Wassers und kanalisiert es durch »Himmelsschleusen« auf das benötigte Maß. Von »Naturkatastrophen« reden wir noch heute, wenn das dringend Benötigte zur unpassenden Zeit kommt und/oder in unerträglicher Menge und Geschwindigkeit über uns hereinbricht.

Bleibt noch vom »Geist Gottes« (*V. 2*) zu reden. Geist ist im Hebräischen (*ruach*) weiblich, im Griechischen (*pneuma*) neutrisch und im Deutschen männlich. Geist ist also mit allen Geschlechtern verbunden gedacht worden, von sich aus offenbar keinem allein zugehörig. »Geist Gottes« bewegt sich über der (unteren) Urflut und der noch öden, licht- und leblosen Erde. Erst nachdem das Wehen von Gottes Geist genannt worden ist, wird das Licht geschaffen und von der Finsternis im ersten großen Trennungsvorgang geschieden. Lebensentstehung hat mit Teilung zu tun – eine Feststellung, die auch die Biophysik treffen kann – und mit Licht. Für mich signalisiert die Rede vom Geist Gottes an dieser Stelle, dass Geist die Potenz ist, durch die bzw. aus der sich Schöpfung vollzieht. Von diesem Geist ist der »Lebensgeist« zu unterscheiden (hebr. *näfäsch*), von dem wir nach Luthers Übersetzung auch als »Lebensodem« reden. Er ist der Anteil von Menschen, Tieren und Pflanzen, also von konkreten Lebensgestalten in ihrer je eigenen Leiblichkeit, an Gottes Geist.

Die Bibel sagt nicht, was vor dem Urknall war

Seit die Physiker so lebhaft fragen, was *vor* dem Urknall gewesen ist, haben manche Bibelleser *Genesis 1,1* als Lösung des Problems entdeckt: Da werde ja vorausgesetzt, dass Gott *vor* der Schöpfung da gewesen sein müsse. Für diese Vorstellung bietet die Religionsgeschichte viel Material – z. B. mit der Aussage, dass (der erste) Gott sich selbst und dann alles andere geschaffen habe.[80] Doch davon wird hier nichts gesagt. Die Schöpfungserzählung spricht nicht von der Entstehung des Kosmos, sondern von der Schaffung jenes *Teils* des Kosmos, der mit unserem menschlichen Blickwinkel verbunden ist: von der Erde. Und dieser Teil entsteht in der Evolution erst sehr viel später als der Kosmos. Da gibt es also wirklich ein Vorher. Eine heutige jüdische Auslegung urteilt im Übrigen, dass es unwahrscheinlich ist, dass die hebräische Bibel die Vorstellung einer »Schöpfung aus dem Nichts« (creatio ex nihilo) vor Augen hatte.[81]

Dieser Gedanke ist erst im 2. Jh. im Christentum, bei Basileides, (117-161) belegt, der in Alexandria lehrte. Nach ihm besteht die Schöpfung in der Erschaffung »des Weltsamens, aus dem dann die gesamte Wirklichkeit nach dem Plan … Gottes entsteht. Der Weltsame ist aus dem Nichts geworden; und auch er ist noch nichts-seiend … , denn er enthält alles Seiende nur potentiell«[82].

Die Zeiteinteilung der ersten Schöpfungserzählung

Im Hintergrund dieser Zeiteinteilung steht die Sieben-Tage-Woche: Sechs Schöpfungstagen folgt ein Ruhetag. Dieser Sabbat ist erst während der Zeit des babylonischen Exils (6. Jh. v. Chr.) eingeführt worden.[83] Dass die Woche als Zeitrahmen in die Schöpfungsgeschichte eingeschmolzen worden ist, sollte die jüdische Wocheneinteilung gleich am Anfang der Bibel als von Gott gewollt legitimieren. Der Koran hat nicht akzeptiert, Gott habe nach der Schöpfungsarbeit Ruhe nötig gehabt. Solche Vorstellungen von Gott nimmt der Koran als zu menschlich gedacht aus seinen biblischen Vorlagen heraus.[84] Aber dem Islam ist ja auch nicht der Samstag, sondern der Freitag heilig.

Einige Zeitangaben zur Evolution

Um die Frage beantworten zu können, wie sich Kosmologie und Kosmogonie verbinden lassen, müssen wir uns auch den Zeitvorstellungen der Astrophysik zuwenden.[85] Außerhalb kreationistischer Kreise ist wohl unstrittig, dass unsere Erde ungefähr vor 4,7 bis 4,6 Milliarden Jahren entstanden ist – und zwar aus dem Staub eines schon vorher »gestorbenen« Sterns und als Teil des Sonnensystems, zu dem wir gehören. Hier wird wahr, dass in der Evolution (vom Urknall abgesehen) Sterbliches wie die Erde aus Sterblichem entsteht, das Ende des einen mit dem Anfang des anderen verbunden ist. Unser Sonnensystem wiederum ist nur ein Teil unserer Galaxie, der »Milchstraße«. Zu ihr gehören ca. 100 bis 300 Milliarden Sterne, und die Gesamtmasse des Milchstraßensystems wird auf 1,0 bis 1,9 Billionen Sonnenmassen geschätzt. Mit diesen Zahlen verlassen wir den Bereich des Vorstellbaren weit und müssen Zuflucht zu Bildern nehmen: So lässt die Milchstraße, falls man sie nachts von der Erde aus noch erkennen kann, seit der Antike an einen auf das »Himmelsgewölbe« vergossenen Schuss Milch denken.[86] Das Alter der Milchstraße wird seit 2004 mit 13,6 bis 13,2 Milliarden Jahren angegeben. Zum Weltall oder Kosmos als Ganzem gehören neben »unserer« Galaxie noch andere Galaxien, deren Zahl nicht wirklich zählbar ist. Sie alle entstanden nach der Trennung von Licht und Materie. Nur »kurz« davor liegt dann das fernste Datum, das Astrophysiker aufgrund des Erfahrungswissens errechnen können: der »Urknall«, der Anfang des Universums vor (etwa) 13,75 Milliarden Jahren.

Die Erde aber ist erst ca. 9 Milliarden Jahre nach dem Urknall entstanden – also keinesfalls »am Anfang«. Leben im Sinne von lebenden Zellen *auf* (und *in*) der Erde hat sich nach Ansicht der Biophysik vor 3,5 Milliarden Jahren entwickelt, menschliches Leben gar erst vor 200.000 bis 100.000 Jahren. Nach Europa sind Menschen, die uns ähnlich sind, wohl vor ca. 50.000 bis 40.000 Jahren[87] gekommen.

Kann man sich den Urknall denken?

Die mit dem Urknall verbundene Explosion darf man sich nicht schon innerhalb eines (Welt-)Raumes denken. Denn durch den Urknall sind Materie, Raum und Zeit erst – gemeinsam – entstanden. Da aber physikalische Theorien die Existenz von Raum, Zeit und Materie voraussetzen, lässt sich der eigentliche Urknall – also das, *was am und im Anfang* geschah – mit ihnen nicht beschreiben. Man redet nur von einem errechneten formalen »Punkt Singularität«. Aus ihm ist alles, was von der Astrophysik errechnet, beschrieben und gefunden worden ist, nach dem großen Prinzip der – durch Teilen und Neu-Verbinden geschehenden – Ausdehnung und

Ausdifferenzierung im bisherigen Verlauf der Evolution entstanden. Das gilt natürlich auch für das so genannte »Gottesteilchen«[88] oder »Higgs-Boson«, das allen anderen »Teilchen« und ihren Verbindungen Masse verleiht und von dessen Entdeckung am 4. Juli 2012 in Genf mit größter Freude die Rede war. Der Grund ist, dass erst das bislang in der Empirie fehlende Teilchen die Richtigkeit der Urknall-Theorie bestätigt.

In jenem nicht vorstellbaren, quantenphysikalisch errechneten singulären »Punkt« muss eine einmalige und unendliche Dichte geherrscht haben, so dass das Werden des Universums aus ihm hat hervorgehen können. Die Urknall-Hypothese basiert, was empirisches Wissen angeht, auf der Betrachtung der Entwicklung des Universums innerhalb der ersten 300.000 Jahre *nach* dem Urknall. Seit dieser Zeit erst »läuft das Licht frei durch den Kosmos, zuvor war ›alles Strahlung‹. Heute erfüllt das Licht von damals als Mikrowellen-Hintergrund-Strahlung den Kosmos gleichmäßig«[89] und erscheint unseren Augen als »Himmel«, der sich über die Erde wölbt.

Die Bibel kennt keine Entwicklung der Schöpfung, denn alles soll direkt von Gott geschaffen sein

Ein wirklich unüberbrückbarer Gegensatz zwischen Schöpfungsglauben und Physik ergibt sich dadurch, dass die Schöpfungserzählung *Genesis 1* durch die Verwendung des Wortes *bara* (»schuf«, auch: »baute«) die Vorstellung vermittelt, Erde und Himmel seien nach einem Bauplan entstanden. In der Physik aber wird anders gedacht. Da wird von Möglichkeiten geredet, die sich realisiert haben, obwohl sie viele andere Möglichkeiten neben sich hatten, die unrealisiert geblieben sind. Denn in der Evolution hat sich von Stufe zu Stufe jeweils nur eine von vielen »Kann-Möglichkeiten« realisiert, wie Hans-

Peter Dürr es formuliert. Diese Art von Möglichkeiten und ihr Nebeneinander sind nicht mit Beliebigkeit gleichzusetzen, sondern sagen, dass solches Werden prozesshaft, »in einer, nach der Quantenphysik kann-möglichen Weise« geschieht.

Der Begriff der »Kann-Möglichkeit« meint eine Möglichkeit, »die im Vergleich zur wahnsinnig großen Zahl der ganz willkürlichen Könnte-Möglichkeiten enorm eingeschränkt ist«. Aber das, »was kann-möglich ist, das ist die Offenheit« in jedem Stadium der Entwicklung, »das ist der lebendige Spielraum zukünftiger Gestaltung«[90]. Für diese Offenheit wird auch das Bild der Schwingung, der Welle, verwendet: »Die Welle ist etwas, das zwischen allen Möglichkeiten hin- und herpendelt«, ist kein Etwas, »sondern ein ›Erwartungsfeld‹, eine Art Potentialität, die angibt, wie wahrscheinlich in Zukunft ein reales Ereignis eintreten kann. Es bezeichnet nicht die Realität des Zukünftigen selbst – die Zukunft ist wesentlich offen –, sondern es ist nur eine Art offener Wunschtraum, eine Vorahnung des zukünftig Möglichen, ja mehr noch ›Wille‹, Potenz, das Mögliche zukünftig zu gestalten.«[91] *Rückwärts schauend*, von heute aus, ist zwar in der Evolution alles folgerichtig verlaufen, denn eins entwickelte sich nach und aus dem anderen. Aber fiktiv vorwärts denkend, wie es die erste Schöpfungserzählung der Bibel tut, kann man nicht sagen, »Schöpfung« sei ein Werden nach Plan gewesen. Denn eine über viele Glieder einer Kette reichende Kausalität »ist etwas, das sich sozusagen im Endeffekt als Ergebnis herausbildet«.[92] Die Kausalitätskette hätte aber auch anders aussehen können.

Ein anderes Problem ergibt sich für heutiges Denken dadurch, dass die erste, jüngere Schöpfungserzählung der Bibel den Gedanken der »Welt«-Entstehung in Verbindung mit Gott als Schöpfer auf den Anfang konzentriert. Sie kann offenbar keine Entwicklung zwischen den einzelnen Schöpfungsakten denken und also auch keine Verbindungen der

Arten von Lebewesen untereinander. Zwar wird *Genesis 1,2* (Licht /Finsternis) und *1,7* (Wasser unter / Wasser über der Feste) das Verb *scheiden* verwendet. Aber dadurch werden nur Bereiche voneinander getrennt und keine neuen Bereiche geschaffen. Es bleibt bei einer Abfolge der Schöpfungsakte. Ganz offenbar wollte man aus theologischem Grund die Entstehung aller Lebensgestalten von einem je eigenen, unmittelbaren Handeln Gottes abhängig machen. Das führte dazu, dass alle entwicklungslos nach dem Befehl zum Werden einfach da sind. Damit lässt sich Evolution nicht verbinden.

Einzig in der älteren, zweiten Schöpfungserzählung (*Genesis 2,4b-25*) finden wir eine Brücke zu evolutionärem Denken: bei der Erschaffung der Frau aus einer Rippe des zuerst geschaffenen Mannes (*2,21-23*). Indem Gott aus der dem Mann entnommenen Rippe eine Frau »baute«, verfuhr er im Grunde nach dem biologischen Prinzip der Teilung – auch wenn der Vorgang hier noch sehr holzschnittartig bzw. chirurgisch detailliert erzählt wird – selbst an eine Betäubung Adams vor der Entnahme der Rippe ist gedacht worden! Sehen wir von der Erschaffung der Frau ab, ist auch die ältere Schöpfungserzählung (in der Gott Jahwe heißt), weit von evolutionärem Denken entfernt. Denn nachdem Himmel und Erde gemacht sind und auch Wasser durch einen Fluss da ist, wird zuerst der männliche Mensch gebildet. Aus Lehm vom Ackerboden formt Gott ihn nach Töpferart und haucht ihm dann – wie wir es auch aus viel älteren ägyptischen Texten kennen – durch die Nase seinen göttlichen Lebensgeist ein. »So ward der männliche Mensch ein lebendes Wesen« (*2,7*).[93] Danach pflanzt er ihm einen Paradiesgarten und setzt ihn hinein. Erst später kommen dann üppige Vegetation, Tiere und schließlich – als letztes der »Werke« Gottes – die Frau hinzu.

Diese Reihenfolge drückt wieder ein theologisches Interesse aus. In diesem Fall geht es darum, die ganze Schöpfung auf den männlichen Menschen zielend darzustellen. Er ist, vom Rahmen abgesehen, vor allem und allen anderen da. Damit wird gleich am Anfang das Menschenbild präsentiert: Der männliche Mensch ist von Gott als sein Statthalter auf der Erde eingesetzt und über alle Tiere gestellt (*Psalm 8,7-9*). Er ist »wenig geringer als Gott/Götter«[94], »mit Ehre und Hoheit gekrönt« (*Psalm 8,6*) – eben die viel zitierte »Krone der Schöpfung«. Dieses Menschenbild ist weit weg von den ernüchternden Erfahrungen, die wir in zweitausend Jahren Christentumsgeschichte im Blick auf unseren Umgang mit uns selbst und mit den Mitgeschöpfen gemacht haben. Wir können froh sein, dass auch die *Psalm 8* gemeinten guten *Möglichkeiten* des Menschen immer wieder sichtbar geworden sind.

Erst der Gedanke einer fortdauernden Schöpfung lässt sich mit der Evolution verbinden

Der vom Koran vertretene Gedanke einer fortdauernden Schöpfungstätigkeit Gottes (lat. Creatio continua) geht über das biblische Verständnis weit hinaus. Er spiegelt bereits den starken Einfluss der arabischen Wissenschaft auf das gläubige Denken. »Schon in der ältesten koranischen Offenbarung (*6,1-5*) gibt sich Gott Mohammed als Schöpfer zu erkennen.« Den Gedanken, dass die ganze Welt Gottes Schöpfung ist und durch sein ständiges Handeln aufrechterhalten wird, bezeugt der ganze Koran. Er hat das islamische Bild des Kosmos geprägt. Schöpfung ist im Islam kein einmaliger Vorgang am Anfang der Geschichte, »sondern ein in jedem Augenblick greifbares Geschehen«. Diese Vorstellung scheint aus Quellen zu stammen, die weder jüdisch noch christlich sind. »Auf ihr gründet die islamische Lehre ... der ständigen Schöpfung als göttliches Attribut.«[95] Wohl deswegen enthält der Koran auch keine selbstständige Schöpfungserzählung wie die Bibel und andere heilige Schriften, sondern nur kurze Summarien.

Im Koran ist an diesem Punkt ganz deutlich eine Veränderung der biblischen Vorlage zu erkennen. Und zwar ein Update, das den modernen Erkenntnissen der Evolution nicht entgegensteht, sondern Glauben und Denken zu verbinden vermag. Denn die Creatio continua, die fortdauernde Schöpfung, ist nichts anderes als der Weg des Lebens in und durch die – täglich fortdauernde – Evolution. Anders ausgedrückt: *Schöpfung geschieht durch und als Evolution.*

Der Glaube an eine fortdauernden Schöpfung führt aus dem auf den Anfang fixierten Denken heraus. Und er baut zugleich eine Brücke zu der Tatsache, dass alle Lebewesen, die für Nachkommen bzw. ihre Reproduktion sorgen, in dieser oder jener Form am Schöpfungsgeschehen selbst beteiligt sind. In der Zeugung, Empfängnis, Austragung, Geburt, Aufzucht und Erziehung geschieht mikrokosmisch im Blick auf das einzelne Lebewesen, was makrokosmisch zur Welt- und Lebensentstehung und zur Entwicklung des Lebens geführt hat und täglich führt. Beides sind Schöpfungsvorgänge. Wird der eine am Anfang mit Gott verbunden geglaubt, hat Gott auch mit all den anderen Schöpfungsvorgängen und dem Fortgang des Lebens zu tun. Dieser Schöpfungsglaube bezieht die Entstehung und die Lebensgeschichte, ja, die schöpferische Eigentätigkeit der einzelnen Lebewesen mit in die evolutionäre Schöpfung ein. Dadurch stellt er ein notwendiges Update dar, das die geglaubte Zusammengehörigkeit von Gott und Leben zu denken und zu leben erlaubt.

Und wie drückt man das sprachlich aus, um es denken zu können? Also: »Was macht ein Schöpfer in einer evolutionären Welt? Er macht keine Dinge, sondern er macht, dass ›die Dinge sich machen‹«, wie Pierre Teilhard de Chardin sich ausgedrückt hat. »Es ist wirklich die Aktivität der

Dinge, die sie werden lässt. … Machen, dass die Dinge sich machen, heißt auch, den Dingen das Vermögen zu verleihen, mehr zu werden, als sie aus sich heraus sind. Gott schafft keine Kreaturen, er verleiht Kreativität.«[96]

Ein aufgeklärter Glaube muss allerdings in das derart veränderte, evolutionäre Schöpfungsverständnis auch einbeziehen, dass unsere Mitwirkung in der Creatio continua dazu beiträgt, dass Schreckliches geschieht. Auch an dieser Einsicht führt kein Weg vorbei.

Geist ist die Brücke zwischen (veränderter) Kosmologie und Kosmogonie

Wie aber lässt sich ein Zugleich von – allerdings verändertem – Schöpfungsglauben und der Theorie des aus einem singulären Punkt entstandenen Universums und Lebens denken? Gibt es eine Brücke zwischen Theologie und Naturwissenschaft, die nicht nur einem Harmoniebedürfnis entspricht? Ich halte Geist für diese Brücke. Thomas und Brigitte Görnitz sprechen, wenn sie von Evolution reden, von der »*Evolution des Geistigen*«, und statt von jenem Punkt absoluter »Singularität« von »einer abstrakten und kosmologisch fundierten Quanteninformation«[97]. Ihr geben sie den Namen »Protyposis«.

Nach den Autoren kann »die Protyposis als die eigentliche Grundsubstanz alles Seienden angesehen werden … , denn sie kann in speziellen Zuständen zu all dem ›kondensieren‹, was in der Physik unter Energie- und Materiequanten (den so genannten Elementarteilchen) verstanden wird.« Dieses ›Kondensieren‹ ist jener Vorgang, in dem sich der abstrakten Quanteninformation »eine Form einprägen kann, nämlich dann, wenn sie sich zu Materie gestaltet hat«[98]. Ich formuliere es in die andere Richtung und sage: Jene abstrakte Quanteninformation ist die ungeheuer verdichtete Potenz von Geist, die in allen möglichen sterblichen Gestalten Realität geworden ist, werden kann und wird – neben allen anderen »Könnte-« und »Kann-Möglichkeiten«, die niemals Realität geworden sind oder werden.

Görnitz und Görnitz[99] sehen in der Logos-Theologie des Johannesevangeliums die Möglichkeit, »›Logos als den Grund von allem‹ … auch naturwissenschaftlich zu denken«. Bei Johannes heißt es: »Im Anfang war der Logos, und Gott war der Logos«, und »alles ist durch den Logos entstanden« (*1,1.3*). Da Johannes Logos (*1,1*) und Geist (*4,24*) mit Gott identifiziert, ist es möglich, mit Görnitz und Görnitz (griech.) *lógos* nicht mit »Wort«, sondern mit »Information« zu übersetzen und dabei an die uranfängliche Quanteninformation zu denken, aus der sich der Kosmos entfaltet hat. Man könnte hier auch »Singularität« oder »Potentialität« verwenden. Problematisch aber wird es, wenn die Autoren den Logos als »Grund von allem« dorthin setzen, wohin Naturwissenschaft durch ihre Bindung an die Empirie nicht reicht: *vor* alles. Diese Setzung geht mir zu weit. Sie nimmt nicht ernst, dass *Johannes 1,1* »*Im* Anfang« sagt, aber nicht »vor dem Anfang«. Möglich scheint mir von *Johannes 1,1* her nur die Aussage zu sein, *dass Gott im Anfang von allem, als* Logos *bzw. Geist, wirkt.* Dazu, was *davor* war, wird damit nichts gesagt. Es erscheint mir aber auch gar nicht nötig, überhaupt von einem Davor auszugehen. Anfang ist Anfang. Es reicht zu denken, dass mit Gott als der anfänglichen absoluten Potentialität auch der Wille da war, sich zu entfalten.

Wenn in der Physik von der anfänglichen singulären und abstrakten Quanteninformation als von reiner »Potentialität«[100] geredet wird, so hat das Wort auch nur Sinn, wenn diese Potentialität zur Gestaltwerdung drängt. Ich möchte damit die schon 1968 gemachte Aussage von Carl Friedrich von Weizsäcker verbinden, dass »das Eigentliche des Wirklichen, das uns begegnet, Geist« ist. Und ich verstehe Geist als die singuläre Versammlung reiner Potentialität. Alles, was nach dem Urknall Materie, Raum und Zeit wird, stammt daher und entfaltet sich vom Urknall ab explosionsartig durch unendliche Folgen von Teilungen – verbindet aber zugleich die so entstandenen Teile durch die Herstellung neuer Beziehungen zu vorher nicht dagewesenen Lebensgestalten. Denn Geist ist die Kraft, die zur Teilung drängt und zugleich neue Zusammenhänge schafft. Geist ist »reine Beziehungsstruktur«[101], aber auch Kraft, die darauf drängt, dass sich das Leben seiner selbst (immer mehr) bewusst wird. Geist verbindet als die gemeinsame Herkunft allen Lebens alles, was Lebensgestalt wird, was wächst und im Sterben seine irdische Gestalt aufgibt. Durch das Sterben der realisierten Lebensgestalten stirbt die Lebensenergie Geist aber nicht. Sie nimmt vielmehr alles, was sich im Kosmos an Bewusstseinskräften entwickelt hat, hinein in die weitere Evolution des Geistes. Weil Geist *Gott* ist, kann ich mit Willigis Jäger sagen: »Gott ist das Innerste der Evolution. Er/Es vollzieht sich als das, was wir Universum nennen. Er/Es ist das Leben schlechthin und nicht etwas außerhalb.«[102]

Teilhard de Chardins Vorstellung von der kosmischen Konvergenz zum Punkt Omega Christus

Pierre Teilhard de Chardin SJ (1881-1955) hat für diese Entwicklung den Begriff der »kosmischen Konvergenz« geprägt.[103] Er hat die These aufgestellt, dass die Evolution, die von Anfang an auf den Menschen hin angelegt gewesen sei, »ein ständiges Zunehmen an Bewußtseinselementen« durch Konvergenz bewirkt habe und weiter bewirke. Der Weg zum Zentrum der kosmischen Konvergenz, »dem Punkt Omega«, führe über die Menschen, weil nur sie ein reflexives Bewusstsein haben. Den Punkt Omega bildet Jesus Christus als Person[104], in dem Teilhard de Chardin »die Triebkraft der Evolution und ihre letzte Vollendung« gesehen hat. Ziel ist die dann erst zu erreichende »Menschwerdung« der Menschen.

Mit einer ganz eigenen Sprachkraft hat *de Chardin* seine Gedanken im Französischen ausgedrückt. Christus und die von ihm gelebte Liebe werden in den Evolutionsprozess, den er in diesem letzten Stadium *»christification«*, die »Christuswerdung des Kosmos«, nennt, eingefügt. Dazu gehört als treibende Kraft die *»amorisation«*, die »Durchdringung des Kosmos mit Liebe«, und die dadurch erst mögliche *»hominisation«*, die »Menschwerdung« der Menschen. Sie führt hin zur Ver-*Geist*-igung. Die Tatsache, dass Liebe die personale Dimension von Geist ist, hat de Chardin auf diese ganz eigene Weise mit dem naturwissenschaftlichen Evolutionsdenken verbunden.[105]

Es geht nicht um »Pantheismus«, sondern um Holismus (»das Ganze denken«)

In den bisherigen Thesen taucht ein Phänomen auf, das gerne als Pantheismus bezeichnet – und abgewehrt wird. Ich erwähne den Begriff, obwohl man in der Theologie so etwas wie eine »Pantheismus-Allergie« antreffen kann.[106] Die Abwehr des Gedankens, Gott in allem zu sehen, kommt aus der Angst, Gottes »Anders-Sein« könnte Schaden erleiden. Als Schutz für Gott soll die theologische Devise wirken, nur die strikte Trennung von Schöpfer und Schöpfung, Gott und Kosmos, helfe gegen solche Gefahr. Eine verhängnisvolle Theologie, wie der Umgang der Christen mit der Erde und den Mitgeschöpfen belegt! Für mich führt dagegen die Vorstellung, dass Gott die in allen Lebensgestalten wirksame Lebens- und Beziehungsenergie Geist ist, gerade zu jener Ehrfurcht vor dem Leben, die Albert Schweitzer im Sinn gehabt hat.

Wenn wir glauben, dass Geist Gott ist, dann ist der uns gewohnte – anthropomorph gedachte – »Wille Gottes«, dass Welt und Leben seien, identisch mit »Gottes Willen«, *selbst zu sein*. Und wenn Geist schon *im* Anfang und zugleich als Anfang jene Quanteninformation war, die alle künftig möglichen Gestalt(en) von Leben (als reine Potentialität) enthalten hat[107], dann war Gott schon im ersten Beginn und ist er in jedem Beginn. Werden und Werden-Lassen ist das, was Geist fortdauernd tut. In personaler Existenz erleben wir dieses Wirken von Geist als das Glück, Gegenwart und Zukunft zu haben, jeden Tag neu und in sich stetig wandelnder Umgebung. Wenn Gott, der Geist, uns als reale Gestalten und für uns wahrnehmbar in sein Werden einbezieht, dann wirkt darin Gottes Liebe zum Leben. Liebe ist nichts anderes als die von Individuen bewusst und mit allen Sinnen wahrnehmbare Erfahrung, durch die Kreativität des Geistes sein und *werden* zu können. Liebende geben sich gegenseitig Zukunft.

Nimmt man den geistgeschaffenen Zusammenhang von allem mit allem ernst, darf man sogar »der gesamten Wirklichkeit eine Möglichkeitsform des Bewusstseins zusprechen«[108]. Denn Bewusstsein ist die Beziehung des Geistes zu seinem Werden und den damit verbundenen endlichen Lebensgestalten, ist Wahrnehmen des Werdens – und auch seine Beeinflussung. *Deshalb scheint mir der Begriff* Holismus *weit besser als Pantheismus das zu treffen, worum es geht.*

Ist Geist Gott, ist seine Liebe im evolutionären Werden die treibende Kraft, wandelt sich Gott im Werden mit – weil er ja selbst die »Information« ist, aus der sich alles entfaltet. Der Ausspruch Gottes am Ende der einzelnen Schöpfungstage – »Und Gott sah, dass es (sehr) gut war« – deutet ja an, dass solche Wandlung mit Wahrnehmung und Reflexion zu tun hat. Denn er enthält ein menschlich empfundenes Staunen über das Wie seines Werdens, genauer: über die Gestalten, in die hinein er sich das Leben hat entfalten lassen. An dieser Stelle taucht das wirkliche und einzige Geheimnis auf: das Geheimnis des Lebens.

Das Leben hat mit dem Anfang von allem begonnen, nicht erst mit dem Beginn von biologischem Leben

Das wirkliche Geheimnis ist, *dass* Leben ist. Der Begriff Geheimnis schließt die Vielfalt der Lebensgestalten und die Art und Weise ein, in der alles mit allem durch die Selbstentfaltung von Geist zusammenhängt. Die Frage, woher das jeweilige konkrete Leben »kommt«, rührt an dasselbe Geheimnis. *Die* Antwort kann man geben, dass sich die Herkunft jeder konkreten biologischen Lebensgestalt einerseits aus evolutionären Entwicklungslinien und andererseits aus Schöpfungsakten ergibt.

Als es in diesem Kapitel um die Zeitangaben ging, habe ich die Datierung der Entstehung von Leben auf der Erde vor 3,5 Milliarden Jahren und ebenso die Datierung des Urknalls vor 13,7 Milliarden Jahre von der Physik übernommen. Die These von der Selbstentfaltung Gottes im evolutionären Werden des Kosmos (in und aus der anfänglichen Quanteninformation Geist) lässt es aber im Grunde nicht zu, Stationen wie den Urknall oder das Entstehen von zellgebundenem Leben auf der Erde kategorial so zu unterscheiden, dass das Wort »Leben« erst mit der Biosynthese, dem Auftauchen von Einzellern, verbunden wird. Denn was vorher geworden war und die Basis für das biologische Leben geworden ist, ist auch schon aus der einen Lebensenergie Geist geworden, die ich Gott nenne!

Derzeit wird die Hypothese diskutiert, dass irdisches Leben am Boden des Ur-Ozeans in und aus alkalischen heißen Quellen entstanden sei. Man sieht in Temperaturunterschieden und einem chemischen Gefälle zwischen dem leicht sauren Meerwasser und dem Inneren von alkalischen Thermalwasserschloten eine ideale Umgebung für die Biosynthese, die Entstehung von zellgebundenem Leben.[109] Mir erscheint es nicht so wichtig, ob man nun diese Hypothese vertritt oder die seit 1953 geläufige von dem Anfang aus der »Ursuppe« (in der durch elektrische Entladungen Aminosäuren und Proteine entstanden seien) oder jene, nach der Bausteine des Lebens von anderen Sternen aus dem All durch Kometeneinschlag oder Asteroide auf die Erde gekommen seien. Entscheidend ist doch, dass die irgendwann in Gang gesetzte Biosynthese ihrerseits nicht denkbar gewesen wäre ohne die chemischen Stoffe und physikalischen Umstände, die dabei gewirkt haben. Und die sind als evolutionär realisierbare Könnte- und Kann-Möglichkeiten implizit in der anfänglichen Quanteninformation enthalten gewesen.

Für mich hat der Begriff der Evolution wenig Sinn, wenn er diese Entwicklung nicht als ganze meint, so klar auch die Stationen voneinander unterschieden werden können und müssen. Ich halte es deshalb für richtig und sinnvoll, die Entstehung und das ganze Werden des (angeblich »unbelebten«) Kosmos als Werden von Leben zu bezeichnen und theologisch darin das Werden und die Selbstentfaltung Gottes als Geist zu sehen. Um mit den Wissenschaften nicht über Kreuz zu kommen, bezeichne ich aber das Erscheinen des zellgebundenen Lebens als »biologisches Leben«.

Wenn wir davon reden, dass die Schöpfungspotenz Geist Leben »schafft«, müssen wir noch einen Aspekt näher betrachten. Denn dieses Schaffen geschieht ja durch Teilungsvorgänge und zugleich durch Anreize zu neuer Verbindung und gestalthafter Beziehung. Anders ausgedrückt: Alle neuen Lebensgestalten sind aus Begegnungen entstanden, und zwar durch die Verbindungen von vorher Unverbundenem. Dabei zerreißen die (kohärenten) Strukturen der sich begegnenden Lebensgestalten. Denn eins bricht ins andere ein, verliert seine bisherige Eigenheit und Einheit, und das andere erweitert und verändert sich auch, indem es das eine integriert. Beim Vorsokratiker Empedokles (495-435 v. Chr.) findet sich die Aussage, dass die Liebe – neben dem Streit! – die entscheidende Lebensenergie ist. Er sagt: »Indem sie sie [...] zu Einem zusammenführt, vernichtet die Liebe die anderen Dinge«[110] – was ihre Einheit und Eigenheit angeht.[111] Dieser Prozess vollzieht sich rein biologisch in der Verbindung von Zellen zu immer größeren Einheiten. Er ereignet sich aber auch geistig-seelisch und sexuell in der Begegnung von Menschen, die anfangen, sich zu lieben und »eins zu werden«. Der biblische Ausdruck »und sie werden ein Leib sein« (*Genesis 2,24*) meint ja auch nicht nur die Liebesakte, sondern ein Einssein, das oft genug nicht einmal der Tod eines Partners aufzulösen vermag.

Lebensvorgänge wahrzunehmen verlangt den Übergang von der Zentralperspektive zur integralen Wahrnehmung

Wir nehmen dreidimensional wahr und folgen dabei – der Ich-Konzentriertheit unseres Bewusstseins entsprechend – der eigenen Perspektive. Diese wird – seit sie im 15. Jh. am Beginn der Renaissance in Florenz von der Malerei entdeckt wurde – treffend als »Zentralperspektive« bezeichnet.[112] Denn entscheidend für die Darstellung wurde der Blick des Malers auf das für ihn zentrale Objekt. Dahin musste er durch die Art seiner Darstellung auch den Blick des Betrachters lenken, damit auch der sehen würde, was der Maler im Bild gesehen hatte und gesehen haben wollte. Die optischen und geometrischen Linien, die den Sehstrahlen entsprechen, verbinden deshalb alle Punkte des dargestellten »Raumes« mit einem einzigen, auf der Horizontlinie liegenden Fluchtpunkt. In dem Bild »Schlüsselübergabe an Petrus«[113] von Perugino (1482) liegt der Fluchtpunkt in der Mitte der Tür. Auf die Vollmacht für den Einen, diese Tür anderen öffnen oder verschließen zu können, zielt die Botschaft des Bildes (*s. Abbildung 7*).

Der Kultur- und Kunsttheoretiker Jean Gebser[114] (1905-1973) hat analysiert, was sich mit der Entdeckung der (Zentral-)Perspektive »im Bewusstwerdungsprozess des europäischen Menschen« abgespielt hat: die Bewusstwerdung des Raumes und seine Objektivierung. Durch sie wurde sowohl »der Raum sichtbar gemacht,… (als) auch der Mensch selber« als der blickende Mensch. Es wurde also eine »Erweiterung des Weltbildes« erreicht – aber zugleich auch eine Einengung. Denn die gewählte Perspektive »fixiert sowohl den Betrachter als das Betrachtete«, stellt beide »in einen Teilsektor« des Ganzen.[115] Das wird oft noch dadurch unterstrichen, dass der Bilderrahmen die Funktion eines Fensterrahmens übernimmt, oder dadurch, dass der Fluchtpunkt in einen ihn umgebenden besonderen Rahmen oder Raum gestellt wird. So sehr Betrachter und Betrachtetes durch den Blick verbunden sind, so sehr sind sie auch durch ihn in Subjekt und Objekt geschieden. Dabei kann der Blickende mit seinem Blick auch Gewalt ausüben.[116] Denn der Maler und die von ihm geführten Bildbetrachter haben den »Durchblick« auf das Objekt und damit auch die Deutungshoheit über das Gesehene.

Der Mensch, »selbst nur Teil der Welt«, räumt dem Ausschnitt (»Sektor«), den er wahrnimmt, »und damit der ihm selber nur möglichen Teilansicht die beherrschende Stellung ein.« Dem Ganzen aber kann man sich aus der zentralperspektivischen Einstellung zur Welt heraus nicht mehr annähern; »statt dessen verleiht man dem bloßen Sektor ›Ganzheits-Charakter‹, und die Folge davon ist die sattsam bekannte ›Totalität‹«[117] des Anspruchs, durch die eigene Perspektive dennoch das Ganze zu sehen. Gebser wollte die (Zentral-)Perspektivität in der Wahrnehmung von Leben überwinden und zu einer »integralen« Struktur des Bewusstseins kommen, die nicht mehr an der Raum-Bezogenheit der Zeit festhängt. Denn mit dem »Einbruch der Zeit« in das (mathematische) Denken[118] sei die *vierte Dimension* ins Spiel gekommen.

In Picassos »Zeichnung« von 1926 sieht Gebser die Integration der Zeit in die Wahrnehmung beispielhaft dargestellt *(s. Abbildung 9)*:

»Wenn wir diese Zeichnung betrachten, so sehen wir mit *einem* Blick den *ganzen Menschen*: das heißt, wir sehen nicht nur einen seiner Aspekte …, sondern wir sehen *gleichzeitig* seine Frontal-, Seiten- und Rückenansicht, sehen also alle diese verschiedenen Aspekte auf einmal.« Auf dieser Zeichnung seien »der Raum und der Körper durchsichtig geworden«. Das Bild sei nicht unperspektivisch zweidimensional; es schneide aber auch nicht – dreidimensional – einen Seh- bzw. Blicksektor aus einem größeren Ganzen aus. Deswegen sei die Zeichnung »in unserem Sinne aperspektivisch: also *vierdimensional*. Denn sie nehme die Zeit – durch die virtuellen

Drehungen, die jeweils Zeit brauchen, ergänze ich – in sich auf. »Damit aber macht sie das Ganze einsehbar.« Es sei *»nicht mehr der Augenblick* (die, wie der Ausdruck besagt, durch das Sehorgan erblickte, also räumliche Zeit), sondern es ist die *reine Gegenwart, die Quintessenz der Zeit*, die aus dieser Zeichnung entgegenleuchtet.« Und erst dort, wo die Zeit nicht mehr zerfalle in ihre drei Phasen Vergangenheit, Gegenwart und Zukunft, »sondern zur reinen Gegenwart wird, ist sie konkret geworden«[119].

Gebsers Erkenntnisse können für den Glauben von großer Bedeutung sein. Denn seit sich Religionen wie die biblischen mit dem Anspruch auf die alleinige, durch Erwählung vermittelte Kenntnis der (ganzen) Wahrheit verbunden haben, wird für alle Glaubensgegenstände *eine bestimmte* Perspektive als allein angemessene dogmatisiert. Und mit der Perspektive wird die Aussage vorgeprägt, die dann herauskommt. Was andere aus anderen Blickwinkeln und Zeiten von Gott wahrgenommen haben, wahrnehmen und wahrnehmen werden, wird für unwahr oder belanglos erklärt. Zu Gebsers Plädoyer für die Aperspektivität passt, was das Jesus-Wort (*Johannes 16,13*), dass die »ganze Wahrheit« *aussteht*, also jenseits der Grenze liegt, die der Kanon – trotz seiner Vielfalt – um das Christentum gezogen hat. Das ist wichtig, weil durch die Privilegierung bestimmter biblischer oder kirchlicher Perspektiven eine Vielzahl von Glaubensvorstellungen raum-zeitlich fixiert worden sind, die in keiner Weise mehr zu unserem heutigen Welt- und Lebensverständnis passen. Die aperspektivische – man kann auch sagen: integrale oder holistische – Wahrnehmung des Lebens fügt Zeit als Bewegung und Entwicklung in die unendliche Vielzahl der möglichen Blickwinkel mit ins »Bild« ein, vergegenwärtigt sie in einem sich ständig wandelnden, also erweiternden Perspektivenbündel. Das ersehnte Ziel ist, das Ganze wahrzunehmen. Aber so lange wir in der

Zeit leben, bewegt sich dieses Ziel ständig weiter, als offener Horizont, vor uns her. Wer Auferstehung als Hoffnung auf die »ganze Wahrheit« hat, muss sich deshalb von dem »Geist der Wahrheit« (*Johannes 16,13*) über die Bindungen durch die Raum-Zeit-Relation hinausleiten lassen. Zu dieser Offenheit passt die Tiefe und Weite der Selbstbezeichnung Gottes »Ich bin der Ich-bin-da« (*Exodus 3,14*).

Dabei aber kann auch das mit in die Wahrnehmung hineinkommen, was wir gar nicht im Blick hatten, was sich aber von selbst unserer Wahrnehmung »gezeigt hat«, weil es sich unerwartet »hat sehen lassen«, »erschienen ist«. Dass das alltäglich geschieht, belegt die Vielfalt der sprachlichen Ausdrücke. Damit es aber geschehen kann, muss man dem Angeschauten Zeit zugestehen, sich zu bewegen, sich zu zeigen. Und zugleich müssen sich auch die Schauenden mehr als nur den Augen-Blick (des »Schnappschusses«) gönnen, sich also Zeit lassen. Denn zu den »draußen« sich zeigenden, bewegten Bildern kommen ja noch die aus der Vergangenheit in uns gespeicherten inneren Szenen hinzu, die auftauchen, während wir neue Eindrücke gewinnen. Wie die Träume zeigen, sind auch sie bewegte Bilder, die Zeit in sich haben. Alle wollen *sich* vergegenwärtigen. Das heißt: Sie wollen *uns* in das Ganze *hinein*-nehmen und als Teil des Ganzen erkannt werden.

Gute Tieraufnahmen gelingen nur, wenn sich Fotographen unendlich viel Zeit lassen. Das ganz früh dokumentierte Vorbild dafür können wir durch die wunderbaren Aufnahmen aus der Chauvet-Höhle (im Tal der Ardêche) kennenlernen, die Werner Herzog mit seinem Film »Die Höhle der vergessenen Träume« (2010) zugänglich gemacht hat. Sie sind ca. 32.000 Jahre alt und zeigen farbige Darstellungen von Tieren, die einen tiefen Eindruck gerade dadurch hervorrufen, dass in ihnen die Bewegung in der Zeit mit ausgedrückt wird. Wie bei Picasso sind sie »aperspektivisch« gemalt, insofern die zu einer Bewegung gehörenden Bildfolgen in teils übereinander, teils nebeneinander gemalten »Bewegungsstufen« in einer Szene dargestellt worden sind.[120] Hier geht es nicht um eine Zentralperspektive, gibt es keine durch Typvorstellungen schon vorgefertigten Stand-Bilder, sondern um eine aperspektivische Darstellung von Lebensvorgängen *(s. Abbildung 14)*.

So – aperspektivisch – muss Theologie Lebensvorgänge wahrnehmen und auf die Bewegung achten lernen, die sich in der Gegenwart von der Herkunft zur Zukunft hin bewegt. Dann kann sie auch wieder von Zukunft und Auferstehung reden – was sie längst verlernt hat.[121]

Das Ende der Welt und das Ende unseres Lebens

Physikalisch wird das Ende menschlichen Lebens kommen, wenn Menschen auf der Erde nicht mehr leben können, mit ihr vernichtet werden – durch eine große Kollision im All – oder verglühen oder erfrieren – je nachdem, wie sich das Verhältnis zur Sonne und damit die Lebensmöglichkeiten auf der Erdoberfläche gestalten werden.

Über das Ende des Kosmos bzw. Universums ist damit noch nichts gesagt. Dazu gibt es aber Hypothesen, über die man sich vom Stichwort »Universum« aus durch das Internet informieren kann. Wie viel Wahrscheinlichkeit diese Modelle jeweils haben, hängt ganz wesentlich von der nicht genau bekannten Menge und/oder Dichte der »dunklen Materie« ab, die sich im Universum befindet, und davon, ob gelingen wird, was auch Albert Einstein nicht gelungen ist: die Relativitätstheorie mit der Quantenphysik systemisch zu verbinden.

Die Denkmodelle laufen zumeist auf eine Umkehrung der Urknall- und Evolutionstheorie hinaus bzw. enthalten wesentliche Elemente, die bei der Entstehung des Kosmos eine Rolle spielen – bis hin zu einem dem Urknall korrespondierenden »Endknall«. Aber es gibt auch eine andere Position: »Das Wort *Ende* suggeriert, dass es sich um einen Zeitpunkt in *endlicher* Zukunft handle. Nach dem heutigen Stand geht man jedoch eher davon aus, dass sich das Universum immer weiter ausdehnt. Es wäre dann zwar ›bald‹ nicht mehr bewohnbar, wäre aber zu keinem Zeitpunkt wirklich am Ende.«[122]

Der Tod des Kosmos lässt uns, trotz aller Intensität des Nachdenkens, im Allgemeinen gefühlsmäßig eher kalt. Aber wenn uns ein geliebter Mensch verlässt, wir eine geliebte Landschaft verlassen müssen, dann kündigt sich das Ende der Welt an: das Ende *meiner/unserer* Welt und dahinter das »Ende der Welt«. Alle großen Abschiede sind transparent für dieses Ende. Geographisch gibt es zwar kein solches Ende, aber wir lokalisieren entlegene Orte trotzdem gerne »am Ende der Welt«. Und da möchte »man nicht einmal begraben sein«. Da sind keine Menschen, mit denen man leben könnte. Da ist also »Wüste« im Sinne einer unbewohnbaren Zone, wie im Hebräischen. Wenn wir doch an solche Orte müssen, tröstet uns nur das Bewusstsein, mit anderen über Raum und Zeit hinweg verbunden zu sein, und zwar selbst mit längst Gestorbenen. Diese Beziehungen werden durch die personale Form von Geist, durch Liebe, geschaffen. Ich glaube, sie sind nicht sterblich, weil Geist nicht sterblich ist. Goethe hat den Zusammenhang von Geist und Liebe im »West-Östlichen Diwan« wunderbar ausgedrückt: »Denn das Leben ist die Liebe / Und des Lebens Leben Geist.«

Wenn wir – im Blick auf den Anfang oder das Ende – die Grenzen der Physik überschreiten, tauchen wissenschaftstheoretisch unlösbare Probleme auf. Denn physikalisches Denken (und vor allem Rechnen) ist an Erfahrungswerte, also an Empirie gebunden. Im Blick auf ein Ende des Kosmos bleibt Geist, weil er schon am Anfang »des Lebens Leben« war, das einzige Unterpfand für die Hoffnung auf eine offene Zukunft.

Auch was unseren eigenen Tod angeht, ist das Bewusstsein, in der sich entfaltenden Lebensenergie des Geistes zu leben, der wirkliche Trost. Denn damit ist klar, dass Sterblichkeit keine Strafe für menschlichen Ungehorsam gegen Gott sein kann[123], sondern zum Leben hinzugehört und das Leben vor der Vergreisung schützt. Ich glaube auch, dass das Wissen um unsere Sterblichkeit und Endlichkeit die entscheidende Kraft ist, das Leben durch Arbeit und Kultur sinnvoll zu gestalten.

Die Lebensenergie geht in Krankheit und Tod nicht verloren, weder als Geist noch als Liebe. Am Lebensende stirbt die Gestalt, *in der* wir und *als die* wir leben. Schwere Krankheiten sind oft die Vorboten dieses Geschehens, weil in ihnen die gesunde Fähigkeit, Störungen auszuschalten oder zumindest auszugleichen, an ihre Grenzen kommen kann. Auch Krankheiten sind keine Strafen für Sünden[124], sondern Erfahrungen der kreatürlichen Sterblichkeit. Der Lebensgeist aber geht im Tod nicht verloren, weder als Geist noch als Liebe, in denen Gott in uns ist. Sie macht vielmehr eine Metamorphose durch und »aufersteht« in eine uns unbekannte andere Gestalt des Lebens hinein.[125] Darum muss uns der Glaube von der sterblichen Leiblichkeit nicht erlösen.

Die moderne Rede vom Tod als Erlöser protestiert gegen eine Theologie, die Jesu Leiden als Gottes Heilstat verstanden hat. Wir müssen lernen zu verstehen, was es heißt, wenn heute die Begriffe »Erlösung« und »erlösen« alltagssprachlich kaum noch in religiösen Zusammenhängen verwendet werden. Sie meinen vielmehr – und oft ausdrücklich mit Dank – den Eintritt des Todes, sofern damit das Ende von bösen Schmerzen und anderen Qualen verbunden ist. Die »Volkstheologie« hat »Erlösung« also von der Hoffnung Sterbender auf ein transzendentes anderes Leben gelöst und auf die Erlösungsbedürftigkeit des Menschen von – vor allem schmerzhaften und qualvollen – Leiden übertragen. Das »Seufzen der Kreatur«, von dem Paulus geschrieben hat (*Römer 8,22f*), meldet sich damit deutlich zu Wort. Der Sprachgebrauch zeigt, wie wenig das Versprechen der Palliativmedizin, Leidenden ihre Schmerzen nehmen zu können, bei den Menschen inzwischen angekommen ist. Und er rebelliert gegen eine Theologie, die (Jesu) Leiden als Gottes Mittel zur »Erlösung« instrumentalisiert hat.

Wenn Tod zum Erlöser wird, ist mit der erhofften Erlösung allerdings *unmittelbar* kein Heiland verbunden. Denn Erlösung bringen ärztliches Handeln und der Tod als Selbsthilfe des sterblichen Lebens. Für viele wirkt darin mittelbar allerdings auch der zu Hilfe gerufene Gott. Auf jeden Fall ist der Tod vom »letzten Feind« (*1. Korinther 15,26*) zum barmherzigen Helfer geworden. An diesem Bedeutungswandel ist abzulesen, welch große Rolle die Leiden in einer Gesellschaft spielen, die die Menschenwürde zu schützen gelernt hat und Folter, aber auch Tierquälerei verbietet. So macht auch die Sprache offenbar, dass die meisten Menschen nicht mehr glauben, dass Krankheit und Tod Strafen Gottes sind. Auch weil das so ist, hat das Christentum als Erlösungsreligion keine wirkliche Funktion mehr.[126]

Weil Liebe die größte Rolle in unserem Leben spielt, gehören vom Tod erzwungene Abschiede von geliebten Menschen zu unseren großen Leiden. In der Weltliteratur hat das mesopotamische Gilgamesch-Epos diesem Abschiedsschmerz schon an der Wende vom 3. zum 2. Jahrtausend v. Chr. ein ergreifendes Denkmal gesetzt.[127] Wenn der Tod Menschen einen solchen Abschiedsschmerz zufügt, ist er allerdings alles andere als ein Erlöser. Das liegt daran, dass die Liebe nicht will, dass der geliebte Mensch »geht« und wir allein zurückgelassen werden. Liebe will das Bleiben und kommt so in Konflikt mit unserer Sterblichkeit. Die mit dem erzwungenen Abschied verbundenen Leiden haben deshalb und trotz des säkularen Erlöserglaubens die Frage nach Gottes Gerechtigkeit (*Theodizee*) wieder wichtig werden lassen.[128]

Was wird aus Geist und Liebe nach dem Tod? Was kann Auferstehung sein?

Wenn Evolution als Creatio continua verstanden wird, glauben und denken wir, dass sich der kreative Geist, den wir Gott nennen, in alle möglichen sterblichen Lebensgestalten hinein entfaltet bzw. »verkörpert«. Auch wenn diese vergänglich sind, bleibt die evolutionäre Entfaltung des Geistes erhalten. Karl R. Popper hat dazu anregende Vorstellungen von einer »Welt 3« entwickelt, die zu der physischen Welt 1 und zur Welt 2 der psychischen Prozesse »als Produkt des menschlichen Geistes« hinzukommt.[129] Diese Entfaltung des Geistes kann von unserem Geist mit der notwendigen Konzentration entdeckt und dabei zugleich »produziert« werden, indem wir die entdeckten »Gesetze« oder »Gestalten«, aber auch Probleme beschreiben. Sie gelten zeitlos. Aber wir entdecken und »schaffen« sie in einer an Sprache und Zahlen gebundenen Gestalt, die von anderen kritisiert und verbessert werden kann. Insofern sind auch diese geistigen Produkte – seien es Theorien, Pläne, Kompositionen, Institutionen oder anderes – Teile der Evolution. Sie verändern, wenn wir mit ihnen in Berührung kommen, unser Bewusstsein. Und sie können mit geistiger Anstrengung von anderen und Späteren verstanden und weiterentwickelt werden. Da sie nicht an diejenigen gebunden sind, die sie entdeckt oder geschaffen haben, transformieren sie sich mit der Welt, in der wir leben. Diesen Fluss des Geistes und seine Anreicherung im Wandel der Zeit sehe ich symbolisch in dem Brunnen dargestellt, der im Garten vor dem Mausoleum in Konya, Kappadokien, steht, in dem der Mystiker Tschalaladdin Rumi, genannt Mewlana

(1207-1273), sein Grabmal hat. Denn das Wasser reichert sich mehr mit Sauerstoff an, wenn es sich in drei Ströme teilt und wieder zu einem verbindet, als wenn es nur in einem Strom flösse *(s. Abbildung 8).*

Was unsere Zukunft angeht, ist für mich entscheidend, dass zusammen mit dem sich entfaltenden Geist auch die gelebte Liebe nicht verloren geht, wenn wir sterben. Denn unsere Angst vor dem Tod hängt mit der Angst zusammen, es könnte wirklich »alles aus sein«, nichts bleiben von Liebe und Geist, wenn (geliebte) Menschen sterben und verwesen (oder verbrannt werden). Betrachten wir die Abfolge, in der biologisches Leben wird, stirbt und neu wird, können wir die Hoffnung denken, dass sich auch in unserem Sterben eine Metamorphose vollzieht. In ihr wird alles vergehen, was konkrete »leibliche« Gestalt geworden ist. Die Gestalt schaffenden Potenzen Geist und Liebe aber werden nicht vergehen, sondern mitwirken an der Entstehung neuer Gestalten von Leben »danach«. Sie sind ja die Kraft, aus der »alles« geworden ist. Für diese gewisse Zuversicht steht für mich »Auferstehung« als bewegtes Bild. Auferstehung ist also Teil der Creatio continua des Geistes. Deshalb kann sie nicht in den sterblichen Leibern dieses Lebens gedacht werden (*1. Korinther 15,42*). Eine leibliche Auferstehung retten zu wollen, indem man ein undenkbares Geschehen als *Geheimnis* bezeichnet, nimmt die Schöpfung nicht ernst.

Denkt man Auferstehung als fortdauernde Schöpfung, kann man aber darauf vertrauen, dass auch alles, was in einem sterblichen Leben unvollendet geblieben ist, »nur« gedacht, erhofft und ersehnt worden ist, nicht verloren geht, sondern zu dem gehört, was ein Mensch als seinen Beitrag in die Evolution des Geistes einbringen wird. *Auferstehung sorgt also dafür, dass wir nicht auf ewig auf das festgelegt bleiben, was wir verwirklicht oder erreicht haben.* Denn das ist nur eine Perspektive. Aperspektivisch verstanden ist Auferstehung das Entweichen aus jeder endgültigen Festlegung von Menschen und Bedeutungen, die wir mithilfe unserer Wertskalen und Bedeutungsspektren vornehmen. Und in diesem Sinn ist es wirklich zeichenhaft zu nehmen, dass trotz der erfolgten Grablegung kein Leichnam Jesu dingfest gemacht und zur Anbetung eingemauert wurde. Wohin sein Leichnam auf der Erde auch gekommen und wo er verwest sein mag – das »leere Grab« signalisiert, dass die Menschwerdung des Menschen über den Tod der irdischen Lebensgestalt hinaus weitergeht, weil wir »eingebettet« bleiben in die Evolution des Geistes. So besehen sind alle unsere Gräber als Kenotaphe zu verstehen, als Grabdenkmäler für Menschen, die anderswo »eingebettet« sind. »Vater, in deine Hände befehle ich meinen Geist« (*Lukas 23,46*), war eins der letzten Worte Jesu am Kreuz. Es sagt, wohin wir »gehen«.

Wenn bildhaft von Jesu Auferstehung und schließlich seiner Auffahrt geredet wird, so geht es zuerst darum, die Grenze zu durchbrechen, die von Jesu Gegnern mit seiner Hinrichtung gezogen werden sollte. Das Kreuz sollte Jesus nicht nur töten, sondern sollte ihn – der Titulus »Jesus der Nazarener, König der Juden« spricht davon – auf die Sicht seines Todes »festnageln«, die seine Richter hatten: dass er als Hochverräter und religiöser Aufrührer zu Recht verurteilt worden ist. Dem ist er durch die Auferstehung entkommen. Theologisch sollte dieser Tod durch die Sicht der apostolischen Tradition auch festgelegt werden: als Sühnegeschehen. Dieser einseitigen Festlegung ist er durch die mit der Kreuzestheologie konkurrierende Theologie der Menschwerdung des außerweltlich *gedachten* Gottes entgangen. In dieser Theologie ist der Tod, den Jesus gestorben ist, die letzte Beglaubigung seines Menschseins. Denn wäre er nicht gestorben, wäre er auch kein Mensch gewesen.

Insofern mit dem Wort Auferstehung aber die Vorstellung vom *Aufstehen* eines Leibes vom *Totenlager* im Grab verbunden ist, ist der Begriff nicht mehr hilfreich. Denn er bindet die Zuversicht im Blick auf eine Metamorphose wieder an irdische Gestalt zurück. Deshalb ist es angemessener, einen Begriff zu benutzen, der in eine offene Zukunft weist: »Wir werden verwandelt werden« (*1. Korinther 15,52*).

3. Gott lebt mit allen sterblichen Geschöpfen in einer Wirklichkeit

Von einer Außerweltlichkeit Gottes und einem Himmel irgendwo zu reden hat keinen Sinn mehr

Lange ist gelehrt worden, Gott und seine Geschöpfe gehörten zu unterschiedlichen, prinzipiell getrennten Wirklichkeiten oder »Welten«. Das irdische Leben wurde gewissermaßen als ein Probelauf angesehen, dessen Ergebnis darüber entscheiden sollte, ob wir, nach dem Tod, in das eigentliche Leben »im Himmel« kommen. Dass es für diesen »Himmel« keinen Ort gibt, spielte dabei keine Rolle. Die Vorstellung genügte. Nun haben wir im vorigen Kapitel gesehen, dass die schöpferische Selbstentfaltung Gottes als Geist mit der von der Physik beschriebenen evolutionären Entwicklung des Kosmos in vielem zusammengedacht werden kann. Diese Zusammenschau der theologischen und der physikalischen Perspektiven auf dasselbe Phänomen des Anfangs und der Entwicklung des Lebens macht jeden prinzipiellen Gegensatz von Gott und Schöpfung hinfällig, so sinnvoll es ist, diese Größen weiterhin zu unterscheiden. Aber für einen räumlich gedachten »Himmel« als Wohnsitz Gottes und als traditionelle Kennzeichnung von Transzendenz gibt es keine Grundlage. Und das heißt zugleich, dass der in der Theologie noch immer dominante Gedanke von der Außerweltlichkeit Gottes, des Schöpfers, endlich aufgegeben werden muss. Gott ist als Geist im Ganzen der Lebensentfaltung die treibende Kraft, er verkörpert *sich* in den Lebensgestalten und lebt nicht in einer Sonderwirklichkeit. Mit der Außerweltlichkeit Gottes zusammen können auch der Dualismus zwischen Gott und einem personifizierten Bösen und alle anderen, davon abgeleiteten Dualismen aufgegeben werden. So wahr wir Böses tun und erleiden, so steckt dahinter doch kein Negativ-Gott.

Unsterblichkeit gehört nicht zu den Verkörperungen des Geistes Gottes, auch nicht im Paradies

Gott und seine Geschöpfe leben in einer Wirklichkeit. Trotzdem sind sie an diesem einen Punkt unterschieden: Gott ist Geist und unsterblich; die in unendlicher Folge werdenden kosmischen und irdischen *Verkörperungen* des Geistes sind *sterblich*. Denn der Kosmos ist eine geschlossene Ganzheit, in der nichts verloren geht. Alle Lebensgestalten transformieren sich aber in den kleinen und großen Zeiträumen ihrer Lebensdauer und im Sterben durch die neu gestaltende Kraft des Geistes.

In keinem »Paradies« hat es, was die Geschöpfe darin angeht, jemals Unsterblichkeit gegeben. Das gilt, obwohl der Ruhm der Paradiese als Sehnsuchtsorte ›unsterblich‹ wurde und auch heute noch in jedem Reisekatalog von sich reden macht. »Parádeisos« ist im Griechischen ein persisches Fremdwort[130] gewesen, mit dem ein durch Wall und Wassergraben umgrenzter Park bezeichnet wurde. In Assyrien wurden schon seit dem 11. Jh. v. Chr. die Palastgärten von herrscherlichen Residenzen mit Pflanzen und Tieren aus ganz Vorderasien ausgestattet. Sie wurden zu Abbildern des assyrischen Reiches, und ihre »Pracht und Fülle wurde zum Symbol für Fruchtbarkeit und Wohlstand des Landes«, ja, zum Symbol einer geordneten und friedlichen Welt. Als die hebräische Bibel zwischen 250 v. und 100 n. Chr. ins Griechische übersetzt wurde (»Septuaginta«), hat man in Genesis 2 und 3 das hebräische Wort *gan* »Garten« mit *parádeisos* wiedergegeben. Auf diesem Weg ist es in den christlichen Sprachschatz eingegangen.

Aber nicht nur in der religiösen Literatur tauchen Paradiesgärten als Sinnbilder einer verlorenen »goldenen Zeit« auf. In den »Metamorphosen« des Ovid ist vom »ersten, goldenen Zeitalter« (*aurea prima aetas*) der Menschheit die Rede, das das Maß setzt, an dem alle folgenden Zeitalter sich messen müssen, um es in der Zukunft wieder zu erreichen. Die Exotik und ideale Fülle der alten orientalischen Gärten aber, bis hin zu den zum Weltwunder avancierten »hängenden Gärten der Semiramis« in Babylon, haben jenes Sehnsuchtsbild »Paradies« geprägt. Mit ihm haben sich die Hoffnungen der Menschen auf ein besseres Leben *nach* diesem Äon verbunden. Zu diesen Hoffnungen gehörte im Christentum die von der jüdisch-pharisäischen Theologie[131] übernommene Hoffnung auf ein Leben ohne Tod, die ursprünglich aus Ägypten stammt. Sie verband sich mit der alten religiösen Vorstellung, dass das *Ende* dieser Welt bzw. »dieses sündigen Äons« in einen *Neuanfang* übergehen werde, der inhaltlich an den verlorenen paradiesischen Anfang dieser Welt anknüpfen werde. Und so wurde die *Hoffnung* auf ein unsterbliches Leben dann irgendwann auch in das verlorene Paradies *zurückprojiziert*.

Paradiesisch kann das Leben sein, wenn wir aufhören, es durch lebensfeindliche Bilder vom Leben nachbessern zu wollen

Da die Paradiesgeschichte auf der Erde spielt, musste die leidvolle Sterblichkeit, die jeder kannte, als Ergebnis einer göttlichen Strafhandlung dargestellt werden. Und das schloss die These ein, dass es *davor* Unsterblichkeit gegeben habe. Diese Version hat der Apostel Paulus den Christen mit der These vermittelt, dass »der Tod der Sünde Sold« sei, »Gottes Gnadengabe aber ewiges Leben durch/in Jesus Christus« (*Römer 6,23*). Der erste Adam habe durch seinen sündigen Ungehorsam den Tod in die Welt gebracht, der neue Adam Christus aber das ewige Leben (*Römer 5,12-15*). Darauf baute dann die kirchliche Erbsündenlehre des »Kirchenvaters« Augustin auf. Sie liest sich heute allerdings eher als ein Erbsündenmythos mit fatalen Folgen. Durch sie wurde die Schöpfungsgabe Sexualität zur ansteckenden Krankheit erklärt, die den tödlichen Sündenvirus seit Adam und Eva auf jedes Menschenkind übertragen hat und überträgt. Nicht zuletzt hat auch das Zitat aus *Psalm 51,7* (»Siehe, in Schuld bin ich geboren, und meine Mutter hat mich in Sünden empfangen«) für Unheil gesorgt: Den ›Nachfahrinnen‹ der Eva, den Frauen, wurde die Hauptlast des Ungehorsams und die ganze Last der Verführung Adams angelastet – wodurch die Männer sich selbst als »tumbe Toren« dargestellt haben. Das ging so weit, dass viele (kirchliche) Männer ›die Frau‹ mit ›der Schlange‹ identifizierten – ohne zu wissen, dass »Schlange« (*nachasch*) im Hebräischen ein männliches Wesen ist! Man las die Bibel ja auch auf Lateinisch, die Vulgata, und da ist die Schlange (*serpens*) weiblich.

Nur ein Mittel konnte gegen das Sündenvirus helfen und vor dem »ewigen Tod« retten: das stellvertretende Leiden Christi und die seine Heilskraft übertragenden Sakramente der Kirche, und in den reformatorischen Kirchen der Glaube an das rettende Leiden Christi. Sich selbst oder durch das Amt auferlegte Keuschheitsgelübde sollten ebenfalls helfen, das Sündenvirus einzudämmen. Welcher Irrtum sich damit verbunden hat, hat die Aufdeckung zigtausendfachen sexuellen Missbrauchs von Kindern und Jugendlichen gezeigt, die der katholischen Kirche anvertraut wurden.[132]

Die biblische Paradieserzählung selbst weiß allerdings nichts von einem Verlust der angeblich vorhandenen Unsterblichkeit. Gott, Eva und die Schlange (*Genesis 2,17; 3,3 und 3,4f*) reden nicht davon. Angedroht wird für den Ungehorsam der Menschen vielmehr die Todesstrafe. Und diese Drohung hatte nur Sinn, wenn und weil der Tod den Menschen von Tieren und Pflanzen in ihrer Umgebung her bekannt war. Adam und Eva werden – natürlich lebend – aus dem Paradies vertrieben (*Genesis 3*). Sterblich waren sie vorher und nachher. Denn nach *Genesis 3,22b.24* haben die Menschen nie vom »Baum des Lebens« gegessen. Nur seine Früchte hätten sie – im mythischen Denken – unsterblich machen können. Gegessen haben sie vom »Baum der Erkenntnis des Guten und des Bösen« (*2,17; 3,5*). Und diese Erkenntnis, die ihnen die Schlange angekündigt hatte, gewinnen sie denn auch (*3,22*). Unsterblichkeit aber blieb ihnen sowohl in als auch nach dem Paradies verwehrt – und zwar völlig unabhängig vom »Sündenfall«. Nur dies ist der Grund der Sterblichkeit – bis heute: Menschen sind »von Erde genommen« (*2,7*) und müssen dahin wieder zurück (*3,19*). »Unsterblich« sein hätte also auch »unirdisch« sein bedeutet. Doch die Menschen sind ans Blut gebundene »Erdlinge«. Nur eines stirbt in dieser Geschichte tatsächlich: die Hoffnung auf ein Leben ohne Tod auf dieser Erde.

Heutige Auslegung muss sogar ernüchternd hinzufügen, dass das Hoffnungsziel einer unsterblichen leiblichen Gestalt von Leben alles andere als wünschenswert wäre. Denn ein solches Leben würde zwangsläufig vergreisen und irgendwann am ewigen Altern und an der Überfülle von Lebewesen ersticken. Zugleich muss die Bibelauslegung dem Ungehorsam die Möglichkeit streitig machen, angebliche Unsterblichkeit in Sterblichkeit verwandelt zu haben. Das ist immer schon zu viel der Ehre für »die Sünde« gewesen, dass sie die biologische Gestalt der Schöpfung verändern könnte. Und schließlich muss durch den Aufweis dieser Zusammenhänge gesagt werden, dass auch eine Erlösungslehre, die unter dem Begriff »ewiges Leben« eine leibliche Unsterblichkeit in Aussicht stellt, unhaltbar ist.

Im Koran ist das – zukünftige – Paradies (arab. gelegentlich: *farādis*) den einzelnen gläubigen Menschen vorbehalten. Die ihnen als Lohn zustehende Fülle wird hier durch eine detaillierte Beschreibung sinnlicher Freuden konkretisiert.[133] Allerdings wird in der islamischen Kunst, wie im Innenbereich der Omajaden-Moschee in Damaskus zu sehen, das Paradies oft auch mit Szenen aus wunderbaren Gärten dargestellt. Darüber, wo ein solcher Ort und dessen konkrete Gestalt im Kosmos sein sollen, wird im Koran natürlich nichts gesagt. Dasselbe gilt für das Bild vom himmlischen Jerusalem in der Johannesoffenbarung (*21f*) und für alle Bilder eines jenseitigen »Himmels« für die »Gerechten«, »Erlösten« oder »Erwählten«.

Ein »Himmel«, der Gestorbene – Jesus eingeschlossen – in der Leiblichkeit aus Fleisch und Blut aufnähme, lässt sich weder innerhalb noch außerhalb des Kosmos denken. Alle davon erzeugten Vorstellungen und Bilder haben menschliche Sehnsüchte ins Irgendwo projiziert, weil sie das Hier nicht loslassen konnten. Wie sollten aber vor allem Christenmenschen einen Tod hinnehmen, der Ihnen als Strafe angedroht wurde dafür, dass sie als Menschen lebten, wie Gott sie geschaffen hatte – *mit* der Freude an der Sexualität und *mit* den erstaunlichen und problematischen Fähigkeiten, die uns unser Gehirn gibt? Folgen kann man den Sehnsuchtsprodukten nur insofern, als die zukünftige »Evolution des Geistigen« darauf hoffen lässt, dass sich vieles auf der Erde noch verbessern wird – so, wie es ja auch lange gedauert hat, bis es zur Verankerung der Menschenrechte in den Verfassungen und zu immerhin schon fast sieben Jahrzehnten Frieden in Zentraleuropa gekommen ist. Paradiesisch kann das Leben sein, wenn wir Menschen aufhören, es nach selbst konstruierten Bildern vom Menschen nachbessern und unsere angeblich wahre Zukunft in phantasierte jenseitige Himmel verlegen zu wollen. Unser Bestes geben wir, wenn wir alle geistigen Kräfte aktivieren, die die Evolution des Geistes in Richtung auf mehr Friedenspoesie (*Matthäus 5,9*) und Ehrfurcht vor dem Leben beeinflussen.

Die Rückkehr Gottes in die eine Wirklichkeit des Lebens

Johannes (*1,1-18*) hat schon sehr früh damit begonnen, Gott aus der Außerweltlichkeit, in die ihn die Theologie versetzt hatte, zurückzuholen in die eine Wirklichkeit des Lebens, zu der er immer gehört hat. Die Basis dafür fand Johannes in der Vorstellung, dass *Gott selbst* als der Leben schaffende Logos verstanden werden muss, durch den *alles* geworden ist (*1,1f.4*). Und so formuliert er den ersten Satz des alten Schöpfungsmythos aus der Genesis neu und sagt: »Im Anfang war der Logos[134], … und der Logos war Gott. … Alle Dinge sind durch ihn geworden. … In ihm war Leben, und das Leben war das Licht der Menschen.« Johannes hat aber nicht nur Gott und Logos, sondern auch Gott und Geist in eins gesetzt (»Gott ist Geist«: *4,24*), so dass der Logos jene Geist-Potenz ist, aus der sich alles Leben entfaltet hat und weiter entfaltet (*1,3*). Doch die Verbindung der Geist-Potenz Logos mit dem Leben geht noch weiter: Johannes verbindet die Logos-Vorstellung mit dem Werden der Menschen und sagt, mit Jesu »Kommen in die Welt« (*vgl. 1,9*) sei der Logos Fleisch geworden (*1,14*) – also Mensch, denn des Menschen leibliche Gestalt ist »Fleisch und Blut«. Damit vom Leser wirklich verstanden wird, dass die Menschwerdung des Logos nicht nur Jesus betrifft, fügt Johannes hinzu: Auch jeder, der Jesus als das Licht der Menschen bzw. Licht der Welt (*8,12*) erkennt, werde durch eine geistige Zeugung aus Gott – wie Jesus selbst – Gottes Kind (*1,9-13*). Diese Kindschaft verbindet sich komplementär mit der leiblichen Zeugung und Kindschaft. Die ägyptische Vorlage für diesen Gedanken ist noch gut zu erkennen.[135] Mit der Theologie der Menschwerdung wurde die alte Theologie, die Gott und Mensch immer weiter voneinander entfernt hatte, beendet. Gott war ›zurückgekehrt‹ in die *eine* Wirklichkeit des Lebens. Das ist an Weihnachten zu feiern. Martin Luther hat die Menschwerdung in seinen Liedern vielfältig besungen. Außer »Nun freut euch, lieben Christen g'mein« gibt es kein Lied von ihm, in dem das Kreuz Thema wäre!

Das Wort »zurückgekehrt« spielt auf *Genesis 3,8-10* an, wo erzählt wird, dass Gott den paradiesischen Garten Eden mit Adam und Eva teilte und in der Abendkühle darin spazieren ging. Gott war natürlich niemals – außer für bestimmte Theologien – in anderen Wirklichkeiten als der einen des Lebens. Dass die Teilung der Wirklichkeit in Himmel und Erde bzw. Kosmos theologisch derart gepflegt worden ist, folgte dem Interesse der Priester, für die Menschen als Vermittler zwischen dem noch außerweltlich gedachten Himmel und der Erde unersetzlich zu sein und zu bleiben. Mit der Übernahme des lateinischen Titels »Pontifex« (»Brückenbauer«) für den »Episkopos« (Aufseher, Gemeindeleiter, später »Bischof«) ist dieser Gedanke institutionell verankert worden – bis hin zur Steigerung eines *pontifex maximus* (»obersten Priesters«) – erst im römischen Staatskult und dann im (Vatikan-)Staat gewordenen christlichen Amt des Bischofs von Rom und Papstes als des »Stellvertreters Christi auf Erden«. Jene Hierarchien sind herrscherliche Überbauten, die die Geistesgegenwart Gottes verbaut haben – und mit dem Glauben an das Ende der Außerweltlichkeit Gottes hinfällig werden.

Gott und die Entwicklung des Lebens bilden vom Anfang an *eine* Wirklichkeit. In ihr entfaltet Gott selbst sich in den Gestalten, in denen Menschen Gott wahrgenommen haben und wahrnehmen. Und zugleich entfaltet er sich in den vielen

Gestalten des Lebens, die er als eigene Wesen gezeugt und geboren werden, leben und sterben *lässt*. Das heißt: Gott ist Geist und als Geist zugleich die Lebenskraft der Geschöpfe. Aber wir gestalten die Schöpfung von Tag zu Tag mit, weil wir an Gottes Geist und Lebenskraft Anteil haben. Insofern kann auch der Glaube sagen, dass »das Eigentliche des Wirklichen, das uns begegnet, … Geist« ist (Carl Friedrich von Weizsäcker). In personalen Beziehungen erfahren wir Geist als Liebe (*1. Johannes 4,16*) und Liebe als die eigentliche Kraft unseres Lebens. In diesem Sinn muss der theologische Geistbegriff erweitert werden. So kann er die Brücke zu anderen Wissenschaften sein. Diese Brücke braucht Theologie, um über die Grenzen der eigenen Wissenschaft hinaus sagen zu können, wo Gott im Leben der Menschen heute zu »verorten« ist.

Alle Lebensgestalten sind durch ihre Herkunft miteinander verwandt

Alle irdischen und außerirdischen Gestaltwerdungen im Kosmos sind durch den gemeinsamen Ursprung aus Geist miteinander *verwandt*. Das gilt für Menschen, Tiere, Pflanzen, aber auch für Planeten. Der ägyptische Pharao Echnaton hat in seinem »Kleinen Sonnenhymnus« Gott Aton mit den Worten gepriesen:

> »Du bist die lebendige Sonne, die unendliche Zeit ist dein Abbild, du hast den Himmel fern gemacht, um an ihm aufzugehen, um alles zu sehen, was du erschaffst, indem du ein Einziger bist, aber Millionen von Leben in dir sind, um sie zu beleben … (Denn) Lebenshauch an die Nase ist es, deine Strahlen zu sehen.«[136]

Alles Geschaffene – nicht nur die Sonne – sind »Verkörperungen« Gottes, wie es in dem »Großen Sonnenhymnus« heißt:

»Du erschaffst Millionen Verkörperungen aus dir, dem Einen, Städte und Dörfer, Acker, Weg und Fluss.«[137] Auch die Formen menschlicher Gemeinschaft, die durch die Menschen »geschaffen« worden sind, werden hier also als soziale Organismen gesehen, in die hinein sich Gott »verkörpert«, um dem Leben der Menschen zu dienen. Das zu sagen hat auch heute Sinn, auch ohne dass man daraus verquere Gottesherrschaften in staatlichem Gewand (»Theokratien«) machen müsste. Und Sinn hat auch der Glaube, dass alles mit allen und allem durch die Herkunft aus dem Geist Gottes verwandt ist. Das gilt innerhalb und außerhalb von einzelnen Entwicklungslinien, in denen sich Arten über Jahrtausende hin verändern, wie uns die Primaten lehren. Sie haben sich als Primaten weiterentwickelt, aber sind in der Evolution *auch* zu Menschen geworden. Deswegen kann man sagen, dass wir Menschen mit den Primaten in doppelter Weise, mit Fischen zum Beispiel aber nur einfach – nämlich durch die Herkunft aus Geist – verwandt sind.

Diese Einsicht macht Johannes mit der Aussage möglich: »Gott ist Geist« (*4,24*)[138]. Wenn der Glaube Gott als Geist und Geist als Gott qualifiziert, dann ist fortdauernde Schöpfung die Selbstentfaltung Gottes[139] in den uns begegnenden Lebensgestalten einschließlich unserer eigenen.

Für mich verbindet sich mit dieser Erkenntnis eine tiefe Erfahrung. Vor einiger Zeit habe ich mitten in einer wunderschönen Landschaft plötzlich eine schmerzliche Einsamkeit erlebt. Zu nichts, was ich sah, konnte ich noch eine Beziehung finden. Es war, als stünde alles unverbunden in einem großen Raum herum. Das änderte sich erst Tage später, nachdem ich beim Studium gut lesbarer Bücher zur Weltenstehung und Quantenphysik plötzlich zu der Einsicht gekommen war, durch die gemeinsame Herkunft mit allem, was ich sehen konnte, verwandt zu sein. Und so kam ich mit anderen Augen wieder heraus in die Landschaft, ging auf Bäume und Pflanzen zu und auf Steine am Weg, sah Vögel fliegen, das Gras sich bewegen, und die sanften Hügel zogen mich an. Für alles, was ich sah, hatte ich nur die Worte: ›Schön! Wie schön, dass wir verwandt sind!‹ Und Dank an Gott für diese Erfahrung des »Mitseins«, durch die die Trennung von Ich und Anderem überwunden war.

An einer Stelle hat auch das Neue Testament ein Bild überliefert, das von diesem *Mitsein* geprägt ist: Es wird erzählt, dass Jesus während seines 40-tägigen Aufenthaltes in der Wüste »mit den Tieren war« (*Markus 1,12f*) – *mit* ihnen, nicht nur *bei* ihnen.

Durch das Blut sind wir mit der Erde verwandt – und leicht verletzbar

Es überrascht nicht, dass von der Verwandtschaft allen Lebens untereinander auch sprachliche Spuren zeugen. Die biblischen Anfangserzählungen stellen selbst schon einen Zusammenhang her.

Die zweite Schöpfungserzählung sagt: »Gott bildete den Menschen aus Erde vom Ackerboden und hauchte ihm Lebensgeist in die Nase« (*Genesis 2,7*). Und nach der Vertreibung aus dem Paradies sagt Gott zu Adam: »Im Schweiße deines Angesichts sollst du dein Brot essen, bis du wieder zur Erde kehrst, von der du genommen bist; denn Erde bist du, und zur Erde musst du zurück« (*Genesis 3,19*).

In Beerdigungsliturgien wird der letzte Satz bis heute verwendet. Und auch dort ist klar, dass Erde nicht einfach eine Ansammlung aus Stein und Sand ist, sondern unsere irdische *Herkunft* und *Zukunft* nennt. Auf einen inneren Zusammenhang weisen die hebräischen Wörter *adam* (»[männlicher] Mensch«) und *adamah* (»Erde«, »Erdboden«) auch für Nichthebräer hörbar hin. Wobei der gedehnte Vokal *»ah«* am Ende von *adamah* signalisiert, dass die Erde weiblich gedacht ist. Wenn die griechische Übersetzung des jüdischen Teils der Bibel (»Septuaginta«) *adamah* durchgängig mit *gê* wiedergibt, so taucht auch aus dem griechischen Wortstamm eine weibliche Gestalt auf: die alte Erd- und Muttergöttin Gea oder Gaia. Die konnte freilich in die jüdische Religion, die neben Jahwe keine weibliche Gestalt duldete, nicht integriert werden – auch wenn sie deutliche Spuren hinterlassen hat. Menschen sind jedenfalls »Erdlinge«. Der Mensch wird aus und von der Erde genommen wie die Frau (*ischa*) später aus und von dem Mann (*isch*) (*2,21-23*). Wenn man *adam* und *adamah* auch noch mit einem dritten Wort – *adom*, »rot« – verbindet, versteht man, was der jüdische Schriftsteller Flavius Josephus im 1. Jh. n. Chr. in seinem Kommentar zur Schöpfung geschrieben hat:

»Gott bildete den Menschen, indem er Staub von der Erde nahm und diesem Geist und Seele einhauchte. Und dieser Mensch hieß Adam, das heißt in hebräischer Sprache »rot«, weil er aus roter weicher Erde gemacht ist, die die jungfräuliche und wahre Erde darstellt.«[140]

Nimmt man hinzu, dass »Blut« im Hebräischen *dam* heißt und männlich ist, und dass *adom* »rot« heißt, ergibt sich eine sprachliche Beziehung zwischen den hebr. Wörtern für »Mensch« und »Erde« einerseits und den Wörtern für »Blut« und »rot« andererseits – aber eben auch »für ›(männlicher) Mensch‹ und ›Blut‹ sowie für »Erde« und »rot«. Man muss davon ausgehen, »daß für das Sprachempfinden des Hebräers zwischen *dam*, *adom* und *adam* Zusammenhänge bestanden«[141] – und, wie schon bei Josephus zu finden, auch für *adam* und *adamah*. Da ist es interessant, dass in dem viel älteren und weit verbreiteten babylonischen Atrahasis-Mythos die Menschen ein Produkt sind aus dem Blut eines zum Zweck ihrer Erschaffung getöteten Gottes und aus Erde[142]: Dabei »wird das Blut eines Gottes, ›der Verstand hat‹, mit Lehm vermischt ...«[143]. Der Mensch ist also nach dieser Vorstellung ein Mischwesen *aus göttlichem Blut und Geist und aus lehmiger Erde.*

Auch sonst gibt es in der Bibel die mit dem Blut verbundene Vorstellung einer tiefen Verbindung von Mensch und Erde. Darauf stößt man, wenn das Blut des getöteten unschuldigen Abel von der Erde aufschreit[144]: »Horch, das Blut deines Bruders schreit zu mir empor vom Ackerland«, sagt Gott zu Kain (*Genesis 4,10*). Die Erde öffnet ihren Mund, »um das Blut deines Bruders zu empfangen« (*Genesis 4,11*). Schon hier kann man nur dann von einer metaphorischen Redeweise sprechen, wenn man den Ursprung der Metapher aus einem älteren Glauben, dass die Erde ein lebendiges Wesen ist, herleiten kann. Diese Herleitung legt sich in einer weiteren Überlieferung nahe, in der die Erde als Person gesehen wird, die der Erdmutter Gaia ähnelt: Da kann die Erde schreien wie ein wildes Tier, sich spalten und frevelhafte Menschen verschlingen – und sich wieder schließen (*Numeri 16,28-34*).

Das (ehemalige) Wissen um die einzigartige Bedeutung des Blutes hat sich in Israels kultischer Praxis bis zur Tempelzerstörung 70 n. Chr. erhalten. In den Vorschriften der Priesterschrift (ca. 6. Jh. v. Chr.) für die Handhabung der Sühnopfer wurde die sühnende Wirkung des Blutes darauf zurückgeführt, dass »die Seele (*näpäsch*) im Blut (*dam*) ist« (*Leviticus 17,1*), bzw. es heißt: »Die *näpäsch* jedes Lebewesens ist sein *dam*« (*Leviticus 17,14*). »Doch da *näpäsch*, der Lebensodem, bei dem Lebenden, das Blut aber bei dem Verblutenden beobachtet wird«, so gilt: »Wo der Mensch sein Leben rettet, ist es seine näpäsch, wo er es verliert, sein *dam*«[145] (*Ezechiel 3,16ff; 33,1ff*). Sollte ein unschuldiges Wesen stellvertretend für einen schuldigen Menschen oder für die Entsühnung der Gemeinschaft geopfert werden, musste man an das unschuldige Blut des Opfer(tiere)s kommen, um es auf den Altar (und dann in die Erde) zu gießen, die schuldigen Menschen damit zu besprengen und so zu »reinigen«. Das Töten war dabei »nur« Mittel zum Zweck.

Als die kultisch Denkenden unter den Judenchristen die Hinrichtung Jesu am Kreuz theologisch als Heilsgeschehen deuten wollten, benutzten sie das Modell des Sühnopfers – denn nur durch das unschuldige Blut von Gerechten, glaubte man, kann Schuld von anderen gesühnt werden. Dahinter stand der Grundsatz, dass »Sündenvergebung nur durch Blutvergießen möglich ist« (*Hebräer 9,22*).

Im Blick auf das Selbstverständnis des Menschen können wir diesem Abschnitt entnehmen, dass sich auch über die hebräischen Wörter *adamah, adam, dam* und *adom* die Aussage begründen lässt, dass der Mensch in sich Göttliches und Irdisches verbindet – wie *alle* »Verkörperungen« von Geist. Im Rahmen der Evolution von geistiger Information *und* der biblischen Kosmologie betrachtet, bestätigt diese Aussage, dass der Mensch erst (viel) später als die Erde entstanden ist. Auch Kosmos, Erde, Pflanzen und Tiere sind Verkörperungen des Geistes, aber eben frühere, ältere als der Mensch. Ohne sie ist der Mensch nicht denkbar.

Wie stark die menschliche Existenz an das Blut gebunden ist, sollen auch noch die folgenden Zusammenhänge aufzeigen. Geht das Blut verloren, stirbt das an den Blutfluss gebundene Lebewesen, es sei denn, man schließt dieses Wesen an einen externen Blutkreislauf an. Da die Venen, in denen das Blut zum Herzen zurückfließt, selbst von Mücken leicht von außen durchstochen werden können, sind vom Blut abhängige Lebewesen leicht – auch tödlich – verletzbare Wesen. Der tiefe Schrecken, den kleine Kinder zumeist bekommen, wenn sie sich verletzt haben und zum ersten Mal Blut aus ihrer Haut herausfließen sehen, ist die erste Ahnung von dieser Verletzbarkeit und letztlich unserer Sterblichkeit. Nicht zuletzt ist es das Blut, das uns mit der Mehrheit der Wirbeltiere – und auch mit den mythischen Drachen! – verbindet.

Lebensgeist und Blut sind nicht voneinander zu trennen

Reden wir vom Geist, reden wir von der Lebensenergie. Im Atrahasis-Mythos gelangt der Geist über das Blut in den Menschen. Auch der Koran weiß, dass der Mensch aus einem

»Blutklumpen« geschaffen worden ist (*96,2*).[146] Aber der Geist Gottes kommt bei der Schöpfung aus der Sicht des Korans direkt in den Menschen: Gott formte den Menschen (wie ein Töpfer) und hauchte ihm dann seinen Geist ein (*15,29; 32,9; 38,72 u.ö.*). Damit hat der Koran die biblische Sicht von *Genesis 2,7* übernommen, wonach Gott Jahwe dem von ihm gebildeten »Rohmenschen« Lebensgeist in die Nase eingehaucht habe, so dass er »ein lebendes Wesen« wurde. In *Genesis 2,30* wird aber ausdrücklich gesagt, dass auch alle Tiere Gottes Lebensgeist in sich haben, und das heißt: auf dieselbe Art und Weise wie die Menschen geschaffen sind. Die Vorstellung vom – in die Nase – eingehauchten Lebensgeist wiederum ist ägyptischen Ursprungs.

Im schon zitierten »Kleinen Sonnengesang« Echnatons heißt es, an den Gott Aton, »die lebendige Sonne«, gerichtet, »Lebenshauch an die Nase ist es, deine Strahlen zu sehen.«[147] Seiner theologischen Reform folgend, hat Echnaton die ältere Vorstellung vom Leben schaffenden Hauch an die Nase schon mit seiner eigenen Vorstellung vom Leben schaffenden Sonnenlicht parallelisiert. Auch Echnaton bezieht diesen Schöpfungsvorgang nicht nur auf die Menschen, sondern auf alles, was lebt. Dabei dient ihm die alte Vorstellung schon als Bild für die neue.

Auch die christliche Theologie bevorzugt ganz eindeutig die Vorstellung, dass der Schöpfer-Gott alles Leben unmittelbar selbst gestaltet hat. Aber mit dem großen Unterschied, dass die Erde hier einfach als Material verstanden wird. Im Körper des Menschen (und anderer Wirbeltiere) lebt dieser Geist Gottes nach biblischer Vorstellung als *näfäsch*, Lebensgeist. Ja, Lebensgeist und Blut können, wie wir gesehen haben, in späten Texten auch identifiziert werden.

Es ist interessant, diese Einsichten neben das zu stellen, was mittlerweile über frei im Blut zirkulierende DNA (genetische Erbinformation) geschrieben wird. Das Institut für Sportmedizin an der Universität Mainz verbreitet in seinem »Transfercafé Mainz« im Internet, dass sich diese Form der DNA

»in niedrigen Konzentrationen bei allen Menschen« finden lässt. »Im Blut von Tumorpatienten ist die Konzentration der frei zirkulierenden DNA im Durchschnitt stark erhöht. Auch bei anderen Krankheitsbildern sei das so. Aber selbst bei »körperlicher Belastung steigt die Konzentration frei zirkulierender DNA gesunder Probanden bis zu 20fach an«. Auch wenn die »Funktion und genaue Herkunft der zirkulierenden DNA … noch nicht abschließend geklärt« sind, sollen durch die frei zirkulierende DNA neue diagnostische Möglichkeiten erschlossen werden.

Ich erwähne diese Arbeiten, weil sie Hinweise darauf geben, dass (auch) das Blut Träger jener Information ist, die über die Stufen der Evolution zur uranfänglichen Quanteninformation zurückführt und sich auf ihrem Weg bis in die individuelle genomische Information hinein verzweigt hat und weiter verzweigt. Blut ist ein Organ der Lebewesen, das alle Zellen der Körper mit dem zur Ernährung, zum Wachstum und zur Regeneration Nötigen versorgt und zugleich Abfallstoffe »entsorgt«. Aber zugleich ist Blut ein Aggregatzustand von Geist.[148]

Nach allem hier Behandelten ziehe ich den Schluss, dass es unangemessen ist, wenn große Lexika wie die »Theologische Realenzyklopädie«, »Der Neue Pauly« oder auch das »Handwörterbuch religionswissenschaftlicher Grundbegriffe« keine eigenen Artikel zum Stichwort »Blut« bieten. Geht es dabei um eine Distanz zum Mythos? Der gerne gefeierte Sieg der Theologie über die Mythologie hat oft genug dazu gedient, die von Kurt Hübner so grundlegend beschriebene »Wahrheit des Mythos«[149] zugunsten der monoperspektivischen Sicht der dogmatisierten Theologie *oder* Naturwissenschaft zu verdecken und auszumerzen. Dadurch werden wichtige Erfahrungen der Menschheit ausgeblendet. Heraus kommt oft genug eine buchstäblich »blutleere« Wissenschaft ohne Lebensbezug. Denn was blutleer ist, ist auch ohne Geist

Theologie und Naturwissenschaften beschreiben unterschiedliche Zugänge zur einen Lebenswirklichkeit

Mit der Einsicht, dass Gott und alles andere Leben zu *einer* Wirklichkeit gehören, verbindet sich die Erkenntnis, dass die unterschiedlichen Wissenschaften zwar von differenten Prämissen ausgehen, aber nicht von unterschiedlichen Wirklichkeiten. Deswegen hat es auch keinen Sinn mehr zu sagen, die Theologie baue auf Offenbarungswissen auf, Naturwissenschaften aber auf Erfahrungswissen. Von der Wahrnehmungstheorie aus gesehen, gehen beide, ja, alle Wissenschaften von Erfahrungswissen aus, auch wenn dieses Wissen auf unterschiedliche Weisen zustande kommt. Die Schlüsse, die sie aus ihren äußeren und inneren Wahrnehmungen ziehen, hängen von den theoretischen Grundannahmen (Prämissen) ab, die die Wissenschaftler – und nicht pauschal: die Wissenschaften (!) – bei ihrer Arbeit leiten.[150] Diese Grundannahmen müssen deshalb auch zusammen mit den Forschungsergebnissen veröffentlicht werden. Nur so können wissenschaftliche Schlüsse wirklich von anderen nachvollzogen und kritisiert werden.

Meine Grundannahme ist, dass Gott und alle Lebewesen als Lebensenergie denselben Lebensgeist haben (*Genesis 2,7.30; Kohelet 3,19*). Heute ersetzt der Begriff »Lebensenergie« – außer in poetischer Sprache – die Begriffe »Lebensodem« oder »Lebenshauch« und meint den göttlichen, Leben schaffenden und bewegenden Geist. Leben ist ein ungeheuer vielfältiges *Geistgeschehen*. Nun beziehen sich religiöse Offenbarungen genauso auf das Leben wie quantenphysikalische Theorien. Es gibt nichts, was aus diesem Bezugsrahmen herausfiele. Darum ist es dringlich, dass Universitäten Lehrstühle für die Vermittlung von lebensbezogener quantenphysikalischer Forschung an Studierende anderer Wissenschaften einrichten. Denn manche pauschale Abwehr physikalischer und biologischer Erkenntnisse verschleiert nur ein Bildungsdefizit – auch wenn sich die Abwehr als vermeintliche Überlegenheit aufspielt. Umgekehrt gilt aber auch, dass eine pauschale Zurückweisung von religiös geprägten Lebensvorstellungen den Zugang zu einem reichen und vielfältigen Erfahrungswissen verstellt. Auf die Religionsgeschichte bezogen, nenne ich dieses Wissen das *religiöse Gedächtnis der Menschheit.* Auch dieses Wissen müssen Universitäten den Studierenden aller Fächer vermitteln. Für solche Lehrstühle, die eine eigene Didaktik entwickeln müssten, wären Stiftungsprofessuren besonders geeignet.

Theologie und Naturwissenschaften müssen Abschied nehmen von ihren »schönen« Provinzen

Die Schöpfung ist kosmisch weit und endet nicht an den Grenzen unserer Galaxie, schon gar nicht an den Rändern der Erde und ihrer Atmosphäre. Der christliche Glaube muss diese Weite endlich in sich aufnehmen und sich von ihr umgestalten lassen, um die irdische Provinzialität zu überwinden. Solange er das nicht tut, bleibt die Rede von Gott als Schöpfer nur auf unsere unmittelbare *menschliche Lebenswelt* bezogen und ist durch diese enge Sicht (Anthropozentrismus) unglaubwürdig. Die Entscheidung von Eltern, ihre Kinder firmen bzw. konfirmieren zu lassen und in den schulischen Religionsunterricht zu schicken, wird mehr und mehr davon abhängen, ob Religion und Glaube dort als etwas behandelt werden, was zu einer Sonderwelt oder aber zu der *einen* Wirklichkeit gehört, in der alle leben.

Die Naturwissenschaften haben für den Bereich der Quantenphysik Abschied nehmen müssen von der Vorstellung der klassischen Physik, dass Ort und Impuls (bzw. Geschwindigkeit) eines Messobjektes gleichzeitig genau gemessen werden können. Wenn es um die »Teilchen« im quantenphysikalischen Mikrobereich geht, zeigt sich, dass zu messende Objekte von den Vorgängen der Messung »berührt« und dadurch jeweils verändert werden. Dadurch kommt die so genannte »Heisenbergsche Unschärferelation« zustande. Ein anderes Problem hat sich durch die Frage ergeben, ob »alles« im All von der Evolution betroffen ist, sich also verändert oder zumindest verändern kann. Die Antwort, die mich überzeugt hat, lautet: »Alles ist in Evolution – außer den Naturgesetzen, nach denen diese Evolutionen ablaufen. Oder noch einfacher: Alles ist in Evolution – außer den Evolutionsgesetzen.«[151]

Die Theologie muss zugeben, dass Gott sich gerade durch sein Sichtbarwerden als Mensch für unsere Wahrnehmung uneindeutig gemacht hat. Nur wenige von denen, die Jesus begegnet sind, hatten eine klare Vorstellung davon, mit wem sie es zu tun hatten. Und die waren sich, wie die neutestamentlichen Schriften zeigen, besonders in der Frage, wie Jesus und Gott einander zuzuordnen sind (Gottes Prophet? Gottes Sohn? Selbst Gott?), keinesfalls einig.

Auch für die Kirchen und die Theologie ist die »schöne« Zeit vorbei, in der sie so tun konnten, als handele es sich bei – zumeist aus der Bibel gewonnenen – Glaubenssätzen um objektive Wahrheiten. Aus dem alten Anspruch, Lebensphänomene auf diese Weise »objektiv« beurteilen zu können, sind so folgenreiche menschliche Selbstherrlichkeiten entstanden wie die Überzeugung, Tiere und Pflanzen seien unbeseelt (»haben keine Seele«), und die Menschen hätten durch ihr spezifisches Sprech-, Schreib- und Lesevermögen eine besondere Nähe zu Gott. Descartes konnte aus der kirchlich vermittelten Sicht, Tiere seien unbeseelt, schließen, sie seien auch nicht zur Empfindung von Schmerzen fähig. Natürlich sind unsere sprachlichen Möglichkeiten etwas Besonderes unter den Geschöpfen. Doch warum sollte Gott uns deshalb näher sein als anderen Lebensgestalten? Wo doch alles Lebendige Verkörperung von Geist ist? Die selbstverliebte Verengung des menschlichen Denkens muss aufgegeben werden, denn sie behindert einen aufgeklärten Glauben. Die Geschichte lehrt, wie grauenhaft vor allem die von biblischen Überlieferungen geprägten Religionen mit den als seelenlos behandelten tierlichen Mitgeschöpfen umgehen. Deshalb sind solche Selbstüberhebungen über Tiere nicht mehr zu verantworten. Das heißt, wir müssen nicht nur über die gemeinsame Herkunft aller Religionen nachdenken, sondern auch über die gemeinsame Herkunft, die wir mit den Tieren haben.

Der »Sonnengesang« des Franz von Assisi

Angemessen ist die Verwandtschaft aller Lebensgestalten in der Theologie nirgends bezeugt worden. Einzig in dem Franz von Assisi zugeschriebenen »Sonnengesang«[152] werden alle Geschöpfe, von der Sonne angefangen bis zu den Pflanzen, vom Wind bis zum Tod, als »Geschwister« bezeichnet, und zwar in einem die Schöpfung preisenden Gebet. Nur der Sonne und der Erde räumt der Sonnengesang eine Sonderstellung ein, indem er dem »Bruder Sonne« – im Italienischen ist die Sonne männlich: *il sole!* – auch noch den Titel »Herr« hinzufügt und der »Schwester Erde« den Titel »Mutter«.[153]

Gelobt seist du, mein Herr, mit allen deinen Geschöpfen,
zumal dem Herrn Bruder Sonne;
er ist der Tag, und du spendest uns das Licht durch ihn.
Und schön ist er und strahlend in großem Glanz,
dein Sinnbild, o Höchster.

Gelobt seist du, mein Herr, durch Schwester Mond[154] und die Sterne;
am Himmel hast du sie gebildet, hell leuchtend und kostbar und schön.

Gelobt seist du, mein Herr, durch Bruder Wind und durch Luft
und Wolken und heiteren Himmel und jegliches Wetter, durch das
du deinen Geschöpfen den Unterhalt gibst.

Gelobt seist du, mein Herr, durch Schwester Wasser,
gar nützlich ist es und demütig und kostbar und keusch.

Gelobt seist du, mein Herr, durch Bruder Feuer,
durch das du die Nacht erleuchtest;
und schön ist es und liebenswürdig und kraftvoll und stark.

Gelobt seist du, mein Herr, durch unsere Schwester, Mutter Erde,
die uns ernähret und lenkt (trägt)
und vielfältige Früchte hervorbringt und bunte Blumen und Kräuter.

Gelobt seist du, mein Herr, durch jene,
die verzeihen um deiner Liebe willen
und Krankheit ertragen und Drangsal.
Selig jene, die solches ertragen in Frieden, denn von dir, Höchster,
werden sie gekrönt werden.

Gelobt seist du, mein Herr, durch unsere Schwester, den leiblichen Tod;
ihm kann kein Mensch lebend entrinnen.

4. »Schon als Tier hat der Mensch Geist«[155]

Das Elend der Tiere wird durch die angeblich von Gott verordnete Schreckensherrschaft der Menschen geprägt

Wenn man in *Genesis 9* liest, welche Worte Gott in den Mund gelegt worden sind, um die Herrschaft der Menschen über die Tiere festzulegen, so bekommt man den Eindruck, hier werde eine Strafaktion angekündigt. Denn diese Herrschaft wird ausdrücklich als Schreckensherrschaft angeordnet. Einen Grund dafür kann man nicht erkennen. Wer gewöhnt ist, wirklich Gott hinter solchen Reden zu sehen, fragt sich vermutlich: Was ist in ihn gefahren? Was hat er gegen Tiere? Wirkt da noch die Verfluchung der Schlange (*Genesis 3,14f*) nach?

Genesis 9: »(1) Und Gott segnete Noah und seine Söhne und sprach zu ihnen: Seid fruchtbar und mehret euch und füllet die Erde! (2) Furcht und Schrecken vor euch komme über alle Tiere … : in eure Hand gebe ich sie. (3) Alles, was sich regt und lebt, das sei eure Speise; wie das Kraut, das grüne, gebe ich euch alles. (4) Nur Fleisch, das seinen Lebensgeist – sein Blut – noch in sich hat, dürft ihr nicht essen. (5) Euer eigenes Blut aber will ich einfordern; von allen Tieren will ich es einfordern, und von den Menschen untereinander will ich das Leben von Menschen einfordern. (6) Wer Menschenblut vergießt, dessen Blut soll auch von Menschen vergossen werden; denn Gott hat den Menschen nach seinem Bilde gemacht.«

Vergessen ist bei dieser nachsintflutlichen Neuordnung, dass Gott im ersten Schöpfungsmythos alle Tiere mit seinem Lebensgeist belebt (*Genesis 1,30*), »gut« genannt und am fünften Schöpfungstag, noch vor der Erschaffung der Menschen, Tiere gesegnet hat (*1,22*). Aber nach der Sintflut wird nur das Leben der Menschen geschützt. Zu den Tieren hat der hier redende Gott kein Verhältnis mehr. Keine Spur ist mehr zu finden von der Verwandtschaft unter Geschöpfen, die denselben göttlichen Lebensgeist in sich haben. Hier geht es um Herrschaft, um Herrschaft der da schreibenden Menschen. Die Theologie hinter *Genesis 9,2* korrigiert den Schöpfungsmythos bewusst, indem sie den Menschen nicht nur »das Grüne« als Speise freigibt, sondern »alles« – sofern kein Blut mehr darin ist. Wie selbstbezogen und fremd gegenüber dem Rest der Schöpfung die hier redende Theologie bereits geworden ist, kommt zum Ausdruck, wenn die geglaubte Gottebenbildlichkeit des Menschen dafür herhalten muss, die Todesstrafe für Menschen und Tiere zu begründen, die Menschenblut vergießen. Hier wirkt nach, dass die einzelnen Schöpfungsakte ohne Verbindung und Entwicklung untereinander gedacht worden sind. Vor allem aber hat die kultische Opferpraxis auf das Denken eingewirkt. Die Tempelpriester waren wegen ihres Bedarfs an Opfertieren und Blut daran interessiert, dass es eine göttliche Lizenz für das Töten der Tiere gab. Darauf führe ich die Gott in den Mund gelegte Anordnung zurück. Sie ist alles andere als »Wort Gottes«, sondern Selbstrechtfertigung von Herrschaftsansprüchen mittels »Gottesrede«.

Vor allem dieser biblische Text hat dafür gesorgt, dass wir den Tieren bis heute ihre eigene Schöpfungswürde vorenthalten, ihnen unsägliches Leid zufügen und sie brutal für unsere Zwecke ausbeuten. Albert Schweitzer hat in diesem Verhalten einen Beleg für »die geistige Krankheit unserer Zeit« gesehen. Als deren Ursache sah er keine Infektion durch Bakterien oder Viren, sondern den Verlust an »Ehrfurcht vor dem Leben«. Diese Ehrfurcht war zwar auch von einem direkten Mitgefühl mit der leidenden Kreatur bestimmt. Aber mehr noch von der Einsicht, dass alle anderen Geschöpfe und uns ein elementares Interesse verbindet: »Ich bin Leben, das Leben will, inmitten von Leben, das leben will.« Diese Einsicht ist die Basis der von Schweitzer gemeinten »Ehrfurchtsethik«.[156]

Es ist dringlich, einen radikalen Perspektivenwechsel herbeizuführen. Es geht nicht mehr nur darum, dass *wir* die Tiere *ehrfurchtsvoller* sehen als bisher. Sondern es geht um die Frage, wie wir uns vor und von ihnen überhaupt *sehen lassen* können.[157] Der erste Kirchentag Mensch und Tier, veranstaltet von der »Aktion Kirche und Tiere e. V.« im August 2010 in Dortmund, ist ein wichtiges Signal in diese Richtung gewesen. Aber für die Zukunft kann man vorhersagen, dass der nötige Perspektivenwechsel erst dann zustande kommen wird, wenn die (meisten) Menschen begreifen, dass Menschen mit Tieren und Tiere mit Menschen verwandt sind, dass diese Verwandtschaft aber in der christlichen Kulturgeschichte bis heute schandbar missachtet worden ist. Das ist abzulesen an der Art, wie wir mit ihnen umgehen und umgehen lassen: durch die Zucht bis zu Tausenden in einer Halle, durch die Haltung weg von Erdboden und Sonnenlicht, durch die Fütterung mit artfremder Nahrung und mit Chemikalien, durch den Transport quer durch Europa, das maschinelle Töten und das Schreddern von Tieren, die nicht vermarktet werden können, usw. Ich hoffe, dass dieses und das nächste Kapitel dazu dienen, den von vielen versuchten Neuanfang im Umgang mit den Tieren dadurch zu fördern, dass wir unsere Herkunft und die Herkunft der Tiere ernsthaft und konsequent zusammensehen.

Ein anthropologischer Neuansatz in der Tierphilosophie weist einen neuen Weg für Denken und Handeln

Der Berliner Philosoph Markus Wild hat eine Einführung in die Tierphilosophie vorgelegt, die einen wirklich neuen Weg geht und nicht in der Tierethik beginnt. Sie gehört in dieses Update für den Glauben hinein, weil sie die dringliche und überfällige Neuorientierung ermöglicht. Um zwei zentrale Themen geht es in seinem Buch: Um die Fähigkeiten der Tiere bzw. um den »Geist der Tiere« (S. 90ff) und um das Verhältnis des Menschen zu seiner tierlichen Natur, also um die »anthropologische Differenz« (151ff: »Der Mensch als Tier, das eine Welt hat«). Eine Tierethik zu entfalten ist nicht Aufgabe dieses Buches, sondern es geht darum, anhand der verfügbaren wissenschaftlichen Erkenntnisse über die Tiere zu klären, ob die Tierethik eine andere Basis hat als nur das

Mitgefühl und eine eigene Schöpfungswürde. Wild findet diese Basis in der These, dass Tiere Geist haben, und zeigt klare Sympathie für eine Tierethik, wie sie der australische Philosoph Peter Singer vertritt. Singer ist Mit-Initiator des »Great-Ape-Project«, das zum Ziel hat, den Menschenaffen auch Menschenrechte zuzugestehen.

Eine große Rolle spielt dabei die Frage, ob es einen notwendigen Zusammenhang zwischen Denken und Sprechen gibt, Denken also an Sprache gebunden ist. Denn wenn es so wäre, ließe das Fehlen der Sprache den Schluss zu, dass Tiere auch nicht selbstständig denken können. Wild bestreitet die Notwendigkeit dieses Zusammenhanges. Er kann sich schon auf Michel de Montaigne berufen, wenn er gegen das Denken mittels Begriffen (sozusagen als Soll-Wert) die Idee der mentalen Repräsentation setzt. Sie ist nicht auf Begriffe angewiesen, sondern orientiert sich am Erscheinungsbild und dem Nutzen, den die Gestalten des Lebens für die Wesen haben, die sie wahrnehmen bzw. die mit ihnen umgehen. Aus den Wahrnehmungen begründet sich dann ein bestimmtes Verhalten. Nehmen Affen zum Beispiel wahr, dass Wasser geeignet ist, Früchte von Sand zu trennen, so kann das Waschen der Früchte aus dieser zufälligen Wahrnehmung abgeleitet und durch Imitation im sozialen Umfeld Standard werden. Derartig zustande kommende neue Verhaltensweisen lassen sich aber auf dem Weg des sozialen Lernens weitergeben und beim Nachahmen der Funktionen (Emulation) verbessern. Denn die Emulation zielt nicht auf die Imitation der Handlung, sondern auf die Bearbeitung des Werkzeugs. Es wird so lange bearbeitet, bis es – als Werkzeug – in das interessierende Handlungsmodell passt. Das aber ist nur möglich, wenn die Tiere der gelernten Modellhandlung Ziele und Absichten zuschreiben können bzw. »wenn man das Wozu (die Funktion) bestimmen kann«[158].

»Um imitieren zu können, muss man also gleichsam die Gedanken eines anderen lesen können. Solches Gedankenlesen wird ›Theorie des Geistes‹ genannt. Wir haben bereits erläutert, dass wir ganz selbstverständlich sowohl menschliches als auch tierliches Verhalten durch das erklären, was die Subjekte glauben oder wünschen: Warum sagt Odysseus zu sich »Halt aus, Herz!«? Weil er seinen Zorn zu besänftigen wünscht. Warum geht (scil. sein Hund) Argos zum Fressnapf? Weil er hungrig ist und glaubt, es sei etwas darin. Wir haben sozusagen eine Theorie über die geistigen Ursachen von Handlungen. Und weil wir diese Theorie haben, können wir oft voraussagen, was andere tun werden, oder verstehen, warum sie etwas getan haben.« »Wer eine Theorie des Geistes beherrscht, ist ein ›Gedankenleser‹ (*mindreader*).«

Die Fähigkeit des Gedankenlesens kann man einigen Menschenaffen zusprechen, wenn auch in bescheidenem Umfang, sagt Wild (186). Und er erwägt, ob Hunde um die Absichten ihres Herrn wissen können, weil sie durch das enge Verhältnis an einer Art »Ko-Evolution« teilhatten (173f.).Wenn jedenfalls ein Unterschied zwischen Tieren und Menschen nur gradueller Art ist, reicht das nicht aus, um Tieren generell eine »Theorie des Geistes« abzusprechen und eine absolute »anthropologische Differenz« zu behaupten. Die wiederum lässt sich kaum allein durch die Strukturunterschiede des jeweiligen Genoms begründen, wenn man weiß, dass Mensch und Schimpanse 98,4% ihres Genoms gemeinsam haben. So dominant scheint der genetische Unterschied von 1,6% denn doch nicht zu sein. Ganz offenbar sei die Evolution nicht allein gen-zentriert verlaufen, sagt Wild, und beruft sich auf die beschriebene Kultur der Japanmakaken-Affen, die zeige, »dass evolutionäre Prozesse auch Vererbungssysteme für Verhaltensweisen umfassen. Es besteht also die Möglichkeit, dass eine Gruppe von Unterschieden zwischen Mensch und Tier existiert und dass diese Unterschiede nicht absolut sein müssen, sondern graduell sein können.«

Dass der Mensch seiner evolutionären Herkunft nach ein Tier ist, ist nicht zu bestreiten. Der wirkliche Unterschied liegt für Markus Wild – wie für Martin Heidegger – darin, »dass der Mensch ein Tier ist, das eine Welt hat« (177f.). Entscheidend dabei ist, dass »Welt« hier nicht die (mehr oder minder) natürliche Umwelt meint, sondern die gemeinschaftlich, kumulativ, hergestellte.[159]

In diesem Zusammenhang wird auch die Entwicklung der Sprache vermutet. Sie gehört zu den Zeichensystemen, die notwendig sind, um gemeinschaftliche Projekte über längere Zeit und über die Lebenszeit Einzelner hin ausführen – also um Kultur schaffen zu können (178-191). Das leuchtet ein, denn die Sprache bietet die Möglichkeit, aus einzelnen Zeichen Zeichengruppen (Wörter, Symbole) und schließlich durch eine ausgefeilte Syntax hierarchisch strukturierte »Superzeichen« (Aufsätze, Baupläne) zu bilden. Diese Eigenschaft muss in Parallele zur Bildung von hierarchisch gegliederten Arbeitsabläufen gesehen werden, die für die Realisierung von größeren Projekten notwendig sind. Weil sie auf Arbeitsteilung und auf externe Zulieferer angewiesen sind, koordiniert auch dabei eine strenge Syntax die Kompetenzen und die Summe der Arbeitsabläufe.

Voraussetzung für das alles ist, dass gedankliche Repräsentationen (Vorstellungen) auf dreifache Weise »abgekoppelt« und dadurch für alle vorhanden und zuhanden sein können: Sie müssen von der Bindung an unmittelbar folgendes Handeln, vom aktuellen Zustand der Umwelt und der Handelnden und vom einzelnen, den Gedanken denkenden Subjekt abgekoppelt werden können. Denn nur so können Gedanken und Vorstellungen »buchstäblich in Form von Zeichen«, Texten, Plänen und anderen Denkwerkzeugen zu Bildung werden und »die Welt« bilden, in der wir leben. Darin gehen wir über jene Tiere hinaus, die in bescheidenem Umfang aufgrund von individuellem und sozialem Lernen auch Gedanken, Wünsche und soziales Wissen gewinnen und umsetzen können. Dennoch bleiben sie, gemessen an unserer Weltherstellung, »weltarm« (192).

Der Philosoph Jacques Derrida hat in einem posthum veröffentlichten Werk[160] Heideggers Beschreibung der anthropologischen Differenz kritisiert. Heidegger hatte gesagt, während das Tier die Dinge »bloß in Bezug auf tierliche Repräsentationen, Bedürfnisse und Verhaltensweisen« erfasse, könne der Mensch sie »als solche«, »als Seiendes« erfassen. Genau das aber bestreitet Derrida zu Recht. Es gebe auch für uns keine Beziehung zu Seiendem ›als solchem‹. »Alles ist Perspektive, ... Beziehung«. In diese Beziehung gehört die gemeinsame Herkunft hinein, und »aus diesem Blickwinkel bleibt sie, worin der Unterschied zwischen den Tieren auch bestehen mag, eine ›tierliche‹ Beziehung« [161].

In der Tat: »Es gibt« nichts im Leben, was »als solches« und »für sich« existierte, weder Mensch noch Tier noch Erde noch Gott. Von meinem Geistverständnis her ist alles mit allem verbunden, auch wenn diese Verbindungen dem weitergehenden evolutionären Wandel unterliegen. Der von Derrida angesprochene »Unterschied zwischen den Tieren« schließt natürlich den Unterschied zwischen den Mensch gewordenen Tieren und den anderen Tieren ein. Es ist gut, dass Derrida die Verwandtschaft der Tiere untereinander damit betont und gleichrangig neben die gewichtigen Unterschiede gestellt hat. Denn dadurch kann menschliche Tierethik zu einer intersubjektiven Ethik zwischen Menschen und Tieren werden. Dabei kann der Personbegriff bei Tieren allerdings nicht verwendet werden, und die Verantwortung dafür, dass Tiere als Subjekte behandelt werden, liegt bei uns Menschen. Aber auch ohne den Personbegriff muss das alte Verhältnis zwischen handelnden Subjekten und behandelten Objekten aufgegeben, müssen neue Dimensionen im Zusammenleben entdeckt und ethisch beantwortet werden.

Unser Gehirn hält uns in vielem durch das »Herkunftsgedächtnis« in der Steinzeit fest

Zu diesem Miteinander gehört etwas, was ich das »Herkunftsgedächtnis« nennen möchte. Ich schließe mit diesem Begriff an zwei längst geläufig gewordene Begriffe an: a) an das »kommunikative Gedächtnis«, das Ereignisse, Erfahrungen und Themen aus dem Zeitraum von hundert Jahren für die Gegenwartskommunikation bereithält, b) an das »kulturelle Gedächtnis«, in dem Überlieferungen gespeichert werden, die für eine bestimmte Kultur konstitutiv sind. Hinzugefügt habe ich in meinem Buch »Notwendige Abschiede«[162] bereits c) das »religiöse Gedächtnis« der Menschheit, in dem Überlieferungen unterschiedlicher Religionen aufbewahrt werden. Sie können auf Zusammenhänge und Unterschiede in der Wahrnehmung Gottes und auf deren Ursachen hin untersucht werden. Mit dem Wunsch, einen »Kanon aus den Kanons« für jedermann zu schaffen, habe ich eine Richtung angezeigt, in die hin eine Aufarbeitung des »religiösen Gedächtnisses« führen müsste.[163] Diesen drei Gedächtnistypen füge ich nun das »Herkunftsgedächtnis« hinzu. Ich werde mehrfach darauf zurückkommen.

Wie der Begriff anzeigt, reicht dieses Gedächtnis zurück in frühe Stationen der Evolution, in denen frühe Menschen und Tiere noch nicht getrennt gelebt haben. Tiere einschließlich der Menschen sind, wenn auch in unterschiedlichem Maß, durch dieses Gedächtnis verbunden, ja, nur weil der Mensch seiner Herkunft nach ein Tier ist, kann er daran teilhaben. Wissenschaftlich befassen sich die Ethologie bzw. Verhaltensforschung und zunehmend die evolutionäre Psychologie und Anthropologie mit diesem »Gedächtnis«, auch wenn sie den Begriff dafür nicht verwenden.

Eine der wichtigsten Forschungserkenntnisse ist, dass Evolution keinesfalls einfach mit Selektion gleichzusetzen ist.

Dass sich die Stärkeren durchsetzen und die Schwächeren ausgemerzt werden, ist nicht das einzige Prinzip, das die Evolution bestimmt. Doch jene Gleichsetzung hat der Evolution einen schlechten Ruf verschafft, zumal in der Theologie. Allerdings zeichnet sich inzwischen immer deutlicher ab, dass Kooperation auch schon unter den Primaten eine große Rolle spielt:

»Viele Studien haben gezeigt, dass Schimpansen sowohl mit Artgenossen als auch mit Menschen kooperieren können, um technische Probleme zu bewältigen. Interessanterweise können Schimpansen dabei sogar den besten Helfer auswählen und auch Dritten helfen, selbst wenn sie davon nicht direkt profitieren« – außer es geht um die Verteilung von Futter. *Dabei* wollen sie in jedem Fall mit profitieren, auch wenn ihr Anteil gering ausfällt. Da Kooperation und prosoziales Verhalten nach Auffassung der Forscher »zwei Schlüsselaspekte der menschlichen Natur sind«, können die genannten Erkenntnisse zum Verhalten unserer nächsten Verwandten deutlich machen, dass Kooperation schon in dieser Vorstufe der menschlichen Entwicklung wichtig gewesen ist.[164]

Der Harvard-Forscher Martin Nowak hat auch von anderen Ergebnissen berichtet, die uns in gewisser Weise den Spiegel vorhalten. Die Kooperation und vor allem die uneigennützige Hilfsbereitschaft steigen nämlich mit dem Grad der Verwandtschaft. Ein anderer, die Bereitschaft zu kooperieren verstärkender Effekt verbindet sich mit der Aussicht auf Gegenleistungen: »So erhofft sich der Wohltäter, dass seine Aktion entweder vom Empfänger irgendwann honoriert wird (›direct reciprocity‹), oder er durch sein Handeln als edler Spender im Ansehen … seiner Gemeinschaft aufsteigen könnte (›indirect reciprocity‹).« Nach Nowak ist die Kooperation ein grundlegender Antrieb für die Evolution auch dadurch, dass sie es möglich macht, dass zwei einfache, schwache Systeme sich zu einem komplexeren verbinden, damit ihre Mitglieder in dem neuen System überleben können.[165]

Ich resümiere den kurzen Ausflug: Wir können von einer kontinuierlichen evolutionären Schöpfung ausgehen. Da-

Abb. 1 Gott Horus als Fisch, mit Adorant, aus Oxyrhynchos (s. Seite 25f.)

Abb. 2 Asklepios mit Äskulapstab (s. Seite 26f., 151)

Abb. 3 Himmelsscheibe von Nebra (s. Seite 44f., 241)

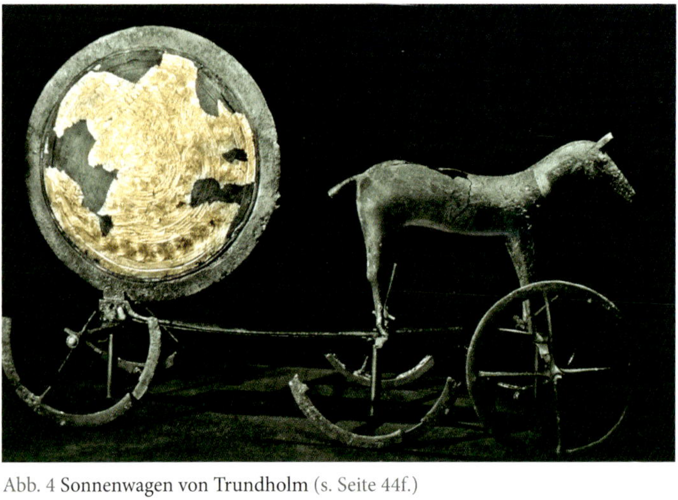

Abb. 4 Sonnenwagen von Trundholm (s. Seite 44f.)

Abb. 5 Echnaton, Nofretete und Töchter werden vom Licht aus der Sonnenscheibe Aton bestrahlt (s. Seite 46f.)

Abb. 6 Christus als Helios im Sonnenwagen (s. Seite 47)

Abb. 7 Perugino, Schlüsselübergabe (s. Seite 104)

Abb. 8 Brunnen vor Rumis Grabstätte in Koya (s. Seite 112f., 238)

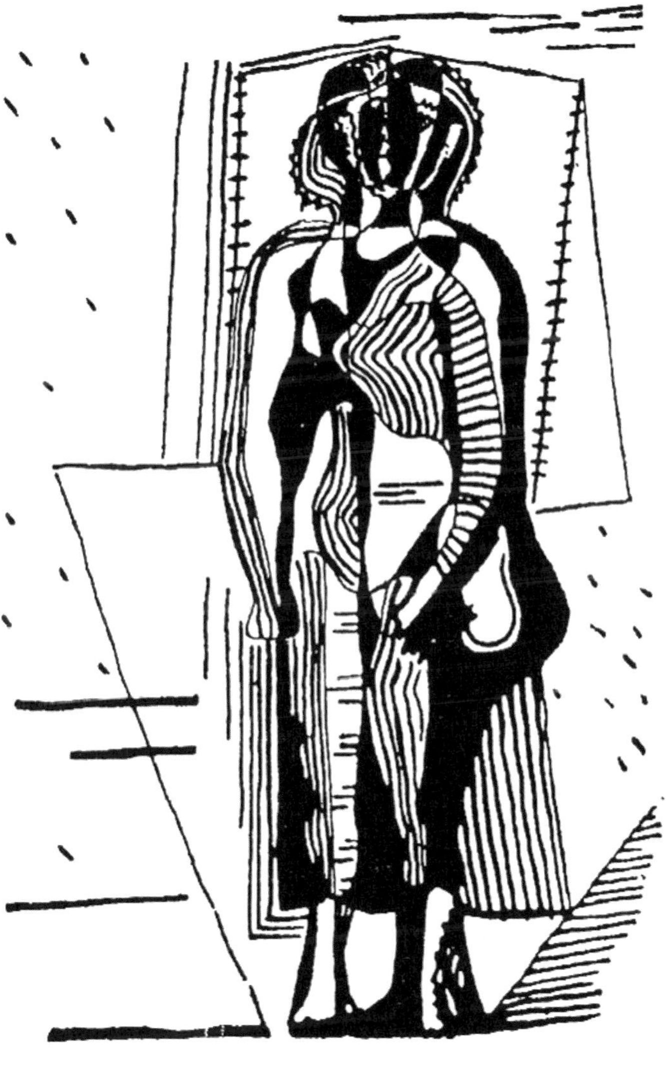

Abb. 9 Picasso, Zeichnung 1926 (s. Seite 105f.)

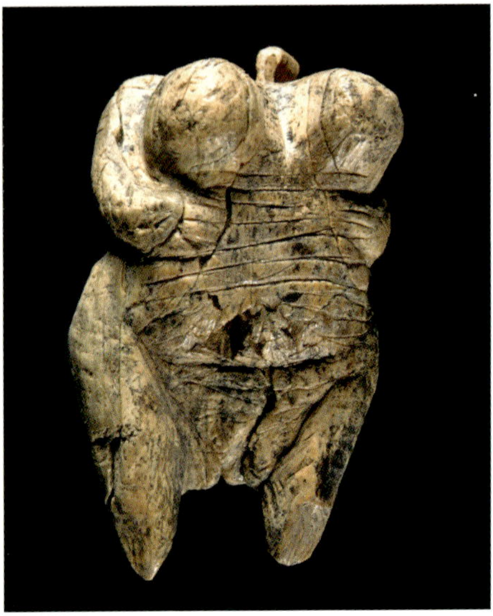

Abb. 10 Venus vom Hohle Fels (s. Seite 152f., 199)

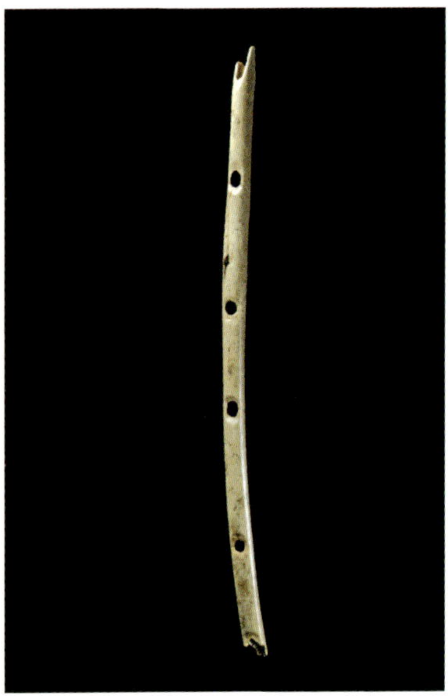

Abb. 11 Flöte aus Flügelknochen eines Gänsegeiers (s. Seite 159)

Abb. 12 Löwenmensch (s. Seite 154-156, 199)

Abb. 13 Kentauer aus dem 8. Jh. v. Chr. (s. Seite 173f.)

Abb. 14 Büffel, Rentiere und Pferde aus der Chauvet-Höhle (s. Seite 107f., 154, 199)

bei bestimmt die Eigentätigkeit der Geschöpfe im Sinne der geistigen Kreativität, auch durch Selektion und Kooperation, den Fortgang der Evolution bzw. Schöpfung mit. Von diesem Wissen her gewinnt die Ethik unseres sozialen Verhaltens eine große Bedeutung: Sie geht weit über den unmittelbaren Einflussbereich der Individuen hinaus, denn sie beeinflusst die Evolution des Geistes. Darum wird es in Zeiten evolutionären Denkens eher wichtiger als unwichtiger, »wes Geistes Kinder« wir sind.

Für den Zusammenhang des gelebten Glaubens ist diese Erkenntnis von besonderer Bedeutung. Denn wir müssen ja auch mit einer schwierigen anderen evolutionären Erkenntnis leben. Die besagt, dass die Grundstrukturen unseres Gehirns einschließlich wichtiger Verhaltensmuster in der Steinzeit[166] gebildet worden und in unserem Herkunftsgedächtnis nicht nur enthalten, sondern auch *weiterhin wirksam* sind. Hintergrund ist das lange gemeinsame Leben mit allen Herausforderungen, die der Wille zu (über)leben beantworten musste. Das evolutionäre Gedächtnis hat, wie aus vielen Arbeiten hervorgeht, ganz offenbar gespeichert, welche Verhaltensweisen sich im Sinne des Überlebens als vorteilhaft erwiesen haben und welche nicht. Wenn wir uns heute nach solchen Strategien richten, nennt man das ganz zu Recht ein »archaisches Verhalten«. Beispiele dafür kann jeder aus seinem Leben beitragen, angenehme und weniger angenehme. Besonders auffällig und problematisch wird diese »Fernsteuerung« aus der Steinzeit, wenn wir uns gegen jede Vernunft verhalten – zum Beispiel im Straßenverkehr.[167]

Wenn wir uns von unserem Glauben her als vom »Lebensgeist« Gottes belebte Menschen verstehen, dann schließt dieser Glaube ein, dass wir das Menschsein künftig nicht mehr als einen schon mit der Geburt gegebenen Zustand ansehen. Menschsein ist – zumal vor dem Hintergrund unserer Herkunft – eine *Aufgabe.* Um gegenwärtig gültige menschliche Standards zu erreichen und für zukünftige Weiterentwicklungen offen zu bleiben, müssen wir unser steinzeitliches Herkunftsgedächtnis und seine Überlebensregeln unter die Kontrolle eines *bewusst* gesteuerten Verhaltens bringen. Nur so können wir *heute* lebensdienlich handeln. Wir müssen einer Ethik folgen, die nicht nur an menschliche Verwandtschaft und Gegenleistungen, sondern auch an die Ehrfurcht vor dem Leben aller Lebensgestalten gebunden ist. »Gotteskindschaft« muss als Geisteskindschaft verstanden und praktiziert werden. Die Ethik, die Jesu Reich-Gottes-Botschaft strukturiert, ist dafür ein Basismodell.[168] Es gibt auch andere lebensdienliche Modelle. Dieses hat aber für sich, dass es in Lebenszusammenhängen überliefert wird, die klären helfen, ob seine Ethik dem eigenen Anspruch gerecht wird, »wegen des Menschen« da zu sein (*Markus 2,27*). Ich übersetze diese Wendung jetzt mit »wegen der notwendigen Menschwerdung des Menschen« oder »um dem Menschen zum Menschsein zu helfen«. Dieses Konzept muss auch in den Lehrplänen der Schulen vorkommen.

Und was ist mit dem Essen von Fleisch?

Alles Leben ist »beseelt«, denn »Seele« meint die Teilhabe der Lebensgestalten an Gottes Lebensgeist. Alle Wirbeltiere, wir eingeschlossen, haben einen Blutkreislauf und ein Gehirn. Das stellt sie mit den Fleisch essenden Menschen auf eine Stufe. Deshalb haben Jägervölker früher das gemeinsame Essen eines erlegten Tieres mit einer Opferhandlung für die Götter oder Göttinnen als Herren oder Herrinnen des Lebens verbunden. Sie mussten als Dank einen Teil des Tieres opfern, fühlten sich aber zugleich schuldig an dem Mitgeschöpf. Walter Burkert sieht in diesen Riten die Gefühle von Schuld und Reue ausgedrückt und darin »eine tiefverwurzelte ›Ehrfurcht vor dem Leben‹. Stärker jedoch ist eine höhere Notwendigkeit, die zum Töten zwingt.«[169] Diese Notwendigkeit hing damit zusammen, dass Menschen tierisches Eiweiß brauchten, auch wenn sie es nicht wussten.

Natürlich haben auch Pflanzen Anteil an dem einen Lebensgeist Gottes. Zugleich aber sind alle Lebensgestalten auch dadurch verbunden, dass sie Teile der so genannten Nahrungsketten sind. Diese Nahrungsketten haben als Bindeglied zwischen den einzelnen Tier- und Pflanzenarten den Tod desjenigen Wesens, das anderen als Nahrung dient. Bei Pflanzen sieht das insofern anders aus, als nicht unbedingt die ganze Pflanze, sondern Teile von ihr wie Früchte, Blätter, Wurzeln als Nahrung dienen können. Diese Nahrungskette ist in der Evolution so gestaltet worden, dass alle Lebewesen in eine bestimmte Kette hineingehören. Da geht es nicht um Herrschaft und Knechtschaft, sondern um eine »interne« lebensdienliche Abstimmung des Daseins füreinander. Mit »der Sünde«[176] hat das nichts zu tun, sondern mit der Ernährung von Leben. Man muss sich dieses System näher ansehen, um zu wissen, wovon man redet, wenn man »Nahrungskette« sagt:

»Nahrungsketten stellen den Energie- und Stofffluss in Ökosystemen dar … Am Anfang jeder Nahrungskette stehen die Produzenten, meist Pflanzen und einige Bakterien. Sie bauen aus einfachen anorganischen Stoffen, die sich im Wasser, Boden und der Luft befinden, unter Ausnutzung der Energie des Sonnenlichts komplizierte organische Verbindungen auf. Dieser Prozess wird Photosynthese genannt. Dabei wird Kohlendioxyd verbraucht und Sauerstoff an die Luft abgegeben.
Die Primärkonsumenten, die Pflanzenfresser, ernähren sich von den Produzenten und dienen wiederum zur Ernährung der Sekundärkonsumenten, der Fleischfresser. Beispiele von Nahrungsketten sind:

- Algen – Wasserfloh – Friedfisch – Raubfisch – Mensch - Destruenten;

- Pflanzen – Schmetterlingsraupe – Raubinsekt – Insektenfresser – Greifvogel – Destruenten;
- Plankton – Hering – Kabeljau – Robbe – Eisbär – Destruenten.

Geschlossen wird die Nahrungskette, wie gezeigt, erst durch zersetzende Organismen, die Destruenten. Es sind Bakterien, Pilze und viele bodenlebende Organismen, die die abgestorbenen organischen Substanzen abbauen und letztlich daraus die anorganischen Stoffe produzieren, die die Pflanzen zum Wiederaufbau der organischen Verbindungen benötigen. Wird ein Glied der Nahrungskette beseitigt wie z.B. durch Pestizideinsatz, so kann sich das vorhergehende Kettenglied ungehemmt entwickeln, während das nachfolgende wegen Nahrungsmangels dezimiert wird. In artenreichen Lebensgemeinschaften sind zahlreiche Nahrungsketten zu Nahrungsnetzen verknüpft.«[171]

Erst eine solche emotions- und theologielose Übersicht macht deutlich, dass die Nahrungsketten, mit denen wir Menschen verbunden sind oder sein können, Pflanzen, Tiere und Menschen einschließen – und nicht mit uns Menschen enden. Privilegiert sind wir nur insofern, als wir uns den Speiseplan reichhaltiger gestalten können als alle anderen Glieder der Nahrungsketten und -netze. Am Ende stehen aber auch für uns die Destruenten. Ihnen entzieht man sich durch die Einäscherung des Leibes zwar als verwesender Leichnam, aber auch die Asche wird wieder »zu Erde« und somit in die Nahrungskette zurückgeführt. Aber schon während wir leben, besiedelt uns eine Unzahl von Mikroorganismen, vor allem in der Darmflora, auf der Haut, in Mund, Nase, Rachen und dem Urogenitaltrakt. Man nennt sie zusammen das Microbiom des Menschen. Seiner Funktion und Bedeutung wendet sich gerade ein neuer Forschungszweig zu. Microbiome bilden das unsichtbare »Gerüst« des leiblichen Lebens.

Das Essen von Lebewesen und tierischem Fleisch gehört also, gerade von der Evolution her, zu unserer Natur. Dennoch gibt es gute Gründe dafür, kein oder so gut wie kein Fleisch (mehr) zu essen. Diese Entscheidung kann tierethisch begründet sein: Man will nicht (länger) mitschuldig werden an den –

vom Staat immer noch zugelassenen – Grausamkeiten Tieren gegenüber. Seit Tierschützer systematisch hinter die Kulissen der Tierzucht-, Schlacht- und Fleischverarbeitungsindustrien schauen, die allein in Deutschland derzeit jährlich ca. 600 Millionen Tiere – Fische nicht mitgezählt – töten und auf den Markt bringen, mangelt es an Belegen für Grausamkeiten nicht. Das Motto »Wer Tiere liebt, isst sie nicht«, ist stark und klar. Die Entscheidung gegen das Essen von Fleisch kann aber auch anthropologisch begründet werden. Genauso wie man im Straßenverkehr steinzeitliche Verhaltensregeln nicht mehr als menschliche Standards anerkennen kann, lässt sich auch argumentieren, das moderne Bewusstsein, eine tierliche Herkunft zu haben, erlaube es nicht mehr, unsere nächsten Verwandten in der Natur zu essen. Beide Argumentationen ziehen eine prinzipielle Entscheidung gegen das Essen von Fleisch nach sich.

Ein drittes Argument ist sozialethischer Natur. Es besagt, dass durch die ungeheure Zahl von Tieren, die für den menschlichen Fleischkonsum gezüchtet und geschlachtet werden, immer größere Getreideanbauflächen gebraucht werden, um Futter zu beschaffen. Diese Flächen gehen aber denjenigen Menschen als Nahrungsbasis verloren, denen das Getreide bislang zu moderaten Preisen verkauft wurde. Und seit auch mit Nahrungsmitteln an den Börsen spekuliert wird, geraten immer mehr Menschen in Hungersnot, weil sie die steigenden Marktpreise nicht aufbringen können. Also darf man kein Fleisch mehr essen, um den Spekulanten, die »ernten, wo sie nicht gesät haben«, ihre Einnahmequelle zu nehmen. Eine Konvention, die die Spekulation mit Nahrungsmitteln international verbietet, würde auch helfen.

Alle drei Argumente gegen das Essen von Fleisch machen deutlich, wie intensiv die modernen Konsumgewohnheiten, industriellen Produktionsformen und die Spekulation auf finanzielle Gewinne ineinandergreifen. Sie lassen sichtbar werden, wo aus wirtschaftlichen Argumenten längst eine Versündigung am Leben geworden ist – am Leben von Tieren und Menschen. Kein Fleisch mehr zu essen oder zumindest den Konsum drastisch zu senken ist ein Mittel, in diesen Teufelskreis einzugreifen. Für die Kirchen als Massenorganisationen gäbe es die Möglichkeit, die Einzelnen zu motivieren und gezielt zum Protest zu aktivieren. Deshalb ist es ein Trauerspiel, dass die Kirchen sich bisher in keiner wirkungsvollen Weise für den Tierschutz, gegen die genannten Grausamkeiten Tieren gegenüber und gegen die Ausbeutung – vor allem armer – Menschen durch die Spekulation mit Nahrungsmitteln eingesetzt haben. Hier einen Kurswechsel einzuleiten wäre ein würdiges Vorhaben für das Reformationsjubiläum 2017. Aber das würde voraussetzen, dass die tierliche Herkunft des Menschen und seine unmittelbare Verwandtschaft mit den Tieren theologisch endlich ernst genommen würden.

5. Das Leben in Erfahrungen von Heil und Unheil, und das wachsende Bewusstsein, nicht ohne Schuld leben zu können

Wenn wir Heil und Unheil vom Leben her verstehen wollen, müssen wir elementare Lebenserfahrungen befragen

Kaum jemand kann heute noch sagen, was Heil ist. Dunkle Erinnerungen gibt es unter alten Menschen noch an die Zeit, in der der Name des Diktators Hitler immer zusammen mit dem Wort »Heil« als Grußformel verwendet werden musste, um seine angemaßte Bedeutung zu kennzeichnen – wobei im Hintergrund der Gruß für die römischen Gott-Kaiser »Salve Caesar!« Pate stehen musste. Vielleicht hat auch das altdeutsche Wort für *begrüßen*, *heilazzen*, dabei eine Brücke gebaut.

Dass heil mit heilig zu tun hat, kann sich auch heute noch jeder denken. Und jeder weiß Gegenstände zu nennen, die als *heile* zu gebrauchen sind, aber repariert werden müssen, wenn sie kaputt gehen. Auch für uns selbst benutzen wir das Wort noch, wenn wir uns gegenseitig wünschen, *heil(e)* irgendwohin oder wieder von dort zurückzukommen. Noch gebrauchen wir das Wort *heil*, muss man sagen, weil es längst andere Wörter gibt, die einen intakten Zustand beschreiben und sagen, dass etwas *in Ordnung* ist, also *funktioniert*, zum Beispiel das Allerweltswort *Okay*. Am häufigsten wird *heil* im Zusammenhang mit der ärztlichen Heilkunst verwendet, und dahin gehören auch *heilsam* und vor allem das Verb *heilen*. Der angestrebte Zustand ist *geheilt* oder *gesund*, aber nicht *heil*. Ganz auffällig ist, wie oben schon erwähnt, dass dann, wenn es *keine* Hilfe mehr für einen Menschen gegeben hat und er nach schwerer Leidenszeit gestorben ist, immer häufiger von erlöst und Erlösung *gesprochen, ja, schon während der Leidenszeit auf Erlösung durch den Tod gehofft wird*. Das sagen natürlich nicht die Kirchen, aber die meisten Menschen. Denn da ist der Tod zum Erlöser und mittelbar zum Heilbringer geworden. Für dieses Todesverständnis wird von den Befürwortern einer aktiven ärztlichen Sterbehilfe gekämpft. Mit der Heilkunst verbunden ist ursprünglich auch das Wort *Heiland*, wofür bis heute primär der Heiland Asklepios mit seinem Schlangen- bzw. Äskulapstab steht *(s. Abbildung 2)*. Aber auch *Heiland* wird immer seltener verwendet, selbst wenn es in den Predigten um Jesus geht.

Leichter lässt sich offenbar sagen, was Unheil ist und was als *unheilsvolles Zeichen* gelten kann: eine Umweltkatastrophe wie ein Tsunami gewiss, aber auch ein Autounfall, durch den man betroffen ist und bei dem es Verletzte und Tote gegeben hat. *Unheil* wird eher nicht religiös gebraucht. Im Religiösen wie im Säkularen ist das Gegenteil von *Heil* die *Heillosigkeit* bzw. *eine heillose Situation*. Sie hat mit einem chaotischen Zustand zu tun, in den keine Ordnung mehr gebracht werden kann. Im Allgemeinen wird statt all dieser Wörter aber längst das Fremdwort *Katastrophe* verwendet Das wirkliche *Unheil* erlebt man, wenn es über einen hereinbricht, nur mit großem Schrecken – und nicht, wenn man einmal *Pech* gehabt hat. Und dieses Unheil heißt heute zumeist *Unglück*.

Um trotz des heute ganz uneinheitlichen Sprachgebrauchs eine Vorstellung davon bekommen zu können, wovon die Wörter Heil und Unheil sprechen, müssen wir sie mit elementaren Lebenserfahrungen verbinden. Die intensive Beschäftigung mit frühen menschlichen Entwicklungsstufen hat mir inzwischen Hinweise auf solche elementaren Erfahrungen buchstäblich vor Augen geführt. Dabei meine ich die unglaublichen Funde, die seit der Mitte des vergangenen Jahrhunderts bis in die allerjüngste Zeit auf der Schwäbischen Alb gemacht worden sind. Im Bildanhang zeige ich drei von ihnen in Abbildungen.

Heils- und Unheilserfahrungen im Spiegel der Steinzeitkunst: Die »Venus«-Figuren

Wenn wir uns die kleine plastische Darstellung einer Frau ohne Kopf anschauen, müssen wir zuerst respektvoll zur Kenntnis nehmen, dass diese 6 cm hohe und 33 g leichte Figur die bislang älteste Darstellung eines Menschen auf der Erde ist. Genannt wird sie nach ihrem Fundort »Venus vom Hohle Fels« *(s. Abbildung 10)*. In diesem Gebirgszug bei Schelklingen auf der Schwäbischen Alb ist sie in einer Höhle gefunden worden. Ihr Alter wird mit 35.000 bis 40.000 Jahren angegeben, und sie ist damit ca. 7.000 bis 12.000 Jahre älter als die »Venus von Willendorf«, die 1908 in der österreichischen Wachau gefunden wurde. Sie ist mit Steinmessern aus Elfenbein eines Mammut-Stoßzahns geschnitzt und an der gut erkennbaren Öse aufgehängt worden. Die Frau wird als Fruchtbarkeitssymbol interpretiert, und dafür spricht, dass Vulva, Becken und Gesäß sowie die Brüste überdimensioniert dargestellt worden sind. Ich sehe in dieser Figur eine bedeutsame religiöse Darstellung. Das soll nicht heißen, dass diese Figur eine Göttin repräsentiere. Sondern sie stellt dar, was für die am Ende der letzten (bis ins 10. Jahrtausend v. Chr. dauernden) Eiszeit in Höhlen lebenden Menschen in ganz elementarem Sinn *Heil* gewesen ist: die Sicherung ihrer eigenen Fortpflanzung. Nur so konnten sie gegen die Bedrohung bestehen, Zukunft zu verlieren. Denn wenn sie durch Hunger, Krankheiten und Unglücksfälle, aber auch durch Überfälle anderer Stämme oder von Raubtieren mehr Kinder verloren, als bei ihnen geboren wurden – dann kam ihnen das Unheil näher. Ohne einen Geburtenüberschuss konnte ein Stamm nicht überleben.

Die »Venus vom Hohle Fels« scheint für die Menschen die besten Voraussetzungen dafür geboten zu haben, die Zukunft zu sichern. Sie versprach, häufig gebären und nicht nur die eigenen, sondern als Amme auch die Kinder anderer Frauen im selben Stamm stillen zu können. Um Individualität ging es bei dieser Frauenfigur nicht, wie das Fehlen des Kopfes deutlich macht. Auch die »Venus von Willendorf« hat kein Gesicht, obwohl sie immerhin schon einen Kopf hat. Beide Frauengestalten sind religiös bedeutsam, weil der Kampf ums Überleben kein individuelles Problem darstellte, sondern die alles entscheidende Gemeinschaftsaufgabe war. Gebären und Aufziehen von Kindern stellen dabei eines der Mittel dar, um mit dem damals allgegenwärtigen Trauma leben zu können, durch Kindermangel und/oder Kinderverlust vom Leben abgeschnitten zu werden. Dass Derartiges geschah, war von anderen Stämmen sicher bekannt. Die »Venus« aber forderte drastisch dazu auf, mit der Bemühung um Fortpflanzung nicht nachzulassen.

Heils- und Unheilserfahrungen im Spiegel der Steinzeitkunst: Der »Löwenmensch« als Jäger

Aber in der Höhlenexistenz gab es noch andere Gefahren zu bestehen. Und die gingen von Mitgeschöpfen aus, die in anderen Höhlen derselben Gegend wohnten. Neben ungefährlichen Kleintieren waren das vor allem – heute ausgestorbene – Höhlenlöwen, aber auch in Höhlen lebende Bären und die Mammuts auf den weiten Ebenen. Die im Bildanhang *(s. Abbildung 12)* wiedergegebene Aufnahme des so genannten »Löwenmenschen«[172] zeigt die Eigenheiten der wiederum aus Mammut-Elfenbein geschnitzten, 29,6 cm hohen Figur, die ungefähr aus derselben Zeit stammt wie die »Venus«. Wenn man seinen detailliert ausgearbeiteten Kopf aus der Nähe betrachtet, erkennt man deutlich, dass er keine für uns typische »Löwenmähne« und auch sehr kurzes Fell hatte. Offenbar hatte die Evolution diese Ausstattung als geeignet für das Leben in dem Mittelgebirge ermittelt. Höhlenlöwen waren für die Menschen – wie Höhlenbären, Rentiere und Mammuts – als Beutetiere interessant. Die Raubtiere waren aber als Konkurrenten um kleinere Beutetiere und als Angreifer gefährlich. Ihre Stärke und den Menschen überlegenen Fähigkeiten haben die Steinzeitmenschen offenbar fasziniert. Wie groß die von den großen Tieren ausgehende Faszination in der Steinzeit gewesen sein muss, zeigen auch die erst 1994 in den Chauvet-Höhlen im Tal der Ardêche entdeckten Malereien, die 35.000 bis 32.000 Jahre alt sind *(s. Abbildung 14)*.

Genau damit aber waren die Löwen für die Menschen nun auch eine *heilvolle* Herausforderung: Die Löwen zwangen die Menschen, ebenbürtig in die Auseinandersetzung zu gehen oder den Löwen sogar überlegen zu sein. Die Lösung dieses Problems haben die Menschen darin gesehen, sich die überlegenen Fähigkeiten der Löwen anzueignen, ja, in gewisser Weise »anzuziehen«. Der »Löwenmensch« zeigt, wie sich die Jäger in der Selbstwahrnehmung gesehen haben: buchstäblich *um*gestaltet. Denn der »Löwenmensch« ist ja kein aufrecht stehender Höhlenlöwe, sondern ein Mensch mit dem Kopf eines Höhlenlöwen. Und das ist die eigentliche Sensation an diesem Fund. Denn er stellt ein tierlich-menschliches Mischwesen dar, eine Zwei-Naturen-Gestalt. Solche und andere Verbindungen von Tier und Mensch kommen in der Kunst- und Religionsgeschichte gar nicht selten vor – doch erst viel später.

Ich deute auch diesen »Löwenmenschen« vor dem Hintergrund der Bedrohungen, die das Leben des *Homo sapiens* in der Altsteinzeit geprägt haben, weil er ihnen nicht ausweichen konnte. Denn als Jäger und Sammler hatten die Menschen es noch nicht gelernt, Reserven zu bilden und Pflanzen oder Tiere zu züchten. Gelang es, einen Bären oder Löwen zu erlegen, war mit seinem Fleisch der Nahrungsbedarf für einen größeren Stamm eine Weile gedeckt. Und so bildet der »Löwenmensch« einen Menschen ab, der *in sich* die menschliche und die nach Kräften stärkere tierliche Natur verband. Da unter den vielen Kleinplastiken auch ein weiterer kleiner »Löwenmensch« gefunden worden ist, können wir davon ausgehen, dass es wohl in vielen Höhlenstämmen solche Mut machenden Plastiken gegeben hat. Denn neben den lebensvollen Frauenfiguren zeigte auch der Löwenmensch allen im Stamm, und zwar auch ohne die menschliche Sprache zu benutzen, wo und wie das Heil des Überlebens zu finden war.

Es ist zwar eine reine Vermutung: Aber ich könnte mir denken, dass es damals nicht nur geraten erschien, dass der Löwenjäger sich die Löwenschläue und -kraft des Tieres an-sieht, sondern auch, dass er sich einen – aus dem Kopffell eines erlegten Löwen gefertigten – Löwenkopf als Maske an-zieht, um dann als »Löwe« unter Löwen auf die Jagd zu gehen. Solche Praktiken werden später häufig von jagenden Völkern berichtet.

Spurensuche nach den Anfängen von Opferritualen

Dafür, dass sich Jäger den Tieren gegenüber als Gleiche verstanden haben, spricht auch, was ich bereits von Walter Burkert über die Opferpraktiken der Jägervölker zitiert habe[173]: Diese Riten drücken Schuldgefühle und Reue gegenüber den mitgeschöpflichen Opfertieren aus. Von daher sind auch die »Unschuldskomödien« zu erklären, die die Jäger vor der Schlachtung des Tieres in den Opferritus eingebaut hatten: Die Menschen wollten damit die Schuld am Tod des Tieres von sich auf das Tier schieben.[174] Wie tief sich dieses Empfinden und jener Brauch gehalten haben, kann noch die Passionsgeschichte Jesu mit der in sie eingebauten »Unschuldskomödie« belegen: zum einen mit den Schein-Huldigungen für den »König der Juden« (*Matthäus 27,27-31.37*) und zum anderen mit dem Titulus am Kreuz, der noch einmal den angeblich von Jesus beanspruchten Königstitel als Rechtsgrund seiner Hinrichtung nennt. Er sollte – mit dem vorgeblichen Anspruch auf die Königswürde – alles selbst verschuldet haben. Und Pilatus wäscht seine Hände demonstrativ vor dem Volk »in Unschuld« (*Matthäus 27,24*).

Einen anderen Zugang zu altsteinzeitlichen Opferhandlungen hat Christoph Türcke konstruiert.[175] Er sieht im Opferritual eine Reaktion der frühen Menschen auf immer wieder in ihr Leben einbrechende große Schrecken, also traumatisierende Unheilserfahrungen, die »Unwetter, Erdbeben oder wilde Tiere« verursacht und das Leben gefährdet hatten. Da man im Opfer

»das Teuerste, was man hat: Menschen, später auch Großtiere« schlachtete und sich selbst also antat, was vorher von außen an Schrecken über die Menschen hereingebrochen war, könne es nur um eine tiefenpsychologisch notwendige Entlastung gegangen sein. Eben das habe man, vom traumatischen Wiederholungszwang geleitet, durch das Opferritual bewerkstelligt: Der Schrecken sei in die eigene Regie übernommen und ihm so die Spitze abgebrochen worden. So schlüssig diese paradoxe Logik auch klingt: Ich bezweifle, dass sie für die Opferpraxis der Steinzeit so allgemein zutrifft. Denn die Härte des Überlebenskampfes lässt es mir viel wahrscheinlicher sein, dass bei Jägern und Sammlern, die auf keine dritten Nahrungsquellen zurückgreifen konnten, als Grundmodell das von Walter Burkert beschriebene Opferfestmahl inmitten der Stammfamilie vollzogen wurde. Dabei wurde mit dem Herrn oder der Herrin des Lebens »geteilt«. Außerdem sprechen die bekannten Opferpraktiken sehr dagegen, dass »das Hominidenkollektiv« beim Opfer ausgerechnet »über schwache, wehrlose, verletzte Glieder seiner selbst« hergefallen wäre. Dann müsste man das Opfer als eine rituelle Form der Entledigung von lästigen Zeitgenossen interpretieren. Im Gegenteil nahm man im Allgemeinen junge und starke Exemplare als Opfertiere; alles andere wäre eine Beleidigung der Adressaten gewesen.

Mit dem, was sich mir über die Figur des jagenden »Löwenmenschen« in der Altsteinzeit zu erkennen gibt, will ich nun meinerseits keine *allgemeine* Opfertheorie aufstellen, die Menschenopfer ausschließen wollte. Solche Opfer hat es an vielen Orten und in vielen Kulturen gegeben. Dabei sind auch Handlungen belegt, die den von Türcke angesprochenen großen Schrecken beantworten oder in letzter Minute verhindern sollten. Dazu rechne ich etwa die Opferspuren im Tempel von Anemospilia in Archanes (Kreta) und im phönizisch-punischen Ort Mozia auf der kleinen Insel San Pantaleo vor Marsala (Sizilien), und Kinderknochenfunde in Knossós (Kreta). Man bringt sie mit dem schrecklichen Vulkanausbruch auf Santorin in Verbindung, der die altminoische Kultur im 17. Jh. v. Chr. zerstört hat. Es leuchtet ein, dass es bei solch gewaltigen Einbrüchen in das Leben der Menschen Versuche gegeben hat, den sich etwa durch Vulkanasche abzeichnenden traumatischen Schrecken abzuwenden oder eine Wiederholung zu verhindern. Aber im Blick auf solche Befunde kann man nicht von einer allgemeinen Menschenopferpraxis reden. Außerdem treten sie rund 30.000 Jahre nach der Zeit des »Löwenmenschen«, erst spät in der Bronzezeit, auf.

Ich gehe davon aus, dass Menschenopfer nicht am Anfang der Opferpraxis stehen, sondern aufgekommen sind, *nachdem* die Tieropferpraxis schon geläufig gewesen war, und als das Überleben nicht mehr durch die Jagd auf wild lebende Tiere gesichert werden musste. Man hatte gelernt, Tiere zu züchten, und diese gezüchteten Tiere waren schon Eigentum, das Bewusstsein, mit ihnen verwandt zu sein, war schon stark reduziert. Regelmäßige Menschenopfer wie in Südamerika haben aber vorausgesetzt, dass man sie sich leisten konnte, weil man keinen Mangel an Nachkommen und Arbeitern hatte. Kurz gesagt, bedurfte es dazu einer materiellen und geistigen Entwicklungsstufe, die im Mittelmeerraum erst in der Bronzezeit erreicht worden ist. Da waren dann nur noch *Menschen* würdig, geopfert zu werden, wenn es um das gemeinsame Schicksal der Menschen ging.

Die Kritik an dieser Praxis, Menschen zu opfern, ist bei dem griechischen Philosophen Empedokles und anderen ab dem 6. Jh. v. Chr. belegt. Darin drückt sich ein neues Verständnis des Menschen und seiner Würde, aber auch Abscheu vor dem Abschlachten aus. Die jüdische »Schwellengeschichte« von der begonnenen und dann abgebrochenen Opferung Isaaks (*Genesis 22,1-14*) durch seinen Vater Abraham kommt vermutlich aus derselben Zeit. Sie hebt die Regel, dass die männliche Erstgeburt von Mensch und Tier Gott zu opfern ist (*Exodus 13,2.12f u. ö.*), *de facto* auf. Denn in der Geschichte hält Gott Jahwe das von Gott Älohim angeordnete Kinderopfer selbst an und ersetzt das Sohn-Opfer durch ein Tieropfer. Entsprechend ist auch in der Tora durch einen Zusatz bestimmt worden, dass der erste Sohn eines Menschen durch ein Tieropfer »ausgelöst« werden muss (*Exodus 13,13b.15*). Kinderopfer wurden von da ab mit der Todesstrafe belegt. So kehrte man, weil sich das Bewusstsein gewendet hatte, wieder zu den Tieropfern zurück. Menschenopfer galten bei den zivilisierten Völkern des Mittelmeerraums zum Beginn unserer Zeitrechnung schon weitestgehend als barbarischer Brauch. Als die Römer fremde Völker im Norden besiegten, warfen sie diesen nun regelmäßig vor, dem einst auch von ihnen gepflegten Brauch (noch) zu folgen.

Das Opfermahl als Ausdruck von Schuld und Reue, verwandte Wesen zu töten, um zu überleben

Wie ein Tieropfermahl der Altsteinzeit genau ausgesehen hat, wissen wir nicht. Aber es bestand aus drei Schritten: Dem Gefangennehmen und dem Schlachten des Tieres und dem Teilen des Fleisches. Das Ritual wurde allein durch das Nachahmen der Handlungen gelernt, die die Väter vollzogen. Burkert spricht davon, dass es bei diesem Handeln »nach Väterart … anscheinend … wenig Änderungen … im Ritual zwischen dem Paläolithicum und den Griechen, über Zehntausende von Jahren hinweg«, gegeben habe.[176] Wenn Burkert damit Recht hat und erwähnt, dass zum Opferritual lautes Schreien, Flötenspiel und Gesang gehört haben, dann könnte Licht auch auf weitere Funde von der Schwäbischen Alb fallen: auf einige Flöten. Sie sind aus Flügelknochen eines großen Gänsegeiers hergestellt worden, erstaunliche Kunstwerke auch sie *(s. Abbildung 11)*. Im Zusammenhang eines Opferrituals sind diese Instrumente und der Aufwand für ihre Herstellung wohl zu erklären. Aber vielleicht wollte man mit den Flöten auch Töne in das Höhlenleben bringen, wie man sie von Tieren kannte, die als Figurinen vielfach dort gefunden worden sind. Oder man spielte frei komponierte pentatonische Tonfolgen.

Ich deute die Opferhandlungen primär von einer inneren Not der frühen Menschen her und nicht von traumatischen Einbrüchen von außen. Die innere Not wird verständlich, wenn man bedenkt, dass Menschen und Tiere eine gemeinsame Herkunft hatten und sich trotz aller Unterschiede als miteinander verwandt erkennen konnten: Sie lebten in derselben Gegend und beide in Höhlen, sie ernährten sich im Wesentlichen wie die Menschen auch von (kleinen) Tieren und Pflanzen bzw. Früchten. Sie kopulierten wie Menschen und zogen ihre Jungen auf wie Menschen ihre Kinder. Wie tief dieses Wissen um Gemeinsamkeiten der Tiere und Hominiden oder Primaten[177] ging, kann die Plastik des Löwenmenschen noch einmal verdeutlichen. Sie stellt den Menschen gewissermaßen zusammen mit seiner Herkunft dar. Menschenaffen gab es in dieser Gegend zwar nicht. Trotzdem konnten die frühen Menschen sich in ihrer Gestalt mit aufrecht stehenden Höhlenlöwen offenbar ohne Schwierigkeiten verbinden.

Doch dieses große Maß an Verwandtschaft ist zugleich die Ursache für die innere Notlage: Sie machte es schwer, die tierlichen Artgenossen zu töten. Doch genau das mussten sie tun, um zu überleben. Von diesem Konflikt her führt eine evolutionäre Brücke zu der Opfertheorie von Walter Burkert: Die Opfer sind ein Ausdruck des Schuldgefühls und der Reue, die die Menschen trotz der Notwendigkeit, töten zu müssen, spürten. Und zugleich drückten sie Ehrfurcht vor dem Leben aus, das sie mit allen anderen Lebewesen teilten. Der Mensch als der weiter Entwickelte inszenierte, um diesen Zwiespalt auszudrücken, das Essen nicht einfach als Fressen, sondern als Opfermahl. Und opfern hieß, einen Teil des Tieres dem Herrn oder der Herrin des Lebens (zurück) zu geben. Beim Essen des Fleisches hat sich natürlich auch Stolz über die Jagdklugheit und Freude über das Essen geäußert. Es stillte den Hunger und gab für eine Weile Ruhe vor der Angst, Zukunft zu verlieren. Es war eine elementare Heilserfahrung – aber um den Preis, schuldig geworden zu sein bzw. zu werden.

Das wachsende Bewusstsein, schuldig werden zu müssen, trennt die Menschen von ihren tierlichen Vorfahren

Die frühen Menschen auf der Schwäbischen Alb und anderswo werden sich nach und nach dessen bewusst geworden sein, was sie taten. Wahrscheinlich hat das Töten der tierlichen Mitgeschöpfe, vor allem der großen, auch Traumata hinterlassen und vererbt. Aber an diesem Töten führte für reine Jäger und Sammler in der Zeit zwischen 40.000 und 30.000 v. Chr. kein Weg vorbei. Auch wenn das Opferritual beim Mahl Entlastung brachte, stabilisierte sich doch das Bewusstsein, durch die Jagd an Tieren schuldig zu werden. Denn man nahm ihnen das Leben, um an ihr Fleisch zu kommen.

Wenn ich hier von »schuldig« rede, urteile ich nicht moralisch. Ich unterscheide vielmehr elementar zwischen lebensfeindlich und lebensdienlich – und damit verbunden zwischen Unheil und Heil. Ich gehe davon aus, dass die Erfahrungen des Lebensfeindlichen, des Unheils, die Menschen am meisten beschäftigt haben. Denn kämpfen mussten sie gegen das Lebensfeindliche, also gegen das, was das Heil des (Über-)Lebens ständig bedrohte, egal, ob es von außen oder von innerhalb der Stämme kam. Das wird dadurch bestätigt, dass die alten Rechtssätze für das Zusammenleben in Großfamilien in der Bibel lebensfeindliches Handeln betreffen (z. B. *Exodus 21,12ff*).

Was wir in *Genesis 3,22* schon ganz formelhaft als »gut und böse« finden, ist bereits vom Gedanken geprägt, Ungehorsam gegen Gottes Gebote habe das nachparadiesische Leben verursacht, und es sei als Ganzes von »der Sünde« gegen Gott geprägt. Das zeigt der Kontext. Zu solchem Rechtsverständnis gehört aber bereits ein Gott, der seinen Anspruch auf Gehorsam und darauf, allein als Gott verehrt zu werden, mit einer Heilstat begründet: »Ich bin Jahwe, dein Gott, der dich aus Ägyptenland, aus dem Sklavenhaus, herausgeführt hat: Du sollst keine anderen Götter neben mir haben« (*Exodus 20,2-3*). Positive Gebote wie das Gebot, den Sabbat zu heiligen, kommen erst ganz spät auf, als man glaubte, dadurch den Ungehorsam und so »das Böse« eindämmen zu können.

In der evolutionären Entwicklung haben aber natürlich auch positive Erfahrungen das wachsende menschliche Selbstverständnis geprägt. Man tat ja Tag für Tag vieles, was für die Gemeinschaft heilvoll war – als Gebärende und als Erzeuger von Nachwuchs, als Sammler und Jäger, beim Schlachten, Feuermachen und Kochen, beim Abhalten des Opfermahlrituals und bei Bestattungsriten, beim Kindererziehen und beim Heilen von Wunden und Krankheiten, beim Schlichten von Streit, im Kampf gegen Eindringlinge und als Retter aus anderen Gefahren, beim Imitieren von Tierstimmen und Lesen von Fährten, als Bote, als Erzähler, beim Unterrichten der Kinder, was und wie was gemacht werden musste, und schließlich als Wächter des Feuers am Höhleneingang in der Nacht. Inmitten all dessen stabilisierte sich aber auch ein selbstkritisches Bewusstsein für das, was immer wieder einmal misslang, für Jagdpech oder Fehlleistungen, durch die man das Benötigte und Nützliche nicht fertigbrachte. Und bei allem gab es ein Bewusstsein dafür, dass alles, was eine Einzelne, ein Einzelner tat, auf alle anderen im Stamm Auswirkungen hatte – gute und schlechte, und wenn es ganz schlimm kam, auch unheilvolle, ja, heillose:

Wenn der Wächter eingeschlafen war, der Stamm nachts überfallen wurde, Kinder von Fremden geraubt oder Frauen entführt und andere verletzt oder getötet worden waren, vielleicht auch der Fleischvorrat gestohlen – wenn sich also der Abgrund aufgetan hatte – was tun mit denen, die da versagt hatten? Und was mit einem Mann, der einem anderen mit Jagdlist nachgestellt und ihn erschlagen hatte – um die Rolle des Stärksten, des Anführers zu übernehmen? So lange alle Primaten eng zusammenlebten, war das wohl tierlich-normal. *Irgendwann* aber war das Bewusstsein auch dafür wach geworden, dass es Regeln geben musste für das, was ein einzelner Mensch auf keinen Fall tun durfte und was mit ihm zu tun sei, wenn er es dennoch tat. Auf dieses spätere *Irgendwann* weisen uns die schon angesprochenen Fallbeschreibungen (»Kasuistik«) in *Exodus 21,12-17*[178] hin. Die Zehn Gebote dagegen gehören schon in eine viel spätere Zeit, in der es individuellen Besitz und Zivilisation gab. Die Rechtsentwicklung spiegelt die Ausdifferenzierung des Bewusstseins, sich verantworten zu müssen. In der Altsteinzeit ist es aber wohl so gewesen, dass Handlungen, die als für den ganzen Stamm heillos angesehen wurden, mit entsprechenden harten Strafen belegt worden sind. Elementare Unheilserfahrungen, die von Menschen verschuldet wurden, mussten auf ihn zurückfallen und mit ihm verschwinden. Dabei ist nicht zu entscheiden, was am Anfang stand: Unheilserfahrungen, die man erlitt, oder solche, die man anderen angetan hatte. In *Exodus 21,16* wird der Raub eines Menschen ganz offenbar als etwas bestraft, was die eigenen Leute anderen Stämmen angetan haben. Solche Raubzüge kann man damit erklären, dass Stämme nicht mehr genügend Frauen oder Kinder hatten, um überleben zu können. Und diese Not konnte auch den eigenen Stamm erfassen.

Aus allem folgt: Sich lebensfeindlich zu verhalten, an anderen schuldig zu werden, hing schrecklicherweise zumeist gerade mit dem Lebensnotwendigsten zusammen – mit dem Willen zu überleben. *Es gab kein Menschenleben, das gelebt werden konnte, ohne schuldig zu werden. Hier zeigt sich ein wichtiger Aspekt des Abschieds vom Paradies.* Dort, in der Gemeinschaft der Tiere, hatte man ohne Schuldbewusstsein gelebt und getan, was – modern gesprochen – die Nahrungskette und die Notwendigkeit, eine Leitfigur im Stamm zu haben, vorschrieben. Das Schuldbewusstsein ist aufgekommen, als auch ein anderer Teil des Bewusstseins gewachsen ist: Das Bewusstsein, *eigen-artig* geworden zu sein innerhalb der Tiere, herausgewachsen zu sein aus ihrer Gemeinschaft in eine eigene menschliche Art – und dennoch tierlich zu sein wie sie. Da hat auch das *Re*flektieren begonnen: Das hin und her denken Müssen von der tierlichen zur (früh)menschlichen Art und zurück. Und daraus ist langsam die Einsicht erwachsen, verantwortlich zu sein für das eigene Handeln. Diese Einsicht hat das Leben nicht leichter, sondern schwerer gemacht – trotz der Entlastung, die die Opferpraxis brachte.

Zwei frühe Erzählungen vom Übergang ins Menschsein, wie wir es kennen

Enkidus Erziehung zum Menschen im Gilgamesch-Epos

Zum Weg ins Menschsein gehört auch eine Vorstellung davon, wie sich der Übergang aus der tierlichen Lebensweise in eine Form menschlichen Zusammenlebens vollzogen hat. Es ist ein großer Glücksfall, dass es eine sehr frühe, aus der Wende vom 3. zum 2. Jahrtausend v. Chr. stammende Erzählung gibt, die ausdrücklich von einem solchen Übergang handelt. Ich rede vom »Gilgamesch-Epos«, dem ein sagenhafter König vom mesopotamischen Uruk den Namen gegeben hat. Gilgamesch führt ein sexuell zügelloses, ein despotisches Leben und zwingt seine Untertanen, riesige Bauvorhaben auszuführen, auch wenn sie dabei zugrunde gehen. »Zwei Drittel an ihm sind Gott, doch sein (drittes) Drittel, das ist Mensch« (*I,48*). Seine Schönheit ist so groß wie seine Rücksichtslosigkeit – und wie seine Sehnsucht nach einem wirklichen Freund und Bruder. Er findet ihn in Enkidu, der als »Ur-Mensch« in die Handlung kommt, wie Stephan M. Maul ihn in seiner Übersetzung nennt.[179] Enkidu ist von der Göttin Aruru geschaffen worden, um dem Treiben des Gilgamesch Einhalt zu gebieten (*I,94-104*). Raoul Schrott transformiert die soeben zitierte Charakterisierung des Gilgamesch auf Enkidu und dichtet: »zu zwei teilen war er mensch und zu einem tier«[180]. Das Epos beschreibt Enkidus Gestalt und Lebensweise so:

»Dicht behaart ist er an seinem ganzen Leibe,/ versehen mit Locken wie eine Frau./ Seiner Haarmähne Locken sprießen so üppig hervor wie« Getreide./ »Nicht sind ihm die Menschen und (nicht) das Kulturland bekannt.«// Nackt, nur mit Haaren wie Fell bekleidet,/ »frisst mit Gazellen er Gras./ Mit Herdentieren drängt er sich an der Wasserstelle,/ mit wilden Tieren labt er sich am Wasser« (*I, 105-112*)[181] (Schrott übersetzt hier: »er drängte sich mit den gazellen/ am wasserloch und paarte sich im schlamm mit ihnen«)[182]. Mehrfach wird betont, dass Enkidu in der Mitte der Herde aufwuchs und sie behütet vor den Fallenstellern, die sie jagen. Einer von ihnen klagt: »Zugeschüttet hat er die Gruben, die ich gegraben, / Meine Fallen, die ich ausgelegt, hat er herausgerissen. / Er ließ aus meiner Hand entkommen die Herde, die wilden Tiere der Steppe« (*I, 130-132*).

Stephan M. Maul schreibt zum Fortgang der Enkidu-Erzählung, der Abschnitt II,1-62 vermittele uns »die altorientalischen Vorstellungen von der Urgeschichte der Menschheit, deren frühe Entwicklungen Enkidu in einer schrittweisen ›Menschwerdung‹ nachvollzieht«. Die entscheidende Station dieser Menschwerdung aber geschieht in einer Bildung besonderer Art. Um Enkidu von der Herde wegzulocken und in die Stadt, in den Kampf mit Gilgamesch zu bringen, folgt ein erboster Fallensteller dem Rat seines Vaters und macht sich die Dienste der Dirne Schamchat zunutze:

»Wenn die Herde eintrifft an der Wasserstelle,/ soll sie ihre Kleider von sich streifen und ihre Reize zeigen./ Er wird sie sehen und sich ihr dann nähern./ Fremd wird ihm seine Herde (dann) sein, in deren Mitte er aufwuchs« (*I,142-145*).

Und so geschieht es denn auch. Sechs Tage und sieben Nächte lang paaren sich Enkidu und Schamchat (*I,194*).

»Als er sich an ihrer Lust gesättigt,/ wandte er sein Gesicht seiner Herde zu./ Es sahen Enkidu und stürmten davon die Gazellen,/ die Herde der Steppe wich zurück vor seiner Gestalt« (*I,195-198*).

Nicht nur die Tiere nehmen wahr, dass er sich verändert hat, sondern er selbst auch. Als er der Herde hinterherlaufen will, kann er mit den Tieren nicht mehr mithalten: »Geschwächt war da Enkidu, sein Laufen war nicht mehr so wie zuvor. Doch (mit einem Male) *besaß er Verstand*[183], und tief war seine Einsicht« (*I,195-202*). Er kehrt zu Schamchat zurück und kann nun auch ihre Sprache verstehen. Sie lockt ihn in die Stadt Uruk, will ihm, der »das Leben (noch) nicht kennt« (*I,233*), den Tempel von Anum und Ischtar zeigen und »wo Gilgamesch ist«. In der Gewissheit, dass er, der in der Steppe aufgewachsen ist, der Stärkere sein wird, folgt er ihr in die Stadt und ihre Kultur. Von dort führt kein Weg mehr in das Leben »mitten in der Herde« zurück. Von der Herkunft bleibt nur eine in die Ferne rückende Erinnerung.

Enkidu ist kulturfähiger Mensch geworden und verwickelt sich in das Schicksal der Menschen. Während er bisher in der Mitte der Herde lebte und dort – um mit Rainer M. Rilke zu reden – »das Offne, das im Tiergesicht so tief ist. Frei von Tod« erlebt hatte, erfährt er nun: »Dieses heißt Schicksal: gegenüber sein / und nichts als das und immer gegenüber« – auch und gerade im Blick auf den Tod. Denn: »Ihn sehen wir allein«[184], wir Menschen. Das Epos ist eine ungeheure Klage über die Unausweichlichkeit des Todes. Aber es lehrt auch, dass es andere Wege gibt, damit fertigzuwerden, als die Hoffnung auf Unsterblichkeit: Verewigt hat sich Gilgamesch durch die ungeheure Stadtmauer um Uruk, die noch heute zu besichtigen ist.

Die Vertreibung aus dem Paradies ins Jetzt

Die andere Übergangs-Erzählung ist die schon behandelte Vertreibung aus dem Paradies (*Genesis 3*). Auch diese Erzählung zeigt, dass das Leben, das wir als Menschen kennen, mit dem Ende eines anderen Lebens beginnt, in das wir nicht zurückkommen, an das wir uns aber erinnern können. Zu dieser Erkenntnis führen zwei Ebenen innerhalb der einen Erzählung.
– *Die erste Erzählebene* beim Abschied aus dem Paradies lässt sich mit dem Abschied des Fötus aus dem Paradies des Mutterleibes verbinden. Der Mythos spricht also von Erfahrungen, die jeder Mensch vor, bei und nach der Geburt macht. Das Leben in der paradiesischen Geborgenheit und Fülle des Mutterleibes geht über in eine Erfahrung der Enge, die durch das Wachstum des Kindes entsteht. Es muss hinaus in eine eigene Existenz, um (weiter-)leben zu können. Was die Theologie die »Vertreibung« nennt, bezeichnet die Medizin als »Austreibung« in das selbstständige Leben. Zusätzlich zur Geburt muss die permanente Versorgung durch die Nabelschnur zerschnitten werden. Jeder Mensch muss, wenn er erwachsen ist, selber für seine Ernährung sorgen.

Den Erfahrungen der Enge, die Kinder vor und während der Geburt machen, entsprechen die Schmerzen der gebärenden Frauen. Daran ist nichts, was als »Sünde« und Strafe verstanden werden müsste. Alles macht aber deutlich, dass kein Leben an Erfahrungen der Angst und Enge, der Mühe und Schmerzen vorbeikommt. Das Kind verliert das totale

Versorgtsein und verspürt Unlust oder gar Angst, wenn seine Hungergefühle nicht schnell genug »gestillt« werden. Die erstgebärende Frau wird zur Mutter und kann ihr Leben nicht mehr allein aus ihrer persönlichen Selbstständigkeit noch allein aus der Beziehung zu einem Mann verstehen. Mit dem Kind fängt ein neues Leben an, das nicht immer mit Freude beginnt (*vgl. Johannes 16,21*). Dieser Neuanfang wird manchmal von einer Depression begleitet, wenn ins Bewusstsein kommt, dass die neue Verantwortung für ein Kind lange bleiben wird.
– *Die andere Ebene*, die ich in dem Mythos von der Vertreibung aus dem Paradies finde, betrifft einen evolutionären Übergang in unser Menschsein, wie es ist. Ich betrachte diesen Übergang zuerst vom Ende her, wie es in der Bibel beschrieben wird: Die Menschen *müssen* beständig zwischen gut und böse unterscheiden, ganz einfach, weil sie es *können*. Helmut Schelsky hat das den »Zwang zur Dauerreflexion«[185] genannt. Und sie müssen in ihren Entscheidungen verantworten, was sie unterscheidend getrennt haben – auch in Kompromissen. Damit sind sie geworden wie Gott, wie er selbst feststellt (*Genesis 3,22*). Wie er mit der Theodizeeproblematik von den Menschen verfolgt wird, so müssen sie sich vor allem vor den Ehepartnern und Kindern, aber auch vor Freunden und dem Gesetz rechtfertigen für das, was sie tun. Zudem sind sie sterblich, aber »die Ewigkeit« als Gedanke »ist ihnen in den Sinn gelegt« (*Kohelet 3,11*) – wodurch der Tod erst recht schwer zu ertragen ist. Es ist die vielleicht größte Lebensaufgabe, mit diesem Gedanken – also mit ihrer Sterblichkeit – Frieden zu schließen und die Schöpfung nicht nachbessern zu wollen.

Die besondere Rolle der Frauen im Blick auf das Kinderaustragen und Gebären habe ich schon erwähnt. Schwer, eigentlich unmöglich ist es für die aus dem Paradies vertriebenen Menschen, mit Tieren und Pflanzen friedlich umzugehen. Denn die Beziehung der Menschen zur Schlange als Repräsentantin der Tierwelt soll vom Gottesfluch und von Feindschaft bestimmt sein (*Genesis 3,14f*), und alles Grüne ist als Nahrung vorgesehen. Wer diese Geschichte Kindern weitererzählt, trägt auch Fluch und Feindschaft weiter und verdirbt das Verhältnis der Menschen zu ihren Mitgeschöpfen. Und das ist etwas anderes, als auf Gefahren aufmerksam zu machen.

Im Paradies, aus dem sie vertrieben worden sind, führten die Menschen ein embryonal-fötales Leben. Sie waren versorgt, hatten bis zum »Sündenfall« kein Bewusstsein ihrer selbst und keine Beziehung zu ihrer Umgebung. Sie gaben den Tieren Namen und unterschieden sie von sich, aber sie passten nicht (mehr) zueinander, Mensch und Tiere (*Genesis 2,20*). Auch die vom männlichen Menschen genommene und gemachte Frau wurde vom Mann benannt. Die Ankündigung, dass »der Mann Vater und Mutter verlässt und an seinem Weibe hängt und die beiden ein Leib werden« (*2,24*), weist aber schon weit über diesen Rahmen des Mythos hinweg in andere Generationen, ins wirkliche Leben. Sich als sexuelle Partner »erkennen« konnten sie sich auch noch nicht. Das lernen sie erst viel später, in nachparadiesischer Zeit (*4,1*). Sie lebten nackt, ohne Scham (*2,25*), wie Enkidu mit den Tieren lebte, und handelten »primärprozesshaft«: Sie gingen dem nach, was sie sahen, und verstecken sich, wenn sie Angst hatten. Sie dachten und reflektierten nicht selbst, Gott dachte für sie.

Aber ganz offenbar war das – menschlich gedacht – auch für Gott kein erquicklicher Zustand. Diese von ihm wie im Mutterleib gehaltenen Menschenkinder »passten nicht« zu ihm. Sie taten nichts, was sein Potential an Güte und Zorn hätte herausfordern können. Und also tat er etwas, um den Zustand zu beenden: Er reizte sie[186], vom Baum der Erkenntnis des Guten und Bösen zu essen, indem er es ihnen verbot (*Genesis 2,16f*). Denn ohne dieses Verbot wären sie gar nicht auf die Idee gekommen, vom Baum zu essen, hätte auch die Schlange keine Chance gehabt einzuhaken. Nun aber wollten sie wissen, was gut und böse eigentlich unterscheidet, und auch, wie es sich anfühlt, mit der Todesstrafe bedroht zu leben. Bis zu diesem Tag hatte das Paradies keinen Ausgang, und Gott im Blick auf die Menschen nur Versorgungsaufgaben zu erfüllen. Nun öffnete sich für beide – für die Menschen unbewusst, für Gott bewusst – die Chance auf einen Neuanfang miteinander. Und beide, Gott und die Menschen, ergriffen sie. Und wie der Mensch, als er die »Menschin« sah, festgestellt hatte, dass die nun endlich zu ihm passt (*2,23*), stellte auch Gott, nachdem das Paradies von allen verlassen war, fest: »Nun ist der Mensch geworden wie unsereiner« (*3,22*). Gott und Menschen leben nun auch außerhalb des Paradieses mit allen anderen Geschöpfen in einer Wirklichkeit. Der Mensch, als eine der Selbstentfaltungen des Lebensgeistes, war an seinem damaligen Entwicklungsziel angekommen – aber die Tiere auch. Mit Kohelet gesprochen:

»Ich dachte über die Menschen: Gott … will sie prüfen, und sie selbst sollen sehen, dass sie Tiere sind. Das Schicksal der Menschen gleicht dem Schicksal der Tiere, es trifft sie dasselbe Geschick. Jene müssen sterben wie diese, beide haben denselben Lebensgeist, und nichts hat der Mensch dem Tier voraus, denn nichtig und flüchtig sind sie alle. Alle gehen an ein und denselben Ort zurück. Aus dem roten Staub der Erde sind alle entstanden, und alle kehren zum Staub zurück. Wer weiß denn, ob der Lebensgeist des Menschen nach oben steigt und der Lebensgeist der Tiere hinab in die Erde? So sah ich, dass es nicht Besseres gibt, als dass der Mensch sich freut bei seinem Tun, denn das ist sein Teil« (*3,18-22a*)[187].

6. Eine zweite Natur als Hilfe zum Leben

An diesem Punkt unserer Rückschau in die eigene Herkunft ist es sinnvoll, das Phänomen einer »zweiten Natur« noch etwas genauer anzusehen. Denn mit diesem Begriff haben wir uns schon einer dogmatisch geläufigen Denkfigur genähert: der Vorstellung von den zwei Naturen, die in Jesus Christus miteinander verbunden sind.[188] Dass diese Vorstellung Vorläuferinnen hatte, ist bekannt. Und sie hat bis in die politische Geschichte hinein Varianten erzeugt.[189] Die neuen archäologischen Funde lassen es sinnvoll erscheinen, den Rahmen auszuweiten und zu skizzieren, wie sich die Grundvorstellung entwickelt hat. Sie scheint aus der einfachen Einsicht entstanden zu sein, dass die ständige Bedrohung des Lebens die Verbindung gerade mit der Macht erzwingt, auf die man angewiesen ist und von der man sich zugleich bedroht fühlt.

Wahrer Mensch und wahres Tier

Wir haben durch den Fund des »Löwenmenschen« gesehen, dass die Steinzeitmenschen sich mit ihrem mächtigen, zugleich gefährlichen und als Beute benötigten Gegenüber, dem Löwen, im Selbstbild körperlich verbunden haben. Der Mensch sah sich als »wahrer Mensch« (*verus homo*) und zugleich als »wahres Tier« (*verum animal*). Das fiel ihm nicht schwer, weil im Menschen ja von seiner Herkunft her das Tier als primäre Natur gegenwärtig ist.

Diese Kombination ist in der Dogmatik noch nicht gebräuchlich. Aber sie legt sich schon von unseren Wahrnehmungen und auch von der lateinischen Sprache her nahe, die ja immerhin als »Kirchensprache« bezeichnet wird. Im Wort *animal* (das *Lebewesen*, *Geschöpf*, auch der *Mensch*, besonders das *Tier*) ist die Nähe zu *anima* deutlich. *Anima* heißt *Lufthauch, Wind, Atem* – aber auch *Seele*, und ist das, was man sterbend aushaucht. *Animus* hat ein ähnliches Bedeutungsspektrum, ist aber zugleich der Inbegriff aller geistigen Kräfte. Im Gegensatz zu den körperlichen Kräften meint *animus Geist* und *Denkkraft*, wirkt im *Denken, Fühlen, Wollen*. Nicht zuletzt hat *animus* mit allem zu tun, was uns erregt: *Zorn* genauso wie *Leidenschaft, Lust* und *sinnliches Begehren*. Angesichts dieses Befundes ist es im Nachhinein mehr als merkwürdig, dass das Christentum den Tieren offiziell bis heute abspricht, beseelt zu sein. Nirgends – finde ich – ist die enge Verwandtschaft von Tier und Mensch so klar erfasst wie im Lateinischen. Aber selten taucht das noch auf: Wenn vom Menschen als *animal rationale* oder – griechisch – als *zoon politikon* geredet wird. Aber das bewirkt kein positiveres Verhältnis zu den Tieren mehr.

Die in der Steinzeit als Kunstwerk entstandene Mischgestalt drückte die Vorstellung aus, schon Mensch, aber auch noch Gleicher unter den Löwen zu sein. Anders gesagt: Als Jäger konnten sie ihre, von der Evolution her gesehen, erste Natur als eine zweite, zusätzliche Natur aktivieren, um für die täglichen Herausforderungen besser gewappnet zu sein. Ihre frühmenschliche Natur mussten sie deswegen nicht aufgeben, wie die Figur zeigt. Sie waren schon Künstler und hatten Möglichkeiten, ihre Vorstellungen und Empfindungen plastisch darzustellen. Die Verbindung der beiden Naturen zeigt ein erweitertes Bewusstsein, und damit hat sich ihr – zum Überleben notwendiger – Jagderfolg sicher auch gesteigert. Aber durch die bewusst gemachte Verwandtschaft mit den Tieren wuchs auch das Schuldbewusstsein, wenn sie ein Tier töteten.

Gehen wir ein paar Zehntausend Jahre weiter, treffen wir in der Mitte des 3. Jahrtausends v. Chr. im ägyptischen Gizeh zur Zeit der 4. Dynastie auf die »Große Sphinx«. Ihr weibliches grammatisches Geschlecht hat sie aus der späten griechischsprachigen Zeit Ägyptens. Von der Gestalt her sind die meisten ägyptischen Sphingen männliche Löwengestalten mit einem menschlichen Kopf, zumeist dem Kopf eines Pharaos.[190] Sie bewachen Tempel und Pyramiden oder andere Grabmale, deren Ruhe und Ordnung sie schützen.[191]

Die Sphingen in der griechischen Mythologie sind weiblich: beflügelte Löwinnen mit Frauenköpfen, und sie werden oft als Todesdämonen, aber auch als Grabwärterinnen verstanden. Besonders hat sich aus dem Anfang der Ödipus-Tragödie des Sophokles jene thebanische Sphinx eingeprägt, die alle getötet haben soll, die das ihnen von ihr gestellte Rätsel nicht lösen konnten: »Was besitzt eine Stimme, vier, zwei und drei Füße und ist umso schwächer, auf je mehr Füßen es geht?«[192] Nachdem Ödipus das Rätsel – die Lebensalter eines Menschen bedenkend – gelöst hatte (»Der Mensch!«), stürzte sie sich zu Tode. Sie hatte ihre Macht verloren. Fragt man, worum es geht, weist die Antwort wohl auf jenen Prozess, den ich bereits weiter oben als das Wachsen des menschlichen Bewusstseins und der Fähigkeit bezeichnet habe, das eigene Leben reflektieren zu können. Dieser Prozess ist im Mythos »von außen«, von der merkwürdigen Sphinx, ausgelöst worden, indem sie die Menschen buchstäblich infrage gestellt hatte. Ihre Opfer waren die jungen Männer, die nichts anderes im Kopf hatten als ihre Kriegs- und Kampfeslust und Stärke. Nachdem endlich ein Mann erkennt, dass Kindheit und Alter mit ihren Hilflosigkeiten zum Menschsein hinzugehören, ist ihre Aufgabe erfüllt. Die Ödipus-Tragödie liefert dann das anschauliche Beispiel.

Im griechischen Mythos stoßen wir aber auch auf die Kentauren. Das waren vorgestellte Mischwesen aus der Verbindung eines Pferdeleibes mit starken Hinterläufen und einem männlichen (zumeist nur Ober-)Körper.[193] Kentauren hatten keinen guten Ruf, waren mit ihrer ungeheuren Schnelligkeit und Kraft hinter den Frauen her – worin sie den »Gottessöhnen« gleichen, von denen am Anfang der Bibel (*Genesis 6,1f*) die Rede ist. Diese Art Kentauren bildeten also figürlich eine ungezügelte männliche Sexualität und Aggressivität ab, indem sie Mensch (Mann) und Pferd (Hengst) verbanden. Eine frühe

Darstellung aus dem 8. Jh. v. Chr. zeigt dies eindrucksvoll *(s. Abbildung 13)*. Eine große Ausnahme von diesen Negativ-Gestalten war Cheiron.

Ihn könnte man heute als Entdecker der Naturheilkunde bezeichnen. Cheiron war vom Gott Kronos mit der Nymphe Philyra gezeugt worden und eigentlich schon eine menschlich-göttliche Existenz. Um seinen Seitensprung mit Philyra zu tarnen, verwandelte Kronos sie und sich, als sie entdeckt wurden, aber in Pferde und floh mit ihr. So wurde Cheiron als tierlich-menschliche Mischgestalt geboren. Cheiron kannte die Heilkräfte der Pflanzen, aber er beherrschte und lehrte auch, die Lyra zu spielen – zum Beispiel Achilleus! Zu seinen Schülern gehörte auch Asklepios. Er lernte von Cheiron, menschliche Krankheiten zu heilen, übertraf seinen Lehrer aber weit, indem er auch Tote auferweckte. Dass ihm diese Grenzüberschreitung zum Verhängnis wurde, und dass es Jesus damit genau so ergangen ist, haben wir schon angesprochen.[194]

Wahrer Mensch und wahrer Gott

Unter den vielen so genannten Halbgöttern erlangte Asklepios dadurch Berühmtheit, dass er den Götterhimmel völlig verändert hat. Asklepios war ein Gottessohn, aber von Apollon gezeugt mit einer menschlichen Frau (Koronis) als Mutter. In Asklepios verbindet sich die menschliche Natur mit der göttlichen als zweiter Natur. Nach seinem Tod und seiner Vergöttlichung wurde Asklepios der erste ausschließlich therapeutische Gott und »Heiland (*Sotér*) der Oikumene«. Die Verbindung beider Naturen half ihm dazu, die Leiden der Menschen wahrnehmen und sie heilen zu können. Und umgekehrt hatten die Menschen es durch seine menschliche Natur leicht, von ihm, dem Heiland, die gesuchte Heilung zu bekommen. Denn er hatte ja auch die göttliche Natur in sich. Die Willkür im Umgang mit den Menschen, unter der die Menschen gelitten hatten, ist bei Asklepios nicht mehr zu erkennen. Er ist ganz auf die Seite der Menschen getreten – wie Jesus dann auch.

In Ägypten gab es die Verbindung von menschlicher und göttlicher Natur und die dadurch zustande gekommene Gottessohnschaft. Davon war schon die Rede: Der Pharao war Sohn menschlicher Eltern, aber zugleich – vom Geist-Gott Amun mit der Pharaomutter gezeugter – »Sohn Gottes«.[195] An ihn musste man sich als Mensch wenden, wenn man Gottes Heilsgaben suchte.[196] Pharao Echnaton hat diese Rolle besonders betont. Den Sonnengott Aton kennzeichnet, wie seine Darstellungen zeigen, dass er sich mit dem täglichen Sonnenaufgang und der Fahrt der Sonnenbarke über den Himmel allem, was lebt, zuwendet.

Von dem großen Vorläufer-Heiland Asklepios her erklärt es sich, dass Jesus von seinen Anhängern nach seinem Tod auch als *Sotér* und *Sohn Gottes* verehrt wurde – und aus seinem Leben Heilungs- und Auferweckungswunder berichtet wurden. Die Botschaft war klar: Was die Menschen bei Asklepios suchten, konnten sie auch bei Jesus Christus finden. Nur auf dieser Basis konnten die Christen, als sie später die Macht dazu hatten, die Asklepios-Heiligtümer systematisch zerstören oder in Kirchen umwandeln. Die Asklepieien auf Kos und auf der Tiber-Insel in Rom sind dafür zwei berühmte Beispiele. Die therapeutische Asklepios-Religion ist auf Kos dann zusammen mit der ärztlichen Heilkunst des Hippokrates zur Blüte gelangt.

Tierliche Elemente verbinden sich mit dem Gottessohn Asklepios nicht mehr gestalthaft, sondern nur noch mittelbar. Er kooperierte in den Heilungen oft mit einer Schlange. Dass auch Jesus anfangs noch eine große Nähe zu Tieren hatte, habe ich schon erwähnt: Markus erzählt, dass Jesus in seinen vierzig Wüstentagen »mit den Tieren« war (*1,12f*). So konnte er den Versuchungen Satans widerstehen und danach gestärkt seine Predigttätigkeit beginnen. Die Abgrenzung zu solchen Vorstellungen hat sich noch innerhalb neutestamentlicher

Zeit vollzogen, wie spätestens die Johannesoffenbarung deutlich macht: In ihr heißt der Antichrist bereits »das Tier« (ab *11,7* durchgängig). Und auf der kommenden neuen Erde soll es keine Tiere mehr in der Gesellschaft der Menschen geben (*21,1-22,5*) – nur noch das »Lamm«, das (im doppelten Sinn) reine Kult- und Symboltier.

Die Religionen in der Umwelt von Juden und Christen, nicht zuletzt die Mysterienkulte, hatten auch allerlei kultische Mittel und Wege – Himmelsreisen der Seele zum Beispiel – entdeckt, um die Verbindung der menschlichen mit der göttlichen Natur zu realisieren. Auch die Vorstellung, diese »anzuziehen«, gehört dazu. Gottessöhne stellten die Verbindung beider Naturen beispielhaft dar, und zwar auf die Weise, die der jeweilige Geburtsmythos erzählt. Entweder kam die göttliche Natur zur rein menschlichen – wie bei den Pharaonen durch Geistzeugung – hinzu. Oder aber der irdische Vater wurde durch den zeugenden Geistgott – zumindest in einigen Varianten des Mythos – ganz ersetzt. So hat Asklepios den Apollon zum Vater. Jesus hatte seinem Mythos nach nicht Joseph, sondern Gott zum Vater und wurde gezeugt durch den heiligen Geist. So erzählen es (aber nur) Matthäus (*1,18-25*) und Lukas (*1,26-56*). Um neben der göttlichen wirklich die menschliche Natur zu haben, wurden die Gottessöhne von irdischen Müttern geboren – und nicht »geschaffen«.

Paulus teilt keinen Geburtsmythos zu Jesus mit. Bei ihm ist Jesus »Gottes Sohn« durch den heiligen Geist seit der Auferstehung (*Römer 1,4*). Jesus ist »von einer Frau geboren worden« (*Galater 4,4*) und stammt »aus dem Geschlecht Davids nach dem Fleisch« (*Römer 1,3*). Im ältesten, dem *Markus-Evangelium* wird die besondere Verbindung des Menschen Jesus mit Gott allein durch eine Adoption als Sohn Gottes (*1,11*) geschaffen. Sie ist mit der Gabe des göttlichen Geistes verbunden und geschieht bei der Taufe durch Johannes den

Täufer. Hier kann man nicht von einer Geistzeugung des Gottessohnes reden, sondern »nur« von seiner Geistbegabung. Als Modell dafür ist das jüdische Ritual benutzt worden, mit dem Israels Könige – ägyptischem Beispiel folgend – als Gottessöhne inthronisiert worden waren (*Psalm 2,7 vgl. Jesaja 42,1*). Paulus und Markus, die ältesten Zeugen, haben vorausgesetzt, dass Jesus leibliche Eltern hatte und Geschwister (*vgl. Markus 3,31f*).

Von dem einen Gottessohn zu den vielen Söhnen bzw. Kindern Gottes

Trotz dieser frühen Zurückhaltung hat sich die Vorstellung von den zwei Naturen Jesu Christi in der kirchlichen Theologie durchgesetzt und ist im 5. Jh. auf dem Konzil zu Chalcedon, nach langen dogmatischen Streitigkeiten, als Dogma festgeschrieben worden.[197] Jesus selbst hat diese Vorstellung, wie wir noch sehen werden, im Blick auf sich selbst *nicht* gefördert. Den Gedanken, dass die Christen sich mit der göttlichen Natur Christi gestalthaft verbinden sollen, hat Paulus als Einziger formuliert. Er hat die beiden Wendungen »den Herrn Jesus Christus anziehen«[198] bzw. »gleich gestaltet zu werden dem Bilde seines (scil. Gottes) Sohnes« (*Römer 8,29*) benutzt. Von dieser Vorstellung unabhängig ist der Gedanke, den Paulus schon vorher verwendet hatte, dass »alle, die vom Geist Gottes getrieben werden, Söhne Gottes« seien (*Römer 8,14*). Da taucht *explizit* die zweite Natur auf; sie ist *gebunden an das Wirken des Geistes*. Sie zeigt sich in der Teilhabe der Einzelnen am mystischen Leib Christi (*Römer 12,4f*), und die wiederum äußert sich in der Verbundenheit durch die geschwisterliche Liebe. Christen sollen sich nicht nach dem »Schema der Welt« richten, sondern ihren Sinn (griech. *nous*) erneuern und dann

»prüfen, was der Wille Gottes ist: das Gute und Wohlgefällige und Vollkommene«. Konkretisiert wird das in einem großen Katalog christlicher Tugenden (*Römer 12,2.9-21*).

Dass es trotz der großen gedanklichen Ausdifferenzierung im Blick auf das Verhältnis der menschlichen und der göttlichen Natur zu jenem Dogma von Chalcedon 451 kam, zeigt, wie sehr die Menschen einen Mittler brauchten, der die menschliche und die göttliche Natur in sich verband. Er hatte direkt mit Gott und dadurch mit dem gesuchten Heil zu tun. Er konnte Gott als Mensch *und* als ein Gott Gleicher gegenübertreten. Außerdem konnte er in einer Religion wie der judenchristlichen, in der der Zorn Gottes über die ungehorsamen Sünder und die menschliche Angst davor eine so große Rolle spielten, diesen Zorn in seiner Ursache kennen und durch eine angemessene Heilstat stillen (*Römer 5,6-11*). Hinzu kam aber, dass der Gedanke, als Mensch vom Geist Gottes in die Gotteskindschaft »getrieben« zu werden, für das Selbstbewusstsein von Christen eine große Erhebung bedeutete. Ich habe dieses Thema in Predigten deshalb auch oft und gerne angesprochen. Und trotzdem: Es geht um mehr als um die Übertragung eines Hoheitstitels, der in antiken Erlösungsreligionen verwendet wurde.

Die Menschwerdung des Menschen: ein offener Prozess

Resümieren wir an dieser Stelle die Entwicklung, so hat sich bis zu den Anfängen des Christentums gegenüber der Steinzeit Wichtiges verändert. Zwar ist es in Krisenzeiten und -regionen auch heute noch so, dass Millionen Menschen und Tiere tagtäglich *zuerst* um das nackte Überleben kämpfen müssen. Aber da, wo die Grundversorgung gesichert war,

war Heil auch schon in der Antike nicht mehr *zuerst* mit dem Überleben durch Nachwuchs und Nahrung identisch. Heil meinte eher die Rettung von Krankheiten und anderen Gefahren, in denen zumindest im pharisäischen Judentum Strafhandlungen Gottes gesehen wurden.[199] Diese Änderung im Heilsverständnis zeigt, dass körperliche und seelische Leiden der Menschen und ihre Ursachen immer mehr zum Gegenstand der Reflexion geworden sind. Die Entstehung der Tragödie bei den Griechen im 5. Jh. v. Chr. bezeugt das genauso wie das (jüngere) biblische Buch Ijob. Zusätzlich ist in Ägypten zuerst und schließlich auch bei den Anhängern der Heilande Asklepios und Jesus die Hoffnung auf eine Auferstehung vom Tode gewachsen. Alle drei göttlichen Heiler-Gestalten – Osiris[200], Asklepios und Jesus – sind eines gewaltsamen Todes gestorben, und von allen ist die Botschaft ihrer Auferstehung[201] verbreitet worden. Dadurch hatten sie ein hohes Maß an Glaubwürdigkeit. Heil (griech. *sotería*) konnte, weil die Leiden der Menschen ernst genommen wurden, vielerlei konkrete Gestalten annehmen. Die Votivgaben in den Asklepios-Heiligtümern zeugen davon – genauso wie Votivgaben in katholischen und orthodoxen Kirchen noch heute.

Durch das schrittweise Zurückweichen der Wildnis und die Fähigkeit, Tiere zu züchten, haben die Menschen eine Eigenschaft übernommen, die sie vorher nicht hatten: Sie sahen sich selbst weitestgehend als »Herren des Lebens« und gaben sich durch ein entsprechend gestaltetes Gotteswort das Recht, *Tiere* zu töten (*Genesis 9,3; Psalm 8,6-9*). Das Bewusstsein, mit den Tieren verwandt zu sein, wurde im Einflussbereich der Bibel dadurch und durch die angeblich göttlich befohlene Schreckensherrschaft über die Tiere (*Genesis 3,14f; 9,2*) verdrängt.

Sehr lange waren die Menschen davon ausgegangen, dass Tiere viele Fähigkeiten besaßen, durch die sie ihnen überlegen waren. Sie haben sie deshalb gefürchtet, bewundert und verehrt. Mit dem Wachsen des Selbstbewusstseins, »Herren des Lebens« zu sein, schwand die Achtung vor den Tieren. Sie mussten ihr Fleisch als Nahrung und Opfergabe und ihr Blut für die (Sühn-)Opferkulte hergeben. Heil in jeder Gestalt erwarteten die Menschen nun von den Göttern und von denen, die als Vermittler fungierten. Das gilt, auch wenn einige der Götter noch eine Zeit lang tierliche Attribute als Ausdruck ihrer spezifischen Fähigkeiten führten.

Zu den Vermittlern gehörten die »Söhne Gottes«. Sie übernahmen die Aufgabe, den Göttern mit den menschlichen Heilswünschen entgegenzutreten. Also mussten sie vor ihnen als Gleiche auftreten können. Das verlangte nach einer Teilhabe der Mittlergestalten an der göttlichen Natur. Die »Söhne Gottes« verbanden in sich deshalb beide Naturen, die menschliche und die göttliche.

Auch auf Jesus ist – nach den Überlieferungen – die Zwei-Naturen-Vorstellung übertragen worden. Aber merkwürdigerweise redet Jesus von sich selbst nur im späten Johannesevangelium als »Sohn Gottes« – vielleicht unter dem Einfluss ägyptischer Christen, die Jesus in Parallele zum Pharao als Sohn Gottes und Heilsmittler gesehen haben. In den synoptischen Evangelien – bei Matthäus vor allem – redet Jesus *von sich* weitaus häufiger als »der Menschensohn«. Man kann sogar sagen, dass diese Bezeichnung am stärksten mit dem irdischen Jesus verbunden, ja, auch historisch »auf Jesus selbst zurückzuführen« ist.[202] »Menschensohn« kann zumeist ganz einfach »Mensch« oder auch »ich« heißen. Bei diesem Wort oder Titel ist jedenfalls *keine zweite* Natur im Spiel.

An einigen Stellen wird von der Exegese erwogen, das »Kommen des Menschensohnes« – von *Daniel 7,13* und zwei anderen Schriften her – als ein apokalyptisches Signal zu verstehen. Dazu muss man aber bedenken, dass das hier gemeinte jüdisch-apokalyptische Denken das *innerweltliche* Kommen eines neuen Äons meinte und nicht schon mit dem Weltende (»Weltuntergang«) zusammengedacht werden musste, wie es heute üblich ist.

In den Seligpreisungen der Bergpredigt (*Matthäus 5,1-9[10]; Lukas 6,20-26*) hat Jesus schon deutlich gemacht, dass es ihm nicht darum ging, selbst ein – *zumal alleiniger* – Gottessohn zu sein (*vgl. Philipper 2,6!*). Gotteskindschaft verbindet sich für ihn allein mit dem Weg, den er gegangen ist, und mit seiner Nachfolge. Sein Weg war dazu da, das Evangelium von der unbedingten Liebe Gottes zu den Menschen zu bringen. Das Evangelium aber gilt allen und hat eine Dynamik, die auf Ausbreitung drängt. Christen sollen nicht mehr und nicht weniger als »Salz für die Erde« und »Licht für die Welt« (*Matthäus 5,13f*) sein, also menschliche *Lebens-Mittler*. Jesus wollte alle »zur Freiheit befreien« (*Galater 5,1*), vor allem von der Angst vor Gott. In unglaublicher Kühnheit hat er deswegen inmitten der Seligpreisungen den Titel des *einen* messianischen Königs, »Gottes Sohn«, ›vervielfältigt‹, also in den Plural gesetzt und alle, die seiner »Poetik des Friedens« folgen, »Söhne« und natürlich auch »Töchter Gottes« genannt (*Matthäus 5,9*). Die Gottes Willen tun, sind seine Brüder und Schwestern (*Markus 3,35*), oder wie Luther in einer Predigt gesagt hat: Christusse.[203]

Worum es bei dem Christus-Sein geht, hat Martin Luther auf den Punkt gebracht: »Mittler und Vergeber der Sünden sollt ihr sein, dass ihr die Leute von Sünden frei macht und Tod und Sünde zerstöret. Das ist mein Befehl, spricht Christus, dass die Menschen durch euern Dienst von Sünden frei werden. Es ist (wohl sein eigenes Werk), aber er teilts aus unter uns.«

Doch es geht um noch mehr, wenn Jesus den ursprünglich nur für einen *einzigen, herausgehobenen* Menschen bestimmten Titel »Sohn Gottes« in den Plural gesetzt und von sich selbst als Menschensohn, schlicht als »ich« geredet hat. Das bedeutet zum einen, dass Jesus die Gotteskindschaft nicht mit einer – zuvor in Empfängnis und Geburt geschehenen – mythischen Übertragung der göttlichen Natur in Verbindung gebracht hat. Und zum anderen war auch diese Gotteskindschaft nicht als Selbstzweck gedacht. Sie diente »nur« dazu, die *eigentliche* Herkunft zu erkennen: die – ich ergänze: evolutive – Herkunft aus Geist. Um den Geist geht es und um die Kräfte, die von ihm ausgehen. Deswegen hat Jesus die Bevollmächtigung seiner Anhänger zur Sündenvergebung mit der Hervorhebung des heiligen Geistes (*Johannes 20,21f*) – und gerade nicht mit der Übertragung irgendeines Amtes oder Titels – verbunden. Durch und durch wahre Menschen sollen erkennen, dass ihr Menschsein aus dem Gottesgeist stammt und vom Geist her seine Möglichkeiten hat. Wir Menschen sind durch den Geist mit allem ausgestattet, was wir zum Leben brauchen – auch zum Leben mit den großen Problemen, die uns begleiten. Das gilt, so lange wir uns an eine Gemeinschaft mit anderen halten, in der sich Menschen gegenseitig raten, helfen und liebevoll begleiten können.

Das wirklich Neue bei Jesus ist in unserem Zusammenhang: Das Evangelium Jesu verlangt und schafft keine Gottessöhne und keine sonstigen Zwei-Naturen-Gestalten (mehr), aber auch keine geweihten Priester oder andere geistliche Ämter.[204] Jesus setzt ganz auf die Kraft des Geistes, die in *jedem* Menschen wirkt, und beruft Fischer und Handwerker zu »Menschenfischern«. Sie sollen teilhaben an der geistigen Entwicklung, *die auf nichts anderes zielt als auf die fortschreitende Menschwerdung des Menschen.* Diese Revolution basiert auf der Erkenntnis, dass Menschensöhne und -töchter Geschöpfe des Geistes sind und damit teilhaben an der Lebensenergie Gottes. Darum haucht Jesus die Jünger – wie Gott bei der Schöpfung den Adam (*Genesis 2,7*) – in einer Symbolhandlung an. Sie sollen verstehen, wer sie *eigentlich* sind: Geistgeborene *(Johannes 3,3-5).*

Mit der Übertragung seiner eigenen Sendung auf seine Anhänger hat Jesus den entscheidenden Anstoß zur weiteren Evolution des Geistes gegeben, die nicht mehr an seine leibliche Gegenwart gebunden ist. *Das* ist sein – unblutiges – Testament. Alle von ihm Be-Geisterten sollten und sollen diesen Anstoß in ihre Umgebung hinein weitergeben.

Ich sehe in der besonderen Rolle des Geistes den Grund dafür, dass nach Jesu Worten »jede Sünde und Lästerung vergeben werden können«, auch Lästerungen gegen ihn selbst – nicht aber die Lästerung des Geistes (*Matthäus 12,31-33; Lukas 12,10*). Denn Geist ist unser aller *Herkunft*, ist, was alle mit allem verbindet. Geist ist aber auch unser aller *Zukunft*, insofern Geist die fortdauernde Menschwerdung des Menschen bewirkt. Aus dem Geist kommen die Vollmacht zur Vergebung und die Kraft, in Verfolgungen standhalten zu können (*Lukas 12,12*). Wer den Geist lästert, stellt das Leben in Frage.

Obwohl Jesus die Lästerung des Geistes nicht vergeben wollte, möchte ich die unbedingte Liebe Gottes auch über eine solche Aussage stellen, also Jesu Kernbotschaft über eine seiner Einzelaussagen. Damit folge ich seiner Bitte am Kreuz: »Vergib ihnen, denn sie wissen nicht, was sie tun!« (*Lukas 24,34*).

7. Der Glaube muss ernst nehmen, dass die Menschwerdung des Menschen schon lange dauert und weitergeht

Nach dem »biblischen Menschenbild« ist der Mensch ungehorsam und »böse von klein auf«

Die Bibel stimmt ihre Leserinnen und Leser von den ersten Kapiteln an auf das in ihr dominante Menschenbild ein: Der Mensch ist zwar Gottes Geschöpf, von ihm auch für *sehr gut* befunden (*Genesis 1,31*) worden. Aber die Menschen sind schon im Paradies ihrem Schöpfer ungehorsam – verführt durch »die« von außen kommende »Sünde«. Bald heißt es, »all ihr Sinnen und Trachten ist böse von Jugend auf«. Auch, nachdem Gott die erstgeschaffenen Menschen und Tiere bis auf den Noah-Stamm durch die Sintflut vernichtet und einen neuen Anfang gesetzt hatte, bleibt das so (*Genesis 8,21*). Freude hat Gott an den Menschen nicht. Immer wieder wird durch den Fortgang der ›Geschichte Gottes mit den Menschen‹ an kleinen und großen Beispielen belegt, dass und wie Gott alles nur erdenklich Gute für sein Volk Israel tut, auf das der Blick der Bibel sich sehr bald völlig konzentriert. Israel aber dankt es ihm nicht, so dass er sein Volk immer wieder warnen lässt, und, wenn alles nichts nützt, schrecklich straft, um den geforderten Gehorsam zu erzwingen. Die schlimmste Gottesstrafe ist das zum kollektiven Trauma gewordene babylonische Exil im 6. Jh. v. Chr.. Nur so aber kann er, der ja der eigentliche König ist (*Psalm 93,1; 96,10; 97,1; 99,1 u. ö.*), erweisen, was Herrscher ihren Untertanen zu erweisen schuldig sind: dass er das Heft in der Hand hat und dafür sorgt, dass seine Gesetze zum Wohle aller eingehalten werden. Im Mittelpunkt steht die Tora, der Schrift gewordene Wille Gottes. Die Tora ist zugleich die Basis des Bundes, den Gott Jahwe exklusiv mit Israel am Sinai geschlossen hat (*Exodus 24*). Nach dem Exil wird die Gehorsamsforderung verschärft, sie schließt nun die Forderung ein, Gottes Liebe mit aller Liebeskraft zu erwidern.

Gott und »die Sünde« kämpfen um den Gehorsam der Menschen

Die Grundannahme besagt, dass von der Einhaltung der Tora Gottes das Heil der Welt abhängt. Und um die Einhaltung der Tora geht es auch bei der formelhaften Rede von »Gottes Gerechtigkeit«. Das ist nicht erst in der Bibel so, sondern auch schon im alten Ägypten, wo die Ma'at eine vergleichbare Rolle spielt. Viel stärker als in Ägypten hat sich in Israel aber ein Denkmodell durchgesetzt, das klare Züge eines Dualismus trägt, auch wenn theologisch nicht gern von einem Dualismus in Israel geredet wird: Nach dem Sündenfall redet Gott in der Geschichte von Kain und Abel von den Antipoden, die einander gegenüberstehen und um den Menschen und *in ihm* gegeneinander kämpfen: Das »Recht-Tun«, das sich an Gottes Tora orientiert und später mit der Liebe zu Gott und mit Bundestreue gleichgesetzt wird, und »die Sünde«, die »begierig ist«, die Menschen zu beherrschen (*Genesis 4,7*). Kain hält sich nicht an das Recht-Tun, sondern erliegt der Sünde und ermordet seinen Bruder. Von Ungehorsam zu reden trifft hierbei aber nur eine Seite des Geschehens. Denn die eigentliche Macht, die hier auftritt und die Szene beherrscht, ist *die* – gegengöttliche – Sünde. Sie will etwas anderes, als Gott will. Ich rede von Dualismus, weil Gott gegen diese Macht nicht unmittelbar vorgehen kann, sondern nur mittelbar, indem er vom Menschen Gehorsam für seine Gebote einfordert und ihn vor »der Sünde« warnt. Sie aber hat die Menschen in der Hand und zwingt Gott, Israel um seiner Gerechtigkeit willen zu strafen. Ja, sie sorgt durch das Instrument des Ungehorsams dafür, dass die Menschen kein Recht auf Leben (mehr) haben, auch wenn unser Leben von Gott (*Genesis 8,21f*) und Menschen geschützt wird (*Genesis 4,15f; 9,5f*). Es gibt nur ein *mittelbares* Lebensrecht, das ganz von der Gnade Gottes und – seit es eine kultische Regelung dafür gibt – von stellvertretenden Sühneleistungen geopferter Menschen und Tiere abhängt. Das Gesamtkonzept und die einzelnen Elemente sind mythisch, auch wenn es in Einzelheiten Bemühungen gibt, dieses Konzept theologisch anzupassen.

Gnädig sein kann Gott nur, wenn es für die Sünde des Ungehorsams eine Sühneleistung gibt

Das bleibt auch in der judenchristlichen Theologie der ersten Christen das Denkmodell. Gnädig sein kann Gott nach paulinischer Theologie nur, weil Gott das Blut des Gottessohnes als stellvertretende Sühneleistung gegen unsere Schuldigkeiten aufrechnen kann, nur um Christi willen (*Römer 3,25; 5,8f*) – *also nicht aus Liebe zu uns, nicht um unserer selbst willen*. Hier tut sich – wie wir sehen werden – zur Verkündigung Jesu von der unbedingten Liebe Gottes ein tiefer Graben auf. Paulus hat der so wunderbar von ihm gepriesenen Liebe Gottes (*Römer 8,31-39; vgl. 1. Korinther 13*) nicht zugetraut, Frieden mit den Menschen ohne dieses Blut schaffen zu können (*Römer 5,5-11*). Denn Gott ist an die Durchsetzung seines Rechts gebunden. Sühne durch Blutvergießen musste für Paulus prinzipiell *sein* – und zwar damit die beschriebene Gerechtigkeit Gottes keinen Schaden nähme (*Römer 3,25; 4,25*). Der Hebräerbrief (*9,22*) sieht das genauso. Nur ein stellvertretend erlittener Sühnetod kann deshalb die Einzelnen davor retten, dass diese Strafe an ihnen selbst vollzogen wird (*2. Korinther 5,18-21*).

Aber trotz des als zentrale Heilstat der Sühne gedeuteten Todes Jesu wird *jeder* Mensch, wie auch immer er oder sie gelebt hat, vom Kind bis zum Greis, nach apostolischer Lehre von Gott bestraft, und zwar mit der Sterblichkeit und also doch mit dem Tod. Denn der Tod wird von Paulus als »der Sünde Sold« (*Römer 6,23*) verstanden. Seit dem »Sündenfall« werde er auf alle Menschen vererbt (*Römer 5,12ff*). Von der ausgefeilten »Erbsündenlehre« des späten Augustin, die die paulinischen Linien noch weiter ausgezogen hat, fällt es heute schon schwer zu reden. Hervorheben muss ich aber, dass nach Augustin »alle Menschen in Adam gesündigt und deshalb den ewigen Tod verdient« haben. »Gott handelte gerecht, wenn er alle verdammen würde. Nach einem unerforschlichen Ratschluss hat er aus der ›Sündenmasse‹ Menschheit die Mehrzahl zum Untergang und nur wenige zur Seligkeit bestimmt. An den Geretteten zeigt Gott, dass er nicht nur gerecht, sondern auch barmherzig ist.«[205] Das Gottes- und Menschenbild, das von Augustin und, durch seine Theologie geprägt, von unzähligen Priestern und Pfarrern Jahrhunderte lang gelehrt worden ist, hat unendlich vielen Seelen den Frieden geraubt und jede positive Gottesbeziehung verhindert. Gemessen an Jesu Theologie kann man hier von einer *Sünde gegen den heiligen Geist* reden, die die Kirche auf sich geladen hat.

»Die Sünde« verzerrt das Menschen- und Gottesbild und das Verständnis des Todes

»Die Sünde« hat auch in der apostolischen Theologie bereits eine merkwürdige Gestalt angenommen. Sie hat inhaltlich keine wirkliche Kontur, tritt dafür aber *personifiziert* und als das eigentliche *Subjekt* des menschlichen Ungehorsams auf. Ja, was noch schlimmer ist – sie ist mit dem Vorwurf verbunden, dass wir Menschen nicht nur »Gottlose« und »Sünder«, sondern eigentlich – das heißt: ohne den Erlösungsglauben – »Gottes Feinde« (*Römer 5,6.8.10*) seien. Das wiegt weit schwerer, als wenn Paulus geschrieben hätte, wir liebten Gott nicht wirklich – jedenfalls, wenn er unsere Gottesliebe an dem auch von Jesus zitierten Gebot (*Deuteronomium 6,4f; Markus 12,30*) gemessen hätte, dass wir Gott ›aus ganzem Herzen, ganzer Seele, ganzem Denken und ganzer Kraft‹ lieben sollen. Auch wenn schwer zu sagen ist, was denn hier »ganz« meint[206], ist der Vorwurf der Gottesfeindschaft doch etwas, was die Seele jedes Menschen verletzt, der sich bemüht, gut zu sein. Und das taten doch wohl auch damals schon die meisten, auch wenn damals schon nicht perfekt! Wenn von »der Sünde« und den »Sündern« die Rede ist, geht es nur selten um konkrete Schuldigkeiten, die wir Menschen durchaus im Gedächtnis (»Gewissen«) zusammen mit Schuldgefühlen gespeichert haben. Zumeist geht es pauschal um jene antigöttliche Macht, die die Gerechtigkeit Gottes angreift. Dafür wird »die Sünde« letztlich gehasst und prinzipiell, nicht kasuell, mit allem Bösen verbunden.

Insgesamt zeigt sich, dass das skizzierte Menschenbild ganz und gar nicht zu dem passt, was wir bisher bei Jesus gefunden haben. Außerdem wissen wir, dass es nie unsterbliches (Menschen-)Leben gegeben hat. Es hat also auch keinen Sinn, sterbliches Leben als Strafe zu bezeichnen. Ja, es wäre nicht einmal *denkbar*, dass Menschen (und Tiere und Pflanzen) unbegrenzt leben würden. Sterblichkeit gehört zum Leben hinzu, ist keine Strafe, sondern Notwendigkeit, ja, ein Dienst am Leben und Voraussetzung für einen Fortgang des Lebens. Die Rede vom Tod als »der Sünde Sold« und dem »letzten Feind« (*Römer 6,23; 1. Korinther 15,26*) hat Alter und Sterben der Menschen in der christlich geprägten Kultur verunstaltet.

Solche Zerrbilder vom irdischen Leben dürfen Menschen nicht mehr vermittelt werden. Die Wirklichkeit, die wir in Krankenhäusern, Sterbezimmern und auf Friedhöfen antreffen, ist doch kein Ausdruck von Unheil oder Strafe. Die biblische Verunglimpfung der Sterblichkeit muss aus dem kulturellen Gedächtnis heraus. Erst dann wird das Prinzip »Leben retten« Ärzte nicht mehr in einen oft aussichtslosen und – was die Leidenden angeht – unbarmherzigen Kampf gegen den Tod schicken. Denn »Leben retten« kann nicht einfach identisch sein mit Lebensverlängerung. Zuerst muss danach gefragt werden, welche Lebensqualität durch die medizinischen Maßnahmen erreicht werden kann, und auch, ob die Betroffenen eigentlich so leben wollen, wie sie nach vielen lebensverlängernden Maßnahmen leben *müssen*.

»Die Sünde« ist uns als »zweite Natur« implantiert worden, von der nur der Erlösungsglaube befreit

Von den in diesem Kapitel behandelten Vorstellungen vom Menschen her fällt auf, dass das so genannte »biblische Menschenbild« in christlicher Perspektive eine strukturell große Ähnlichkeit mit Zwei-Naturen-Vorstellungen hat. Nun dienten, wie wir gesehen haben, diese Vorstellungen durchweg dazu, des Menschen Möglichkeiten zu verstärken, um das ersehnte Heil zu erreichen. Aber trotzdem ist deutlich, dass dem Menschen in der judenchristlichen Sündenlehre mit der *personifiziert* und als *Subjekt* auftretenden »Sünde« eine zweite Natur implantiert worden ist. Sie aber stärkt den Menschen nicht, sondern schwächt ihn. Denn sie kämpft mit allen Mitteln gegen die erste, von Gott selbst als »sehr gut« bezeichnete Schöpfungsnatur des Menschen und gegen die damit verbundene Gottesbeziehung. Die Schöpfungsnatur war »gottebenbildlich« geschaffen worden und hatte ihren Lebensantrieb aus dem Lebensgeist (hebr. *näfäsch*) Gottes. Seit »die Sünde« dem Menschen »zur zweiten Natur geworden ist«, ist auch die erste Natur korrumpiert, theologisch kaum noch von Bedeutung. Das ist der nachsintflutliche, bis heute andauernde Status des Menschen – obwohl wir täglich gezwungen sind, das Lebensgeschehen mit dem dualistischen Kategorienpaar »gut oder böse« zu bewerten – wie Gott selbst (*Genesis 3,22*). Entsprechend werden die Totalaussagen »gut« und »böse« auf Gehorsam oder Ungehorsam gegen Gottes Gesetz bezogen. Das heißt, dass der Mensch es bei all seinem Tun zuerst und zuletzt mit seinem Gott zu tun haben soll. Die

Menschen und anderen Geschöpfe sind nur mittelbar wichtig, nicht unmittelbar.

Die zweite, negative Natur, »die Sünde«, äußert sich im christlich-biblischen Menschenbild – *außerhalb der Botschaft Jesu* – auch in dem Gegensatz von Fleisch und Geist. Mit »Fleisch« kann im Griechischen der Mensch, aber auch alle übrige Kreatur »aus Fleisch und Blut« bezeichnet werden. Das ist auch *Johannes 1,14* so, wo von der Fleischwerdung des Lógos die Rede ist: »Das Wort ward Fleisch« – also Mensch. Es geht um die irdisch-sterbliche Leiblichkeit unseres Lebens, mit der sich Gott, zurückkehrend aus der theologisch konstruierten Außerweltlichkeit, verbunden hat. Das Pfingstereignis wird dann entsprechend als »Ausgießen des Geistes auf alles Fleisch« umschrieben (*Apostelgeschichte 2,17*).

Doch Fleisch meint auch eine Potenz, die mit einer eigenen Willenskraft auftritt und oft mit sexueller und körperlicher Stärke gleichgesetzt wurde. Das muss so sein, um Lust zu bereiten und für Nachkommen zu sorgen. So ist der Mensch von Gott geschaffen geworden. Trotzdem wurde, nachdem »die Sünde« zur zweiten Natur geworden war, auch das, was das Fleisch um des Lebens willen *wollen muss*, in der kirchlich-theologischen Wahrnehmung des Menschen »der Sünde« zugerechnet. Das kann daran liegen, dass Lust eine von Religion unabhängige Frömmigkeit und ein tiefes Wissen darum hat, dass Liebe und Tod verwandt sind.

Das hat Friedrich Nietzsche gesehen.[207] Wo Lust gespürt wird, spricht auch unsere Sterblichkeit. Denn »alle Lust will Ewigkeit, will tiefe, tiefe Ewigkeit« und konkurriert – läuft um die Wette – mit der Sterblichkeit. »Die Welt ist tief. Und tiefer als der Tag gedacht.« Die Tageswahrnehmung, die Reflexion, reicht nicht, um die Tiefe des Lebens zu erkennen. Die Biographien und Erfahrungen zeigen es: Es geht um das, was uns im Innersten bewegt und oft fast *zerreißt*. Dazu gehört, was uns ›weh‹ tut, was das ›Herz leiden‹ macht, aber auch die Lust. Das Leiden will, dass es vergeht. »Doch alle Lust will Ewigkeit«. *Die Lust ist fromm, will Ewigkeit*. Wohl auch darum ist sie so lange der Erzfeind der *kirchlichen* Frömmigkeit gewesen.

Dass Lust und Leiden, Liebe und Tod miteinander zu tun haben, hängt mit der Sehnsucht zusammen, die in aller Lust wirkt: Sie will Vereinigung mit dem Gesuchten, Geliebten, Begehrten. Ob es um eine mystische Vereinigung mit Gott oder um sexuelle Vereinigung mit dem geliebten Menschen geht – Menschen leiden auch an der Erfahrung, dass die Vereinigung nicht oder nicht wieder erreichbar erscheint. Ja, manchmal leiden Liebende auch einfach daran, überhaupt getrennt leben zu müssen, nicht eins zu *sein*. Das hat Platon in dem Mythos vom »Kugelmenschen« schon beschrieben, in dem (je) zwei Menschen in einer Gestalt aneinandergebunden waren. Erst durch ihre Teilung sind demnach die Menschen entstanden, die wie wir als Individuen leben – und sich nach der abgeschnittenen anderen Hälfte und der Wiedervereinigung mit ihr sehnen.[208]

Lust ist der Impuls, der vom Ziel des Einsseins nicht ablassen lässt. Lust ist zugleich die Sehnsucht, die tiefe, tiefe Ewigkeit will und erst da sich selbst verliert, loslassen kann, lebendig oder tot. Das singt und tanzt der Flamenco. Diese Sehnsucht hat auch mit Hingabe zu tun. Und sie bezieht, weil sie Ewigkeit will, von der Ewigkeit her ihre Kraft. Das ist ihr Geheimnis. Doch das macht sie dem Anspruch der Theologie, dass alle Sehnsucht nach Vereinigung sich auf Gott richten müsse, suspekt. Doch was, wenn Gott, von Anfang an, selbst *ganz* im Leben ist?!

»Die Sünde« und »das Fleisch« bzw. der Eros erwiesen sich entgegen allen Ermahnungen und Geboten, entgegen allen Strafen und Selbstkasteiungen als letztlich nur bedingt beherrschbar. Gegen dieses Dilemma konnte theologisch nicht individuell, sondern nur kollektiv vorgegangen werden. Denn wenn sich »die Sünde« und »das Fleisch« stärker erwiesen als die Fähigkeit zum Gehorsam, war wiederum die Gerechtigkeit Gottes infrage gestellt. Da gesühnt werden *musste*, was die Menschen gemessen an der Forderung nach unbedingtem Gehorsam schuldig blieben (*Römer 3,25*), musste einer, dessen Leben eine für alle unerreichbar hohe Qualität hatte, stellvertretend die Schuld der Menschen auf sich nehmen: der Christus. Er musste unschuldig leiden und sterben und so das kollektive Gehorsams- und Gerechtigkeitsdefizit ausgleichen, das es wegen »der Sünde« und »des Fleisches« gab.

Das ist die Lösung des Dilemmas geworden, die wir als Erlösungslehre kennen. Geändert hat sie am Verhalten der Menschen nichts. Ihr »Gewinn« betrifft primär Gott und seine Gerechtigkeit. Genau gesagt, führt diese Erlösungslehre dazu, dass Gottes Recht auf dem Weg der Stellvertretung (»für uns gestorben«) befolgt, wir gerecht gesprochen und Gottes Gerechtigkeit nicht beschädigt werden. Das ist alles theo-logisch gedacht, also auf Gott bezogen. Etwas Positives bedeutete diese Erlösungslehre nur unter dem Aspekt, dass die Menschen ohne sie in Angst leben mussten, Gott würde sich ihren Ungehorsam nicht endlos gefallen lassen und die Menschheit in seinem Zorn strafen *(Römer 3,25 ; 5,9)*. So gesehen befreite sie von einem Trauma. Aber andererseits hat gerade diese Erlösungslehre in unendlich vielen Menschen ein neues Trauma erzeugt: schuldig zu sein am Tod dieses liebevollen Jesus! Paul Gerhardt hat es sich von der Seele gesungen. Ein zweites, ein Angsttrauma kam hinzu: Wenn Gott so mit seinem lieben Sohn umgeht – kann man ihm dann seine Liebe glauben?

Außerdem müssen wir bedenken, dass das gesamte Leben – wie schon erwähnt – weiter vom Zorn Gottes überschattet blieb: durch die als Sündenstrafe verstandene Sterblichkeit. Ob man gläubig war oder nicht – vom unwiderlegbaren Lebensende her sprach der auf alle zukommende Tod eine deutliche Sprache: als »der Sünde Sold« (*Römer 6,23*). Dass »Gottes Gnadengabe ewiges Leben« sei, wie Paulus ergänzt hat, blieb ein schwacher Trost angesichts der zu erwartenden Fegfeuerqualen, die die etablierte Kirche als Mittel der Disziplinierung dann später auch noch androhte. Mit ihnen wurde der Tod als Strafe noch überhöht. Um sicher zu gehen, dass eine die Lebenszeit der Menschen übersteigende, genau berechenbare Zeit für die Reinigung von »der Sünde« eingehalten würde, wurde das Fegfeuer als virtueller Strafort *nach* dem Tod eingerichtet. Auch hierbei ging es darum, dass Gott *sein* Recht auf diese Weise durchsetzen konnte. Und deshalb musste es den Menschen auch Recht sein.

Auch die Reformation sah uns als Wesen mit einer Doppelnatur

Auch die Reformation ist davon ausgegangen, dass der fromme Mensch eine Doppelnatur hat: Er kann unter keinen Umständen mehr als *»simul iustificatus et peccator«, zugleich Gerechtgemachter und Sünder*, sein. Streng genommen hat der Mensch an sich und aus sich nichts, wirklich gar nichts, womit er sich vor Gott sehen lassen könnte. Er ist Knecht der Sünde durch und durch, eben »Sünder«. Womit er sich müht, gut zu sein, zählt dagegen nichts, weil die Forderung nach Gehorsam *absolut* ist. Allein um des Verdienstes willen, das der Sühnetod Jesu für jeden bedeutet, wird der Mensch *»sola gratia et fide«, allein durch Gnade und Glauben,* gerecht *gemacht* (*Römer 3,25*). Und was im Wort gilt, *muss* durch die Sakramente immer wieder ver-mittelt werden. Denn jeder Tag hat seine neuen Sünden und – ruft die damit verbundenen Drohungen wieder wach.

Natürlich gehört es seit der Steinzeit zur Menschwerdung des Menschen als Aufgabe hinzu, die so genannten Triebe im Zaum zu halten. Aber nimmt man diese ungeheure – ich kann es nicht anders ausdrücken – Strafwut wahr, die sich mit dem kirchlichen Heilssystem auf seiner Rückseite verbindet, und die unerbittlich das Blut eines Sühnopfers einfordernde Selbst-Gerechtigkeit Gottes, kann ich von heute aus gesehen nur erschrecken. Ich kann mir diese Wut nur aus zwei Ursachen erklären. Die erste stammt aus frühmenschlicher Zeit: Jedes Fehlverhalten Einzelner, das einen ganzen Stamm gefährdete, musste drastisch bestraft werden, zum Beispiel durch Vertreibung des Schuldigen. Darauf weist das Schicksal Kains. Die andere Ursache ist moderner und betrifft schon theologisches Denken. In diesem Rahmen kann ich die Strafwut als theologische Reaktion auf eine traumatische Erfahrung verstehen. Das Trauma kennen fromme Menschen, die sich abmühen, gut zu sein, so viel sie auch wollen, und doch immer wieder merken, das sie so makellos gut nicht sein *können*, wie sie sein *sollen* – weil sie Menschen sind. Trotz aller Mühe, mit der sie sich beladen, müssen sie erleben, dass das nichts an ihrer ganz und gar negativen Beurteilung durch Gott ändert. Gäbe es Jesu Sühnetod nicht, müssten alle Menschen ihre Sünden selber »büßen, an Händen und an Füßen gebunden in der Höll‹«[209]. Bricht irgendwann das Erschrecken über diesen Gott auf, erkennen Menschen, dass ihnen gerade durch die Erlösungslehre »faktisch unser Menschsein – unsere Geschöpflichkeit – als Makel vorgehalten wird«[210].

Gegen dieses Trauma kann man sich aus tiefenpsychologischer Sicht nur zur Wehr setzen, indem man die Strafwut in die eigene Regie übernimmt und gegen sich selbst (oder andere) wendet.[211] Paulus glaubte nach damaliger Frömmigkeit, seine körperliche Behinderung als sichtbare Strafe Gottes verstehen zu müssen (*2. Korinther 12,7*[212]). Nachdem Gott – so erzählt er – es dreimal abgelehnt hatte, »von ihm abzulassen«, fing er an, seine Leiden zu preisen: »Daher habe ich Wohlgefallen an Schwachheiten, an Misshandlungen, an Nöten, an Verfolgungen und Ängsten, um Christi willen« (*12,10*).

Auch Martin Luther hat sich mit der Erfahrung abgeplagt, durch keine fromme Mühe Gott angenehm werden zu können. Wie Paulus hat er durch den Gedanken Erlösung gefunden, dass Christus für ihn gestorben sei und ihn gerecht gemacht habe. »Das simul iustus et peccator« ist seine Formel geworden.

Die Erlösungslehre ist die »Gegeninformation« zur unbedingten Liebe Gottes

Wer im Gottesdienst gut zuhört, muss den liturgischen Texten entnehmen, wie wenig es Gott wirklich um die da Versammelten geht. In fast allen Gebeten, mit denen Priester und Pfarrer Gott um etwas Gutes für die Menschen bitten, wird die Formel benutzt, er möge es »um Christi willen« tun. Um ihrer selbst willen, sagt diese Sprachregelung, würde Gott nichts für sie tun, sind sie – trotz aller gegenteiligen Beteuerungen in den Predigten – *nicht liebenswert*. So wirkt sich die dominante Dienstbarkeit gegenüber der Gerechtigkeit Gottes als »mitlaufende Gegeninformation« (Paul Watzlawick)[213] zur Predigt von der Liebe Gottes aus. Deutlicher gesagt: Die Erlösungslehre erweist die Liebe Gottes als unglaubwürdig, nämlich als ganz und gar abhängig von der blutigen Sühne. Doch zu dieser Erlösungslehre gehört ja auch nicht Liebe, sondern die Gnade Gottes. Die Liebe käme aus freien Stücken, aus sich selbst, liebte die Menschen um ihrer selbst willen – wie das Gleichnis Jesu vom ganz und gar nicht »verlorenen« Sohn zeigt (*Lukas 15,11-32*). Davon kann in der Erlösungslehre keine Rede sein. Denn die Gnade hält an der Strafe für die Sünde fest und überträgt ihre Exekution nur auf einen, der als Stellvertreter leiden muss. Und der ist der »geliebte Sohn«. Gerade in diesem Teil der Erlösungslehre sehen aber viele Menschen inzwischen eine schwere Kränkung. Denn durch diese Lehre wird doch unterstellt, wir wollten und könnten das *gut heißen*, dass einer *für uns* leiden und sterben muss, um Gottes Gerechtigkeit zu retten. Wie viele andere kann ich das nicht mehr und habe deshalb diese Erlösungslehre aufgegeben.

Die Alternative ist die ganz andere Vorstellung von Gottes Gerechtigkeit, die Jesus verbreitet hat. Zu ihr gehört die Botschaft, dass Schuld, die wir auf uns laden, uns nicht das Lebensrecht nimmt. Dieses Rechtsprinzip ist ein wichtiges Erbe der Jesus-Überlieferung, auch im Kampf gegen die Todesstrafe heute. Aber es erweist auch die Lehre als widersinnig, Schuldiggebliebenes müsse von Gottes Recht her durch das Blut eines Menschen gesühnt werden. Nach der Jesus-Überlieferung »bedeckt« die Liebe Gottes alle Schuld von sich aus – und *schafft* so erst die Möglichkeit, umzukehren und das schuldhafte Verhalten zu ändern (*Johannes 8,1-11*).

Es ist erfreulich, dass die 2008 erschienene Stellungnahme des Leitenden Geistlichen Amtes der Evangelischen Kirche von Hessen und Nassau zur Sühnetheologie deutlich gesagt hat, niemand müsse heute mehr »die Heilsbedeutung des Todes Jesu mit Hilfe der Metaphorik des Sühnopfers auslegen« (Punkt 20). Fällt diese Metaphorik weg, erübrigt es sich allerdings auch, überhaupt von einer Heilsbedeutung des Todes Jesu zu reden. Denn auch wenn man den Tod Jesu als »Loskauf« deutet, ist der Tod bzw. das Blut ja das gezahlte *Löse*geld.

Bemühungen um eine ernsthafte Glaubensreform werden bei uns gerne mit dem scheinbar weisen Urteil blockiert, es werde »billige Gnade« angeboten – weil man, wie ich, nicht durch das als Sühnemittel benutzte Menschenblut gerecht gemacht werden möchte. Friede mit Gott ohne Blutvergießen gilt aber als »billige Gnade«. Ich denke, dass das wirkliche Problem – wie Wilfried Engemann es beschrieben hat – darin zu finden ist, dass Menschen schon in der Eingangsliturgie der Gottesdienste formelhaft und standardisiert, ohne jede nachvollziehbare inhaltliche Aussage eine »billige Schuld« vorgeworfen wird, weil Liturgie und Versöhnungslehre das so vorschreiben[214] – und damit am Menschsein vorbeigehen, wie Jesus es uns zugestanden hat. Als der Sohn im Gleichnis Jesu von der Liebe des Vaters (*Lukas 15,11-32*) nach Hause zurückkommt, wird er nicht mit einem Vorwurf, sondern mit einem Fest empfangen – aus der reinen Freude darüber, dass er wiedergefunden, ja, »auferstanden« ist! Dieses Glück darf man in den Kirchen nicht erleben, wenn man kommt und den liebevollen Gott sucht. Da soll man sich zuerst als *der Liebe Gottes unwürdig*, als Sünder/in verstehen. Und selbst, wenn man nun Buße täte, geht es das nächste mal wieder genauso an. Wer aber die Menschen erst einmal kleinmachen muss, macht deutlich, dass er seiner Botschaft nichts Großes zutraut. Ich sage das, weil ich auch viel zu lange dieser Liturgie und ihrem Menschenbild gefolgt bin.

Doch eine Frage muss noch gestellt werden: Spricht ein Abschied von der Erlösungslehre nicht gegen Jesu Bitten im Unser-Vater-Gebet: »Führe uns nicht in Versuchung (*Matthäus 6,13a; Lukas 11,4c*), sondern erlöse uns von dem Bösen« (*Matthäus 6,13b*)?

Ich habe von meinem Doktorvater, Joachim Jeremias, gelernt, dass beide Bitten mit der auch von Jesus geteilten Furcht vor dem Ende »dieser Welt« zusammenhängen. Denn mit der Furcht vor der Endzeit verband sich die Angst vor dem großen Chaos, das ausbrechen und alle geltenden Regeln und Ordnungen wegspülen würde. Darum wurde diese apokalyptische Bedrohung auch »die große Versuchung« genannt. Dahin – so betete Jesus zu Gott – führe uns in diesen Tagen, bitte, nicht! Sondern bewahre uns davor, dass das, was wir an Aggressionen und Begierenden in uns haben, ungezügelt aufbricht und außer Kontrolle gerät. Bewahre uns vor den Plünderungen und Vergewaltigungen, vor dieser Not! Die zweite Bitte spricht also nur aus, was die erste schon beinhaltet. Darum hat Lukas die Bitte, die um Bewahrung bittet, gar nicht überliefert.

Nein, das Unser-Vater-Gebet spricht nicht gegen den Abschied von der Erlösungslehre, die durch Jesu Blut die Macht der widergöttlichen »Sünde« brechen wollte. Jesus mahnt vielmehr, unser Menschsein nüchtern zu sehen, aus seiner tierlichen *Herkunft* als gefährdet zu verstehen und *Hoffnung von der geistlichen Herkunft* herzuleiten. Was den Einbruch von Katastrophen angeht, die niemand verhindern kann, hat Jesus dazu gemahnt, sich zu wappnen. Seine Ratschläge klingen sehr modern – selbst wenn man an Tsunamis denkt:

»Wenn ihr ›den Gräuel der Verwüstung‹ …seht, … dann sollen die in Judäa ins Gebirge fliehen; wer auf dem Dach ist, soll nicht hinabsteigen und nicht hineingehen, um etwas aus seinem Haus zu holen, und wer auf dem Feld ist, soll nicht zurückkehren, um seinen Mantel zu holen. Wehe aber den Schwangeren und den Stillenden in jenen Tagen! Betet aber, dass es nicht in den Winter falle. Denn jene Tage werden eine Drangsal sein …« (*Markus 13,14-19*).[215]

Diese nüchterne Sicht menschlichen Verhaltens in katastrophalen Krisen rät dazu, uns mit dem zu befassen, was wir aus unserer Frühzeit als Erbschaft in uns haben. Denn unser Konfliktverhalten wird bis heute davon beeinflusst.

Vier Grundkonflikte aus der Frühzeit des Menschen

Beim Nachdenken über die Funde aus der Steinzeit hat sich eine tragische Seite dieser frühen menschlichen Existenz gezeigt: Um selbst zu überleben, mussten die Menschen ihnen verwandte Tiere töten und so an Wesen schuldig werden, die auch nichts anderes im Sinn hatten, als leben zu wollen. Je mehr sie menschlich eigen-artig geworden waren, wuchs auch dieses Schuldbewusstsein, das vermutlich zu frühen Formen von Opfermahlen geführt hat. Dabei wurde durch Teilen Entlastung von der Schuld gefunden. Das muss so ganz offen formuliert werden, weil es aus dieser Zeit keine Spuren von Göttern oder auch nur Dämonen gibt, und weil auf die steinzeitlichen Opfermahle aus sehr viel jüngeren Opfermahlen von Jägern und Sammlern geschlossen wird. Die frühen Plastiken und Höhlenmalereien zeigen aber jetzt: Der Mensch sah sich *selbst* und die ihn umgebenden Tiere, und zugleich sah er doch mehr. Es sind lebensvolle Darstellungen von dem, was man als heilvoll verstand – so meine These. Um reine Abbildungen handelte es sich jedenfalls nicht.

In der Chauvet-Höhle ist die Bewegung in der Zeit aperspektivisch in die Tierdarstellungen integriert *(s. Abbildung 14)*. Der »Löwenmensch« *(s. Abbildung 12)* hat gar den evolutionären Quantensprung geschafft, eine menschliche Gestalt mit Löwenkopf – ebenfalls aperspektivisch – darzustellen. Die »Venus vom Hohle Fels« *(s. Abbildung 10)* ist als Gestalt sehr ungleich proportioniert: Während Brüste, Becken und Scham übergroß sind, sind die Beine eher stummelartig, und der Kopf fehlt ganz.

Das Hin-und-her-denken-müssen von der tierlichen zur frühmenschlichen Art und zurück drückt sich beim Löwenmenschen deutlich aus. Die vielen Kleinplastiken von Tieren, die man in den Höhlen fand, lassen erkennen, dass die frühen Menschen die Gemeinschaft mit den Tieren auf diese Weise auch in den Höhlen haben wollten. Daraus und aus dem klar sichtbaren künstlerischen Reflexionsvermögen können wir darauf schließen, dass bei diesen Menschen die Einsicht gewachsen war, verantwortlich zu sein für das eigene Handeln, auch und gerade gegenüber Tieren.

Nun wird in den Menschen der Altsteinzeit das tierliche »Herkunftsgedächtnis« noch lebendiger als heute in uns verankert gewesen sein. Es verband sie mit der weitgehend verlassenen tierlichen Art. Es erinnerte aber immer wieder die Gewohnheit, ohne moralische Skrupel in dem Lebenszusammenhang, den wir »Nahrungskette« nennen, durch Jagen und Töten mitzuwirken. Dasselbe gilt für die beiden wichtigen »Triebe«, den Fortpflanzungs- oder Sexualtrieb und den Aggressionstrieb, der das eigene Interesse gegen konkurrierende Interessen anderer durchzusetzen versucht. Das wissen wir vor allem durch die Arbeiten der Verhaltensforscher bzw. Humanethologen Konrad Lorenz und Irenäus Eibl-Eibesfeldt seit Jahrzehnten.[216] Und wir wissen auch, wie intensiv sich die gedächtnishaften Verbindungen zum tierlichen Verhalten auf das *menschliche* Verhalten ausgewirkt und welche *Konflikte* sie ausgelöst haben – und immer noch auslösen. Aus dem bisher Behandelten können wir *vier Grundkonflikte menschlicher Existenz* beschreiben.

- Der *erste* Konflikt verbindet sich mit der aufkommenden Erfahrung der frühen Menschen, unausweichlich schuldig zu werden an den tierlichen Verwandten, die man töten muss, um zu überleben. Das Blut, das dabei vergossen wurde und das man von sich selbst kannte, gab diese Signale. Diese Schulderfahrung hat das menschliche Bewusstsein wesentlich gebildet. Um sie zu ertragen, mussten entlastende Riten gestaltet werden. Aber es bedurfte auch praktikabler Verfahren, um tödliche Konflikte zwischen Stammesmitgliedern zu schlichten und um Handlungen Einzelner zu ahnden, die das Heil des Überlebens im Stamm gefährdeten. Hier könnte es zu Vertreibungen oder auch zu gemeinschaftlichem Töten von Menschen gekommen sein.
- Eine *zweite Gruppe* von Konflikten hing mit der Einsicht zusammen, dass das neue Leben bestimmte Verhaltensweisen einer *wilden* Existenz nicht mehr zuließ. Die Steuerung des Handelns durch Instinkte nahm drastisch ab, und die Verantwortung für das eigene Handeln im Stamm nahm zu. Dadurch wurde es zur Aufgabe, *die gemeinschaftlichen bzw.* sozialen *Belange und die ganz langsam wachsenden* individuellen *Interessen* auszugleichen. Je mehr Kommunikationsmöglichkeiten es gab, Konflikte zu lösen, desto weniger Gewalt wurde eingesetzt. Maßstäbe für das, was als lebensdienlich und was als lebensfeindlich anzusehen war,

werden vermutlich über Beispielerzählungen eingeprägt worden sein. Dasselbe galt für Sanktionen. Fehlverhalten machte Individuen am ganzen Stamm schuldig.

- Eine *dritte Gruppe* betraf Konflikte zwischen dem tierlichen Herkunftsgedächtnis und dem sich bildenden kulturellen Gedächtnis.[217] Denn natürlich haben auch altsteinzeitliche Jäger und Sammler schon ein kulturelles Gedächtnis gehabt, das auf narrativen, gestischen und künstlerischen Wegen weitergegeben und zugleich modifiziert worden ist. Dieser Konflikt erforderte Lösungen, die mit (unbewussten) Weichenstellungen in Richtung auf die weitere Menschwerdung des Menschen verbunden waren. Und die Frage lautete im Grunde immer: Wo ist die Grenze, die auf dem Weg zurück ins Herkunftsgedächtnis nicht überschritten werden durfte, um Mensch zu sein und weiter Mensch zu werden.
- Ein *vierter* Konflikttyp betraf das Verhältnis zur Erde. Das Gefühl, auf der Erde geborgen wie im Schoß der Mutter zu leben, wurde durch Vulkanausbrüche und folgende Finsternisse, durch Überschwemmungen (Tsunamis), Meteoriteneinschläge, Dürreperioden und andere Naturkatastrophen beschädigt. Die Erde ernährte Tiere, Menschen und Pflanzen nicht nur, sie verschlang sie auch. Wo sich Kulte bildeten, um übermenschliche Mächte dankbar zu ehren, werden auch Riten praktiziert worden sein, um diese Mächte zu besänftigen, wenn sie wie ein Raubtier über die Menschen herfielen.

Wenn wir uns diese frühen Grundkonflikte vergegenwärtigen, können wir vermuten, dass sie sich jeweils dort eingestellt und verschärft haben, wo die evolutionäre Entwicklung zu erkennbaren Veränderungen geführt hat, die einen bis dahin gewohnten Zustand ins Wanken brachten. Anders ausgedrückt:

Tiere haben mit dem Tiersein eines Tieres kein Problem. Aber das Mensch gewordene Tier erzeugte in seiner menschlichen Umgebung Probleme, wenn es tierliche Verhaltensweisen, die von mittlerweile erreichten menschlich-kulturellen Standards abwichen, unkontrolliert in sein Sozialverhalten einfließen ließ.[218] Man kann sich denken, dass sich solche Abweichungen bis in sehr diffizile Situationen hinein ausgewirkt haben. Als Beispiel mag dienen, dass ein Mensch in einem schweren Streit ein vom Herkunftsgedächtnis als erprobt empfohlenes »entwaffnendes Verhalten« befolgte. Er machte sich wehrlos und erreichte damit, dass ein Streit deeskalierte. Dann war es gut, sich noch tierlich verhalten zu haben. Er konnte sich damit aber auch gefährden, wenn der Streitgegner die Signale nicht mehr verstand und die demonstrative Wehrlosigkeit deshalb nicht respektierte, sondern trotzdem zuschlug. Dann erwies es sich als lebensgefährlich, sich tierlich verhalten zu haben.

Die hier exemplarisch angesprochenen Konfliktkonstellationen sind nicht im banalen, sondern in einem ganz spezifischen Sinn »typisch menschlich«. Sie haben sich nämlich mit den evolutionären Veränderungen verbunden. Und die sorgten dafür, dass sich die Einflüsse nicht mehr ausgleichen ließen, die vom tierlichen Herkunftsgedächtnis einerseits und von den gelernten neuen Verhaltensstandards der frühmenschlichen Kultur andererseits ausgingen. Fielen die Konflikte folgenreich aus, konnten die Menschen in ihnen scheitern. Die frühen Menschen standen damit vor einer schwierigen Aufgabe. Sie konnten Konfliktlösungsmodelle, die sich ihnen anboten, nicht einfach bewusstlos befolgen, sondern mussten sich die konkurrierenden Modelle bewusst machen und zwischen ihnen wählen. Dafür waren Maßstäbe nötig, die gemeinschaftlich gefunden werden mussten. Denn nur solche Maßstäbe konnten allgemein akzeptiert werden. Kam es zu Berührungen unterschiedlicher Stämme und stellte sich dabei heraus, dass deren

Konfliktlösungsmodelle und die darin wirksamen Maßstäbe mit den eigenen differierten, wurden die bis dahin geltenden Konventionen ganz von selbst infrage gestellt.

Ich sehe in der Kain-und-Abel-Geschichte vom Brudermord (*Genesis 4,1-12*) eine solche Konfliktkonstellation nachgezeichnet. Auslösendes Moment ist die Bevorzugung des Abel durch Gott. Ein Motiv dafür ist nur in einer zweiten Schicht in der Ausgangsszene zu finden: Abel opfert blutig, wie es die Tora will. Kain opfert pflanzlich und wird deshalb von dem die herrschende Theologie repräsentierenden Gott abgelehnt. Kain ist damit bereits negativ gekennzeichnet. Das Drama aber wird dadurch ausgelöst, wie Kain mit dem verständlichen Zorn des Abgelehnten auf den Bevorzugten umgeht. Er hatte zwei Möglichkeit, den Zorn abzuführen: Dadurch, dass er den Abel tötet, oder dadurch, dass er die Zurücksetzung als Gottes Recht akzeptiert, aber seinen Zorn in eine Gottesanklage verwandelt und so herauslässt. Kain folgt dem Rat des Herkunftsgedächtnisses und nicht dem Rat Gottes, den Zorn fahren zu lassen und Herr über »die Sünde« zu werden. Kain bringt Abel um. Die jetzige Fassung der Geschichte sieht in Kains Handeln bereits »die Sünde« herrschen. Die ältere Fassung spricht noch eine andere Sprache, indem sie das Blut Abels aus dem Ackerland reden lässt, in das es geflossen war. Gott dolmetscht dem Kain, was der Acker sagt: »Horch, das Blut deines Bruders schreit zu mir empor vom Ackerland. Und nun – verflucht bist du, verbannt vom Ackerland, das seinen Mund aufgetan hat, aus deiner Hand das Blut deines Bruders zu empfangen« (*V. 11f*). Der Mord ist eine Bluttat, und alle, auch das Land, haben ein Bewusstsein für dieses Geschehen. Die Folge des blutigen Konflikts ist eine Trennung der Kulturen: Die Kultur der Ackerbauern und die Kultur der Tierzüchter trennen sich. Wobei zur Ablehnung des pflanzlichen Opfers nun auch noch die Verfluchung des Sesshaften und späteren Städters kommt.

Die erste Ebene in der Geschichte ist die Bluttat selbst, ohne ursächlichen Zusammenhang mit »der Sünde«, der Theologie und Kultur. Die Bluttat wird nicht mit dem Tod bestraft, sondern mit der Vertreibung: »Mach dich vom Acker!« Auch in unserer Redensart klingt die Vertreibung noch an. Gott sanktioniert diese Trennung, indem er das Leben dessen vor der Blutrache schützt, der einer anderen Kultur angehört. Doch die erste Ebene ist schon mit der zweiten verbunden: Das »Kainszeichen« markiert zugleich die Abwendung von dem, der sich von »der Sünde« hat beherrschen lassen. Er wird vertrieben, aber sein Leben wird tabuisiert. Und wer ist »die Sünde« hier? Es ist die Stimme des Zorns, die sich spontan und *tödlich-aggressiv* äußert. Sie soll kein Gehör mehr finden. Für die *nachsintflutlichen* Menschen gilt das Kainszeichen aber nicht mehr als Schutz. Da ist schon festgelegt, welche Taten mit dem Tod zu bestrafen sind (vgl. *Exodus 21,12ff*). Die Begründung dafür, dass Totschläger und Mörder getötet werden müssen, wird in *Genesis 9,5f* nicht mehr von der Handlungsebene her, sondern von der theologisch geprägten Kultur her gegeben: »Weil der Mensch nach Gottes Bild gemacht ist«. Die Theologie hat das Kainszeichen einfach weggewischt, weil sie nun die Tat als *gegen Gott gerichtet* bewertet hat und selbst primär als *Gottes* und *nicht der Menschen* Anwalt aufgetreten ist. Sie hat damit die früher auch im christlichen Bereich übliche Todesstrafe begründet.

Die vier Grundkonflikte gehören auch heute zu unserer menschlichen Existenz

Die behandelten Konflikte sind allerdings mit den steinzeitlichen Menschen nicht ausgestorben. Auch heute finden sich sehr ähnliche Konfliktkonstellationen, und zwar nicht irgendwo am Rande des Lebens. Sie gehören zum Alltag. Und im Straßenverkehr zum Beispiel oder in kriegerischen Auseinandersetzungen der Staaten und Mächte fordern sie jährlich Millionen Opfer: Tote, Verletzte, Behinderte, Vertriebene, Waisen, Traumatisierte. Was dabei geschieht, geschieht formal nicht außerhalb der Legalität. Schließlich gibt es eine Straßenverkehrsordnung und ein Kriegsrecht. Ich wähle, um mich verständlich zu machen, ein Beispiel aus dem Bereich des Straßenverkehrs.[219]

Dass wir sagen »Ich stehe da, und wo stehst du?«, wenn es um unsere geparkten Autos geht, verrät, wie stark wir uns mit unseren Autos identifizieren. Denn sie sind stabil und komfortabel ausgestattete Höhlen. In ihnen erleben wir eine ganz tiefe Geborgenheit, so, wie wir sie vor der Geburt im Mutterleib und in frühen Stufen der Evolution in Höhlen erlebt haben. Und wenn wir losfahren, nach außen scheinbar geschützt und ganz unseren Bedürfnissen ausgeliefert, dann brechen die alten Erfahrungen und Strategien wieder auf. Man ärgert sich hinterher, ihnen gefolgt zu sein – und schämt sich.

Die deutsche Straßenverkehrsordnung legt in § 1 (2) als eine der »Grundregeln« fest: »Jeder Verkehrsteilnehmer hat sich so zu verhalten, dass kein Anderer geschädigt, gefährdet … wird.« Und § 3 bestimmt: »(1) Der Fahrzeugführer darf nur so schnell fahren, dass er sein Fahrzeug ständig beherrscht.« Auch Abs. 2a sagt klar: »(2a) Die Fahrzeugführer müssen sich gegenüber Kindern, Hilfsbedürftigen und älteren Menschen, insbesondere durch Verminderung der Fahrgeschwindigkeit und durch Bremsbereitschaft, so verhalten, dass eine Gefährdung dieser Verkehrsteilnehmer ausgeschlossen ist.« Der Gesetzgeber verbietet mit solchen Formulierungen, streng genommen, jede aktive Teilnahme am motorisierten Straßenverkehr. Denn keiner, der sich ans Steuer setzt und losfährt, kann eine Schädigung anderer *ausschließen*.

Dass das so ist, kann jeder aus den Statistiken und fast jeder aus seinen eigenen Erfahrungen wissen. In den 50er Jahren starben jährlich über 20.000 Menschen auf deutschen Straßen, und in der Gegenwart sind es immer noch rund 4.000. Das ist zwar ein drastischer Rückgang, zumal es jetzt, gemessen an den 50er Jahren, ein Vielfaches an Kraftfahrzeugen und gefahrenen Kilometern gibt. Aber andererseits ist die Sicherheitstechnik verbessert worden, die Rettungsdienste sind viel schneller an den Unfallstellen, und die Intensivmedizin sorgt dafür, dass viele Schwerstverletzte den Zeitraum von 30 Tagen nach dem Unfall überleben – denn wer danach stirbt, zählt nicht mehr als ein Verkehrstoter.

Dass der Gesetzgeber trotz genauer Kenntnis der Opfer eine Gefährdung von Kindern ausdrücklich ausgeschlossen haben will, spricht von einer merkwürdigen Realitätsverweigerung. Denn die StVO setzt ein Maß an Willens- und Handlungsfreiheit sowie an Selbstbeherrschung voraus, das wir als Menschen gar nicht haben. Es ist zwar so, dass wir uns eine gewisse Zeit lang selbst *ganz* – und deshalb auch unser Auto *weitgehend beherrschen* können. Aber *ständig* können wir das beim Fahren nicht. Viele Untersuchungen haben längst bewiesen, dass das Autofahren dazu einlädt, den Bezug zur Wirklichkeit zu verlieren und sich stattdessen inneren Bildern und psychischen Abläufen zu überlassen, die von weither kommen.

Dafür sorgen eine gefährliche Mischung aus *Geborgenheit*, die der geschlossene Raum vermittelt, und *Geschwindigkeit*. Diese sorgt ab ca. 30 km/h dafür, dass wir Passanten nicht mehr als Wesen aus Fleisch und Blut, sondern nur noch als Hindernisse *wahrnehmen*. Hinzu kommt als Faktor die Möglichkeit, mit minimalem Einsatz eine ungeheure Kraft zu entfalten – und andere zu übertreffen. Alles zusammen führt dazu, dass wir weit weg kommen können von dem, was wirklich auf den Straßen vor sich geht, und dann furchtbare Dinge anstellen. Denn wer sich in den bergenden Uterus zurückversetzt erlebt, hat genauso wenig Beziehung zur Wirklichkeit um ihn herum wie jemand, der in sein Herkunftsgedächtnis abtaucht und sich mitten in einer Horde von Tieren fühlt, die eine Beute jagen. Der schert dann nämlich kurz vor der roten Ampel noch aus seiner Spur aus, um in die erste Reihe zu kommen und dann bei Grün der Erste am Start zu sein. Oft genug sind es aber auch nur die Müdigkeit, oder lebhafte Gedanken an andere, die uns die Kontrolle rauben.

Klar ist jedenfalls: Niemand dürfte mehr Auto oder Motorrad fahren, wenn er *wirklich ausschließen* wollte, andere im Straßenverkehr zu gefährden. Auf keinen Fall aber darf der Staat, wenn er des Menschen innere Situation berücksichtigen würde, irgendeine Maßnahme unterlassen, die dazu dienen kann, die Zahl der Verletzten und Toten zu reduzieren. Ich habe schon vor zwanzig Jahren vorgeschlagen, Höchstgeschwindigkeiten nicht nur festzusetzen, sondern mit technischen Steuerungen dafür zu sorgen, dass sie nicht überschritten werden *können*.[220] Das wäre technisch kein Problem, wird aber von Politik und Wirtschaft nicht *gewollt*. Und obwohl alle Verkehrssicherheitsexperten davon ausgehen, dass Fahrtenschreiber einen drastischen Rückgang der Unfälle zur Folge hätten, wird auch dieses einfache Gerät nicht gesetzlich vorgeschrieben. Also bleibt es bei dem Zustand, den wir haben, sterben 4.000 Menschen allein in Deutschland jährlich. Und das letzte Wort wird den Pfarrern zugeschoben, die das im Straßenverkehr alltäglich erzeugte Elend bei der Beerdigung der Opfer dann noch mit Gott in Verbindung bringen sollen: »Nachdem es dem allmächtigen Gott gefallen hat, unsere Schwester / unseren Bruder N.N. aus diesem Leben abzuberufen …«. Was für ein Gott sollte das sein?

Bei Kraftfahrzeugen handelt es sich um Maschinen. Wie bei der Bedienung aller anderen Maschinen auch müsste *technisch* und durch äußere Rahmenbedingungen *so weit wie nur möglich* dafür gesorgt werden, dass weder derjenige, der die Maschine bedient, noch jemand, der in ihre Nähe kommt, verletzt werden. Dass dies vom Gesetzgeber und von der Industrie verweigert wird, zeigt, dass dem Kraftfahrzeug eine Sonderrolle zugestanden wird – vermutlich wegen der Möglichkeit, in der schönen Karosse intrauterine Geborgenheitsgefühle und steinzeitliche Jagdgelüste ausleben zu können. Wer dabei von Freiheitsrechten spricht, die der Staat zu schützen habe, sollte bedenken, dass das *Anspruchsrechte* sind. Anspruchsrechte aber müssen in einer Sozialethik hinter die Schutzrechte zurücktreten, die jeder potentiell Gefährdete beanspruchen darf.

Hier schreit alles danach, das idealisierte Menschenbild aufzugeben und endlich unsere – aufgrund unserer tierlichen Verhaltensreste – sehr begrenzten Möglichkeiten ernst zu nehmen und die StVO auf diese einzustellen. Es ist unsinnig, etwas von uns zu fordern, was wir nach heutigem Wissensstand nicht leisten können. Es ist aber auch problematisch, die Schuld an den Verkehrstoten und -verletzten allein den Individuen oder gar Gott zuzuschreiben. Denn der Gesetzgeber selbst lädt Schuld auf sich, wenn er eine absolute Beherrschung der Fahrzeuge von uns verlangt, aber weder die unvermeidbaren Risiken erwähnt noch durchsetzt, dass das technisch Mögliche zum Schutz von Menschen getan wird. Außerdem müsste er die Fahrschulen verpflichten, Trainingsprogramme durchzuführen, durch die man die Risiken kennenlernt.[221]

Ich denke, die Kain-und-Abel-Geschichte und die Situation im Straßenverkehr zeigen, dass es *die alten Grundkonflikte auch heute noch* gibt. Sie gehören zum Menschsein hinzu, auch wenn sie sich von Generation zu Generation modifizieren. Niemand wird aber auf die Idee kommen, die Menschen wegen dieser Probleme als wesenhaft »böse« oder »sündig« zu bezeichnen. Beide Urteile treffen nicht die Probleme, die wir haben. Beim Umgang mit ihnen hilft uns keine idealisierende Selbstüberschätzung. Denn sie tut so, als wären wir schon aus dem Stadium des Fragmentarischen heraus, als hätten wir uns und die von uns gestaltete Welt total im Griff. Es hilft uns aber auch nichts, unsere Unfähigkeit, fehlerlos mit Konflikten oder mit Maschinen umzugehen, als Ausdruck von Böswilligkeit oder Sündhaftigkeit zu sehen. Denn es wirkt nichts von einem vermeintlichen Außen in unser Leben hinein, sondern alles, was wirkt, ist in uns – im einzelnen Menschen wie in Gruppen. Einzig die Einsicht hilft, dass die Menschwerdung des Menschen ein offener Prozess ist. Weder Selbstüberschätzung noch Selbstunterschätzung noch die Flucht zum Antigott Sünde sind sinnvoll. Geboten ist, Maßlosigkeit im Blick auf angebliche Freiheitsrechte durch Schutzrechte rigoros einzugrenzen.

Natürlich schließen diese Erkenntnisse weder eine Schuldfähigkeit noch eine Bestrafung von Schuld aus, die wir im konkreten Fall auf uns laden. Sie lehren uns aber mit aller Deutlichkeit, dass niemand »ohne Schuld« ist und dass keine Schuld die Forderung nach sich ziehen darf, einen Menschen zu töten (*Johannes 8,1-11*). Um es ganz klar zu sagen: *Schuldig werden und schuldig sein gehören zur Würde des Menschen hinzu.* Und Gott »lässt seine Sonne aufgehen über Böse und Gute und lässt regnen über Gerechte und Ungerechte« (*Matthäus 5,45*). Die Einsicht, vieles vielen im Leben schuldig zu bleiben, lehrt, wie wichtig Vergebung für das Miteinander ist – gerade weil es Vergebung im Strafgesetzbuch im eigentlichen Sinn nicht geben kann. Denn »Mildernde Umstände« anzuerkennen oder Strafen zur Bewährung auszusetzen sind ja etwas anders.

Dass wir die Humanethologie bzw. evolutive Anthropologie ganz anders als bisher in der theologischen Anthropologie berücksichtigen müssen, steht ebenfalls fest. Wir werden gut daran tun, einen kulturell akzeptierten Umgang mit den vier genannten Grundkonflikten in buchstäblichen Trainingsprogrammen zu erlernen. Das Allerwichtigste aber ist, den noch offenen Prozess der weiteren Menschwerdung des Menschen als geistige Herausforderung zu akzeptieren und die Richtung dieser Entwicklung durch den eigenen Beitrag mit zu beeinflussen. Dazu bedarf es eines geistigen Horizontes, an dem wir uns orientieren. Für mich ist dies die *Jesus-Überlieferung* mit den Weichenstellungen, die wir bei ihm finden.

Zu diesen Weichenstellungen gehört, dass wir auf das Reden von »der Sünde« weitestgehend verzichten und eher von dem reden, was wir anderen schuldig bleiben. Der parallele Gebrauch von »Schuld«, »Schuldner« (griech. *opheilema, opheiletes*) und »Sünde« (griech. *hamartia*) in den beiden Versionen des Unser-Vater-Gebetes Jesu bei Matthäus (*6,12*) und Lukas (*11,4*) zeigt, dass es keinen theologischen Grund gibt, »Sünde« von »schuldig bleiben« abzusetzen. Denn »schuldig bleiben« bezieht sich genauso auf das, was wir Gott schulden, wie auf das, was wir Menschen und anderen Mitgeschöpfen schulden – und eben oft schuldig bleiben. Dieser Begriff hat außerdem für sich, dass er viel klarer sagt als »Sünde«, worum es eigentlich geht. Wenn ich von »schuldig bleiben« rede, muss ich auch sagen, was ich wem schuldig bleibe oder andere mir. Es lädt zur Elementarisierung ein – und bewahrt davor, pauschal von »der Sünde« als einer antigöttlichen, personifizierten Macht zu reden. Für mich hat Glauben nicht mit Dualismus zu tun. Wir müssen das als »böse« Erlebte genau so konkretisieren und elementarisieren wie »die Sünde«.

Kirche und Theologie müssen ihre Sprache herausholen aus einer gezielten Unschärfe, die nur dazu dient, auch ohne irgendetwas Konkretes zu nennen, allen ein schlechtes Gewissen zu machen. Am einfachsten geht das mit dem Vorwurf, Gott »nicht genug« geliebt zu haben. Aber wer kann schon »genug« lieben? Gott oder Menschen? Wer misst das? Was ist hier »genug«? Das ist eine Sprache wie in totalitären Systemen, in denen man auch die Herrscher nie genug lieben kann und also immer in ihrer Schuld bleibt. Aber Gott ist kein totalitärer Herrscher.

Gott zum Gesetzgeber kirchlichen Rechts zu machen kann zur Falle werden, wenn das Recht nicht dem Leben dient

Das alltägliche und das religiöse Leben gehören nur scheinbar zu zwei Wirklichkeiten, denn es gibt nur eine. Gilt Gott als Gesetzgeber, wird die Gottesbeziehung durch die Forderung nach einem absoluten Gehorsam geprägt. Jede Form von Ungehorsam gilt als widergöttliche, ja, *gottfeindliche* Handlung, als eine Kränkung der göttlichen Majestät, für die als Urheberin »die Sünde« verantwortlich gemacht wird. Menschen sind Spielbälle zwischen Gott und der antigöttlichen Sünde, und das Gesetz kann seine Grundaufgabe, dem Leben zu dienen, nicht erfüllen. Das alles sind Elemente einer letztlich mythischen Welt- und Lebensordnung. Unsere Eingangsliturgien spiegeln diese Ordnung leider immer noch mit den unterwürfigen, den Menschen klein und Gott groß machenden sprachlichen Gesten, die einem höfischen Verhaltenskodex und Sprachstil entlehnt sind. Von dieser Konstellation her gibt es keine Möglichkeit wahrzunehmen, dass nicht nur Gottes Sein[222], sondern auch der Menschen Sein *im Werden* ist. Würde man das wahrnehmen, würde man unsere Begrenztheiten und oft auch Zwiespältigkeiten anders zur Sprache bringen. Und einen unbedingten Gehorsam würde man niemandem abverlangen – schon deshalb nicht, weil wir oft genug erlebt und gelesen haben, welche grauenhaften Folgen die Bereitschaft zu einem unbedingten Gehorsam mit sich gebracht hat – wenn die *Situation* es verlangt hätte, Gehorsam zu *verweigern*. Außerdem führt die Forderung, religiösen Geboten *unbedingt* zu gehorchen, dazu, dass allen Menschen der Status »Sünder« zugewiesen werden muss – weil das niemand kann, der »nebenher« auch noch ein Leben mit anderen führen will, und zwar in geistiger Freiheit.

Es gibt aber auch schuldhaftes Verhalten, das durch Verbote erzeugt wird, die sich gegen die menschliche Natur wenden. Das hat der zigtausendfache sexuelle Missbrauch von Kindern gezeigt, die dem Schutz der Kirche anbefohlen worden waren. Die katholisch-kirchliche Forderung an zukünftige Priester, zölibatär zu leben und diese Forderung durch ein Gehorsamsgelöbnis zu akzeptieren, hat in vielen Biographien zu einer Katastrophe geführt. Denn das von jungen Männern noch zuversichtlich abgegebene Gelöbnis hat sich für viele im Laufe des Lebens als totale Überforderung herausgestellt. Zu leiden hatten darunter vor allem die missbrauchten Kinder, aber auch die Priester selbst und die im Verborgenen gehaltenen Frauen der Priester und ihre Kinder. Von einer Kirche, die ein zumindest unter Priestern noch funktionierendes Beichtsystem pflegt und schon lange weiß, was tatsächlich geschah, hätte man schon lange erwarten können, dass sie um der Kinder, aber auch um vieler Priester willen den Zölibat in eine *freiwillige, vom Priesterdienst unabhängige Lebensform* verwandelt hätte.

Dass sie es nicht getan hat und immer noch nicht tut, zeigt, dass sie sich selbst am wichtigsten ist – einschließlich ihrer geschichtlich gewordenen institutionellen Basis. Die ist in exegetisch äußerst fragwürdigen Bezügen zu den biblischen Überlieferungen kirchenrechtlich so gestaltet, dass der Zölibat zukünftigen Priestern als *Gottes* Wille bzw. *Jesu* Forderung aufgezwungen wird. Eine solche Überhöhung macht aber automatisch den Bruch des Zölibats zum Ungehorsam gegen *Gott*, der von der Kirche als kirchlicher Gesetzgeber und also unhinterfragbare Autorität benutzt wird. Dass Sexualität trotzdem durch kein kirchliches Gebot wirklich »abgeschaltet« werden kann, wird dabei genauso negiert wie die Tatsache, dass der Mensch von Gott samt seiner Sexualität geschaffen worden ist. Und dadurch wird *bewusst* riskiert, dass es auch zukünftig sexuelle Übergriffe von Priestern auf ihnen anvertraute Kinder geben wird. So einfach, so theologisch, so grausam.

Der Missbrauch von Kindern und Jugendlichen ist auch in Form von »körperlicher Züchtigung« praktiziert worden, auch in evangelischen Heimen und in solchen, die von Nonnen geleitet werden. Gerechtfertigt wurden solche Grausamkeiten oft damit, dass Gott biblisch nachgesagt wird, seine Leute wegen ihrer Sünden kräftig zu züchtigen (*vgl. Psalm 39,12; 118,18*). Als Standard galt: »Wer ihn (scil. seinen Sohn) liebhat, züchtigt ihn beizeiten« mit der Rute (*Sprüche 13,24*). Ja: »Ein weiser Sohn liebt Züchtigung« (*Sprüche 13,1*). Ins Tiefenpsychologische übersetzt, heißt das: Ein durch Prügel traumatisiertes Kind wendet die Wut irgendwann gegen sich selbst und andere. Mit Gott als Vorbild mussten Eltern ihren störrischen Sohn, wenn die Züchtigung nichts half, zur Steinigung vor die Stadt führen. Denn: »So sollst du das Böse aus deiner Stadt ausrotten!« (*Deuteronomium 21,18-21*). Das war im 6. Jh. v. Chr. offenbar noch eine kulturell vermittelbare Devise.

Heute aber kann man weder Gott noch Kindern damit einen Gefallen tun, dass man Gott als Urheber der körperlichen Züchtigung von Kindern propagiert und sie schlägt, um ihnen den Satan oder die Sünde »auszutreiben«. Das sind Elemente eines Gehorsamsglaubens, der darauf aus war, den, der sich nicht fügte, zu vereinzeln, ja, zu töten. Noch Paulus ist bekanntlich diesem Rezept gefolgt (*1. Korinther 5,1-8*). Von heute aus gesehen sind das lebensfeindliche Regeln, Relikte einer nicht mehr akzeptablen Vorstellung von Gott und vom Menschen.[223] Für ihre endgültige Überwindung reicht kein Update mehr. An diesem Punkt hilft nur die radikale Hinwendung zur uneingeschränkten Gültigkeit der Menschenrechte. Denn in der einen Wirklichkeit, in der wir leben, gelten kein Stammesrecht und auch keine theokratische, auf eine weltliche Gottesherrschaft ausgerichtete Rechtsordnung (mehr), sondern Menschenrechte und -pflichten. In ihnen leben die positiven biblischen Traditionen weiter. Kinder gehören danach weder den Religionsgemeinschaften noch ihren Eltern. Sie haben eine eigene Schöpfungswürde.

Mit der dualistischen Unterscheidung von »gut und/oder böse« kommt keine Rechtsordnung aus, weil damit nur scheinbar klar ist, was gemeint ist. Für diese Klarheit zu sorgen, ist insbesondere Aufgabe des positiven Rechts, das sich an Rechten und Pflichten der Bürger und Bürgerinnen orientiert. In der rechtsphilosophischen Debatte der Gegenwart werden drei Rechtsprinzipien genannt, die so etwas wie den »Zweck« des Rechts beschreiben und zum Beispiel dafür sorgen müssen, dass das staatliche Gesetz nicht wieder »gesetzliches Unrecht« wird: Sicherheit, Nutzen und Gerechtigkeit. Besonders betont wird dabei die Gerechtigkeit, »welche beim Recht in den Blick kommen und darin leitend bleiben muss«. Wenn Recht nicht der Gerechtigkeit diene, »entbehre es überhaupt der Rechtsnatur«.[224] Das bedeutet aber, dass neben der Gleichbehandlung und Fairness auch die Wahrnehmung der einzelnen Menschen und ihrer Lebenssituation von großer Bedeutung für die Rechtssprechung sind.

Im Gleichnis von der Liebe des Vaters (*Lukas 15,11-32*) erzählt Jesus, dass Gottes Liebe stärker ist als alle Urteile, die wir über Menschen fällen, wenn sie ethische und moralische Maßstäbe verletzt haben. Diese Liebe gibt auch den »hoffnungslosen Fall« nie wirklich auf, sondern ermöglicht ihm einen neuen Anfang. Als der Sohn alles durchgebracht hat und hilfesuchend zum Vater zurückkehrt, feiert der Vater aus Freude über seine Auferstehung mitten im Leben ein Fest: »Denn dieser mein Sohn war tot und ist wieder lebendig geworden; er war verloren und ist wiedergefunden worden. Und sie fingen an, fröhlich zu sein« – alle, bis auf den einen Bruder, der die Verletzung des Äquivalenzprinzips nicht hinnehmen wollte. Dieser Widerspruch konterkariert Jesu halsbrecherisch-revolutionäre Botschaft.

8. Die Menschwerdung Gottes und der Menschen Menschwerdung führen zu demselben Ziel

Von wem reden wir, wenn wir von Jesus reden?

Da Jesu Leben bereits im Neuen Testament vom frühkirchlich-apostolischen Interesse an der »Heilsbedeutung« seines Todes überlagert worden ist, müssen wir uns wieder mit Nachdruck den Jesus-Überlieferungen zuwenden und danach fragen, welche Bedeutung Jesu Leben und Botschaft haben – und zwar für uns. Die Antwort auf diese Frage respektiert, dass sie im Neuen Testament und in der Reformation anders als heute beantwortet werden musste. Wenn ich von Jesus rede, gehe ich davon aus, dass aus den Jesus-Überlieferungen in den vier Evangelien eine Art Schnittmenge zu erkennen ist, die Jesu Leben und Botschaft *in der Wahrnehmung durch seine Anhänger* in wichtigen Konturen erkennen lässt. Bei den Konturen geht es um das, was ihn für die einen anziehend und zugleich für andere abstoßend gemacht hat. Sein gewaltsamer Tod markiert den Schnittpunkt zwischen beiden Bewegungen. Die frühchristlichen Evangelien sind Glaubenszeugnisse von Menschen und keine historischen Protokolle. Sie belegen, wie tief und vielfältig die Spuren sind, die er im Leben und Glauben von Menschen hinterlassen hat. Ein Protokoll hätte gerade das nicht leisten können, und eine reine Reproduktion seiner Worte hätte mit Glauben wenig zu tun gehabt.

Das bedeutet aber auch, dass wir auf Schritt und Tritt bei den als Jesus-Reden überlieferten Texten damit rechnen müssen, dass sich darin Jesus-Worte mit Glaubensvorstellungen von denen vermischt haben, die zu seinen Anhängern geworden waren. Sie haben in den Begegnungen mit Jesus ja immer nur einen Bruchteil seines Denkens kennengelernt und den Rest mit Traditionellem »ergänzt«.[225] Beide Schichten auseinanderzuhalten ist eine Aufgabe, die oft Entscheidungen nötig macht. Vor dieser Aufgabe haben schon die Evangelisten gestanden, als sie die Jesus-Überlieferungen gesammelt und zu Evangelien zusammengefügt haben. Unsere Aufgabe heute sieht etwas anders aus. Ich schreibe kein Leben Jesu, sondern versuche zu sagen, warum Jesus für mich heute die zentrale Gestalt des Glaubens ist. Und nicht alles, was auf Jesus zurückgeführt werden kann oder muss, ist für den Glauben heute noch bedeutend. Seine apokalyptisch motivierte Eile genauso wenig wie die für ihn traditionelle Vorstellung vom Jüngsten Gericht und von den damit verbundenen Drohszenarien – wenn sie denn wirklich auf ihn zurückgehen. Entscheidend ist, was uns heute die Kraft und Zuversicht gibt, die wir brauchen, um Menschen zu *sein* und weiter zu *werden*.

Hinzu kommt als Problem, dass die Jesus-Überlieferungen nicht in Jesu Muttersprache verfasst sind – und wir nicht ausschließen können, dass Jesus auch Griechisch sprach. Für viele der überlieferten Reden wird es möglicherweise gar kein aramäisches »Original« gegeben haben. Feststeht jedenfalls, dass das ganze Neue Testament bereits griechisch gedacht und geschrieben worden ist und in vielem eine hellenistische Religionskultur spiegelt. Aramäische Einsprengsel gibt es nur wenige, aramäische Handschriftenfunde von Jesus-Überlieferungen gar keine.

Deshalb war es mehr als weise, nicht nur ein Evangelium in den christlichen Kanon aufzunehmen, sondern vier. Dadurch ist eine integrale Jesus-Wahrnehmung möglich gemacht und keins der Evangelien zur verbindlichen Zentralperspektive erklärt worden. Zugleich ist damit den Kirchen gesagt worden, dass jeder, der diesen Überlieferungen später begegnet, seine eigene Wahrnehmungsgestalt Jesu gewinnen kann und *muss. Keine Kirche hat das Recht, ihre irgendwann einmal dogma-*

tisierte Perspektive für ihre Mitglieder zur Zentralperspektive zu machen.

Wir müssen zukünftig auch *theologisch* berücksichtigen, wie Juden und Muslime Jesus sehen. Da sich die Religionen in Europa immer näher kommen, sollten auch Nichtfachleute wissen, wie die Überlieferungen der anderen aussehen. Solche Informationen zu geben ist eine genuine Aufgabe der Kirchen, denn auch die anderen Jesus-Überlieferungen gehören hinein in die universale Wahrnehmungsgeschichte Gottes bzw. Jesu.

Schon als jungen Menschen hat mich an Jesus die Art fasziniert, Menschen in ihren Lebenszusammenhängen wahrzunehmen und anzusprechen. Seine Botschaft vermittelt er in Verbindung mit Gleichnisreden oder Beispielerzählungen, aber auch mit gleichnishaften Handlungen. Besonders gut ist das im Kapitel *Lukas 15* zu erkennen. Es beginnt mit einer Gleichnishandlung, die Jesus dann mit drei Gleichnissen interpretiert. So hat alles einen klaren Lebensbezug.

Menschwerdung beginnt bei den Kindern, die Seligpreisungen Jesu nennen das Ziel

Von dem wenigen, was in der Jesus-Überlieferung in eher abstrakten Sätzen formuliert ist, zählen die »Seligpreisungen« der Bergpredigt zum Wichtigsten. Man kann sie als strikte Forderungen verstehen, wozu Lukas in seiner Version neigt (*6,20-26*). Denn er konterkariert die Selig-Rufe mit Wehe-Rufen gegen diejenigen, die andere Wege gehen. Bei Matthäus (*5,1-12*) geht es eher um die Formulierung von Zielen, auf die sich die Einzelnen hin entwickeln sollen. Die Gemeindesituation scheint schon durch, Mensch *sein* ist schon auch ein *Werden*. Jesus traut den Menschen in fast jeder Situation eine positive Entwicklung zu.[226] Wie grundsätzlich dieses Zutrauen sein Denken bestimmt und ihn von seiner Umgebung unterschieden hat, zeigt sich für mich in seinem Umgang mit Kindern. Entgegen der Grundthese des »biblischen Menschenbildes«, dass »der Mensch böse ist von Kindesbeinen an«, hat *Jesus den Kindern das Himmelreich zugesprochen*. Sie haben noch einen in vielem offenen Sinn, ihre Offenheit und Spontaneität soll geachtet, nicht verdeckt werden:

»Und sie brachten Kinder zu ihm, dass er sie segnete. Die Jünger aber fuhren die an, die sie brachten. Als Jesus das sah, wurde er unwillig und sprach zu ihnen: Lasst die Kinder zu mir kommen und weist sie nicht ab, denn ihnen gehört das Reich Gottes. Wahrlich, ich sage euch: Wer das Reich Gottes nicht annimmt wie ein Kind, wird nicht hineinkommen« (*Markus 10,13-16*). Ähnlich lesen wir bei *Matthäus* (*18,3*): »Wenn ihr nicht umkehrt und werdet wie die Kinder, werdet ihr nicht in das Reich Gottes kommen.«

Wohin die Menschwerdung die Menschen führen wird, sagen die Seligpreisungen stichwortartig. Um Menschen dahin in Bewegung zu setzen, verbindet Jesus mit diesem Ziel eine Aussicht, die schön ist und zugleich für die Mühen entschädigen soll, die sich mit dem Weg zum Ziel verbinden. Vier der folgenden acht Seligpreisungen enden im Griechischen mit einem Verb, das im Passiv Futur steht (*Matthäus 5,1-9*). Damit soll ausgedrückt werden, dass Gott selbst für diese Zukunft einsteht.

- Selig, die sich durch den Geist zur Armut führen lassen. Sie werden den Himmel auf Erden erleben.
- Selig, die jetzt trauern und weinen. Sie werden Trost finden und wieder lachen können.[227]
- Selig die Sanftmütigen. Sie werden im Land den Ton angeben.
- Selig, die nach Gerechtigkeit hungern. Sie sollen satt werden.

- Selig die Barmherzigen. Sie werden Barmherzigkeit erfahren.
- Selig die Herzlichen. Sie werden Gott schauen.
- Selig, die durch Vergebung[228] Frieden stiften. Sie werden Söhne und Töchter Gottes heißen.
- Selig, die um der Gerechtigkeit willen verfolgt werden. Sie werden den Himmel auf Erden erleben.

Jesus verspricht keine leichte Seligkeit. Aber er verlangt *keine Gehorsamsschwüre*. Das gilt auch für das Gespräch mit dem »reichen Jüngling« (*Matthäus 19,16-26*). Jesus versteht selbst den schwierigsten Teil der Menschwerdung – die Bereitschaft zur Armut – als etwas, was der Geist bewirkt, sofern man ihn wirken lässt.

Denen, die Jesus nachfolgen, wird ein Weg gewiesen und – im benutzten Bild gesprochen – der Himmel geöffnet: Arm leben, Trauer und Schmerzen aushalten, sanftmütig sein, nach Gerechtigkeit auch für andere hungern, barmherzig und herzlich sein und durch die Bereitschaft, zu vergeben, Frieden stiften. Wer diesen Weg geht, wird hier auf der Erde Himmel finden, sagt Jesus. Um dahin zu kommen, muss man aber erst einmal Abschied nehmen von vielem und vielen, muss aufbrechen, Zweifel überwinden, mit der Sehnsucht zurück nach dem alten Trott kämpfen, so wie sich Israel in der Zeit der Wüstenwanderung nach den Fleischtöpfen Ägyptens zurückgesehnt hat. Auch im Blick auf den Horizont der Seligpreisungen mag es durchaus sein, dass manche, die begeistert aufgebrochen waren, wieder umgekehrt sind – um dann später erneut aufzubrechen, nachdem sie sich ihrer selbst und der Kraft des Geistes sicherer geworden waren. Das ist alles möglich – und braucht Zeit.

Als Jesus als Wanderprediger unterwegs war von Galiläa nach Jerusalem und Leute zu sich rief, war er offenbar viel rigoroser, ließ einem Mann nicht einmal Zeit, seinen gestorbenen Vater zu beerdigen. Nichts war ihm da wichtiger, als das Reich Gottes zu verkündigen (*Lukas 9,59f*). Da gab es keine Wartezeit. Es scheint so, dass auch Jesus von apokalyptischen Vorstellungen unter Druck gesetzt worden war und es deshalb so eilig hatte. Es hat ihn wie die meisten damals beunruhigt, den Tag und die Stunde nicht zu kennen, an dem Himmel und Erde untergehen – wie man erwartete (*Markus 13,31f*).

Die Seligpreisungen sprechen uns an, weil sie auf Sehnsüchte eingehen, die wir in uns tragen.[229] Deshalb haben sie ihre Bedeutung auch nach Jesu Tod nicht verloren. Sie sind und bleiben der Horizont, unter dem sich die Menschwerdung des Menschen vollziehen wird. Einem Brief an Eberhard Bethge vom 3.8.1944 hatte Dietrich Bonhoeffer den »Entwurf für eine Arbeit« beigelegt. Darin hat er seine Sehnsucht nach einer Kirche ausgesprochen, die authentisch Kirche sein wird, weil sie ganz »Kirche für andere« sein will. Das ist kommentarlos zu lesen:

»Die Kirche ist nur Kirche, wenn sie für andere da ist. Um einen Anfang zu machen, muß sie alles Eigentum den Notleidenden schenken. Die Pfarrer müssen ausschließlich von den freiwilligen Gaben der Gemeinden leben, eventuell einen weltlichen Beruf ausüben. Sie muß an den weltlichen Aufgaben des menschlichen Gemeinschaftslebens teilnehmen, nicht herrschend, sondern helfend und dienend. Sie muß den Menschen aller Berufe sagen, was ein Leben mit Christus ist, was es heißt, ›für andere dazusein‹.«[230]

Gottes unbedingte Liebe hilft, mit eigener und fremder Schuld umzugehen, und schützt auch das Leben von Mördern

Die bedingungslose, also durch nichts bedingte und von nichts abhängige Liebe Gottes spricht aus den Begegnungen Jesu mit Menschen und seinen Gleichnisreden. Jesus hat wahrgenommen, dass viele Menschen durch die Lebensverhältnisse *und* die Forderungen der Religion »mühselig und beladen« waren. Seine Antwort lautet: Gott will euch das Leben nicht schwerer machen, als es ist, sondern erleichtern. Darum steht im Zentrum seine Botschaft, dass Gottes Liebe keine Gegenleistung ist, die auf Bedingungen antwortet, sondern *un*bedingte Liebe, die ganz aus ihm selbst kommt. Die Gebote – die von Jesus zum Teil kritisch kommentierten Zehn Gebote genauso wie die Gebote der Bergpredigt Jesu – sollen weder fromme Leistungen messen, noch »Sünder« verurteilen. Sondern mit ihnen übernimmt Gott Verantwortung für das schwere Leben, das die Menschen leben müssen. »Sie sind *für* die Menschen gemacht« (*Markus 2,27*), Ausdruck von Gottes Gerechtigkeit, die *am tatsächlichen Leben der Menschen orientiert ist*. Sie sind nur dazu da, den Menschen und anderen Geschöpfen zu helfen, das Lebensdienliche vom Lebensfeindlichen zu unterscheiden. Das Recht des Staates darf ihnen nicht widersprechen. Zu Recht wird deshalb die folgende Aufforderung als »Heilandsruf Jesu« bezeichnet:

> »Kommt her zu mir alle, die ihr mühselig und beladen seid. Ich will euch Ruhe geben. Nehmet auf euch mein Joch und lernet von mir, denn ich bin sanftmütig und von Herzen demütig. So werdet ihr Frieden finden für euer Leben. Denn mein Joch ist leicht und meine Last ist leicht« (*Matthäus 11,28-30*).

Der Heilandsruf nimmt das schwere Leben ernst. Er nimmt ernst, dass wir nicht nur als Opfer Leiden aushalten müssen, sondern auch an dem Bewusstsein leiden, Täter zu sein und an anderen schuldig zu werden. Da ist es primär nicht wichtig, ob wir körperlich oder seelisch Leiden zufügen, absichtlich oder unabsichtlich, rechtlich gesehen legal oder illegal, unmittelbar oder mittelbar. Das Thema Schuld ist so schwer, weil in den komplexen Zusammenhängen, in denen wir leben, oft gar nicht zu erkennen ist, welche Wirkungen von unserem

Tun oder Lassen ausgehen. Deswegen lehrt Jesus im Unser-Vater-Gebet, um die Erlösung von dem – oft unerkannten – »Bösen« zu bitten.

Aus diesem Konflikt kommen wir trotz ausgefeiltester Pädagogik und Rechtssysteme und trotz der Strategie, das Gute durch positive Gebote zu fördern, nicht heraus. Denn auch heute ist menschliches Leben mit dem Töten verbunden, sei es direkt durch das Schlachten oder indirekt durch das schlachten Lassen, unmittelbar durch das Essen von Fleisch und Fisch, oder mittelbar durch die Unterstützung von Tieropfern für die Medizin, Pharmazie und Kosmetik, durch die politische Unterstützung kriegerischer Aktionen, die das gezielte Töten einschließen, durch die Beteiligung am motorisierten Straßenverkehr und der dabei einkalkulierten Menschen- und Tieropfer sowie durch die Spekulation mit Nahrungsmitteln und andere Seiten unseres Lebensstils, mit dem unendlich viele in Hunger und Armut getrieben werden. Je mehr wir in die Abhängigkeit von dem galoppierenden Kapitalismus geraten, der die Politik in weiten Bereichen korrumpiert hat, verschwindet aus dem Blick, wie stark wir in tödliche Instrumentarien verwickelt sind. Das ist unser Schicksal, auch noch im 21. Jahrhundert.

Die Bereitschaft, um Vergebung zu bitten und zu vergeben, ist lebensnotwendig. Sie ist der einzige Auftrag, den der Auferstandene seinen Nach-Folgern gibt (*Johannes 20,23a*). Das ist eine Konsequenz aus dem Bewusstsein, vieles schuldig zu bleiben und an vielen schuldig zu werden. Vergebung bildet zusammen mit den Seligpreisungen und dem Unser-Vater-Gebet *die Grundstruktur des* Reiches Gottes (*Lukas 17,3f; Matthäus 18,21f*). Vergebungsbereitschaft ist ein starkes Mittel zur Konfliktbewältigung. Aber wir müssen auch klar sehen: Gegenüber der Vergebungsbereitschaft gibt es Widerstand, wenn sie das traditionelle Gerechtigkeitsempfinden der Menschen verletzt.

Dieses Problem kommt immer dann hoch, wenn schreckliche Verbrechen begangen worden sind und viele fordern, für solche Fälle müsse die Todesstrafe wieder eingeführt werden. Das war in Norwegen nach dem politisch-wahnhaft begründeten Massenmord an Jugendlichen so und auch in Belgien, als es um die Verurteilung jenes Ehepaares ging, das jahrelang junge Mädchen verschleppt, vergewaltigt und zu Tode gequält hatte. Selbst die gerichtlich überwachte Unterbringung der Frau, die zwei Kinder hatte verhungern lassen, in einem Klarissinnen-Kloster wollten ihr viele verweigern. Man kann verstehen, dass es in solchen Fällen um Wut und auch um eine eher verzweifelte Hoffnung auf Gerechtigkeit geht. Die Wut betrifft den konkreten Sadismus, der sich über alle Grenzen hinweg realisiert hat, betrifft den Wahn eines Menschen, einmal den rächenden Gott spielen zu müssen, der kalte Grausamkeiten inszeniert, um seine Sicht der Welt durchzusetzen. Diese ohnmächtige Wut verbindet sich dann mit dem Mitleid mit den Opfern und ihren Angehörigen und mit dem Wunsch nach Vergeltung.

Aber es geht um noch mehr: Ein Mensch, der Derartiges tut, verletzt das Bild, das wir von uns haben, auch wenn wir selbst ›keine Heiligen sind‹. Nein, sagt diese Wut, derartig beschmutzt und verzerrt wollen wir uns Menschen nicht sehen! So sind wir nicht! Du gehörst nicht zu uns! Dafür musst du raus aus dem Leben! So verständlich das alles klingt – es ist gut, dass es das Kainszeichen gibt (*Genesis 4,13-15*). Es sagt uns heute: So, wie das Strafrecht fordert, bestimmte Grenzen *unbedingt* einzuhalten, muss der Staat auch dann, wenn jemand schreckliche Verbrechen begeht, seine Grenzen *unbedingt* einhalten und seinerseits das Leben des Schuldigen schützen. In den beiden Fällen, die ich angesprochen habe, heißt den Tätern zu vergeben konkret: den Vergeltungswunsch, der letztlich ein Tötungswunsch ist[231], fahren zu lassen. Dass es Menschen wie die Klarissinnen gibt, die einer Mörderin helfen, *ihre* Höllenqualen zu ertragen, ist auch ein Zeichen der *unbedingten* Liebe Gottes. Denn irgendwann brechen die traumatischen Erinnerungen auf, wenn man sich nicht mehr verteidigen muss, ganz sich selbst ausgeliefert ist und in der immer neuen Wiederbegegnung mit dem schrecklichen Geschehen sieht: Das habe ich gemacht – und ich kann nichts wiedergutmachen! Da kann nur die Leben schaffende Kraft des Geistes helfen.

Die neue Gerechtigkeit Gottes in der Sicht Jesu

Aber mit Vergebung allein ist es nicht getan. Denn das Reich Gottes wächst inmitten der realen gesellschaftlichen und politischen Strukturen auf der Erde (*Lukas 17,21*). In den Seligpreisungen geht es deshalb auch um den Hunger nach Gerechtigkeit. Wie man sich Gottes Gerechtigkeit vor Jesus vorstellte, kann man bei Paulus nachlesen (*Römer 3,25*): Es ging darum, dass die göttliche Rechtsordnung eingehalten und Ungehorsam durch – auch stellvertretende – Sühne ausgeglichen wurde. Jesus hat ein anderes Verständnis von der Funktion der Tora: Die »Weisungen« Gottes sollen den Menschen helfen, menschlich zu leben, sie sind für die Menschen da. In diesem Sinn müssen auch religiöse Gesetze nützlich sein und Gerechtigkeit als oberstem Prinzip dienen. Wie das konkret aussieht, wenn man danach verfährt, hat er im Gleichnis von den Arbeitern im Weinberg (*Matthäus 20,1-15*) erzählt.

Da ist von Tagelöhnern die Rede, die morgens um 6 Uhr am Weinberg darauf warteten, für diesen Tag – also für 12 Stunden – eingestellt zu werden. Mit denen, die er um 6 Uhr morgens einstellte, vereinbarte der Weinbergbesitzer den üblichen Tageslohn: einen Denar. Das reichte aus, um eine Familie einen Tag lang zu ernähren. Später stellte er in mehreren Schüben weitere Leute ein, weil es mehr Arbeit als gedacht gab. Er versprach allen, sie sollten bekommen, »was recht ist« – auch denen, die abends um 5 noch dazukamen. Als er den Lohn auszahlen ließ, fing er bei den zuletzt Eingestellten an und gab ihnen – einen Denar, für eine Stunde Arbeit einen ganzen Tageslohn! Damit weckte er Hoffnungen bei denen, die schon morgens um 6 eingestellt worden waren. Doch der Weinbergbesitzer gab allen Arbeitern am Abend einen Denar – auch den zuerst Eingestellten. Sie reagierten enttäuscht und wütend und rechneten ihm vor, dass er ungerecht sei und sie denen gleichgemacht habe, die nur eine Stunde gearbeitet hatten. Der Weinbergbesitzer antwortete: Er tue keinem Unrecht. Der Denar sei mit ihnen vereinbart. Aber er habe es als sein Recht angesehen, dass auch die anderen mit der kürzeren Arbeitszeit einen ganzen Tageslohn bekommen. Die Absicht ist klar: Jeder Arbeiter soll mit seiner Familie leben können. Und ein Zwölftel von einem Tageslohn hätte dafür nicht gereicht. Also stellt er tatsächlich alle gleich. Er setzt dabei aber nicht die Ersten herab, wie sie meinen, sondern hebt diejenigen an, die keinen Anspruch auf ein ganzes »tägliches Brot« haben. Das ist sein Wille, betont er ausdrücklich. Und fragt den Beschwerdeführer, dem er die erhofften zwölf Denare nicht zugesteht: »Ist dein Auge neidisch, weil ich gütig bin?«

Jesus hat also den Grundsatz, dass jeder bekommen soll, was er verdient hat, nicht außer Kraft gesetzt. Aber er hat ihn in einen größeren Rahmen gestellt. Er fragt nach denen, die sich nichts oder zu wenig durch eigene Leistung haben verdienen *können*, aus welchem Grund auch immer. Und da bricht Jesus das absolut gültige Äquivalenz-Prinzip und fasst es neu: Wer keine Ansprüche vorweisen kann, soll trotzdem leben können. Also muss jeder bekommen, was er *braucht*. Friedrich Hölderlin hat in der Hymne »Friedensfeier« die Liebe die »schönausgleichende« genannt. Sie ist schön, weil sie von sich aus gibt, was fehlt, damit jeder hat, was er zum Leben braucht. Einen Tageslohn braucht jeder. Zwölf an einem Tag aber nicht. Übertragen wir das Gleichnis auf heute, erkennen wir mit Staunen, dass unsere Sozialgesetzgebung dem Modell Jesu prinzipiell gefolgt ist und den fehlenden Anspruch durch eine Leistung der Solidargemeinschaft ausgleicht. Jesus hat, aus der Perspektive der Evolution betrachtet, gegen das Recht der Stärkeren, Selektion genannt, energisch die Kooperation stärken wollen. Damit hat er einen Maßstab gesetzt für das, was unbedingt zur weiteren Menschwerdung der Menschen gehört.

Übertragen wir das Gleichnis auf das Verhältnis Gott-Mensch, so sagt es, dass wir auch von Gott bekommen, was wir brauchen, und nicht nur, ›was wir verdient haben‹ – schon gar nicht allein im negativen Sinn des alten Sprachgebrauchs. Das ist eine der lange verdeckten Seiten der Botschaft Jesu. Denn die Sühnetheologie vor ihm ging davon aus, dass jeder im Guten wie im Bösen bekommt, was er »verdient«. Diese Sicht Gottes ging so weit, dass Menschen sich noch auf dem Sterbebett mit der Frage herumquälten, womit sie ihren Krebs oder andere Leiden wohl »verdient« hätten. Weil die Liebe Gottes für Jesus *bedingungslos* ist, muss Gott nicht Leistung mit Gnade honorieren, auch nicht Ungehorsam mit Gnadenlosigkeit. Er muss sich nicht mehr an das *Äquivalenz-Prinzip* halten, wenn es um Defizite und Schuld geht, und sie schon gar nicht »ausgleichen«, indem er Menschen leiden lässt. Auch für Gottes Liebe gilt, was Paulus im »hohen Lied der Liebe« so schön besungen hat: »Sie lässt sich nicht erbittern, sie rechnet das Böse nicht an« (*1. Korinther 13,5*).

Wer dieser Gerechtigkeit Gottes folgen will, muss allerdings mit Widerstand rechnen. Weil die unbedingte Liebe Gottes nichts gegeneinander aufrechnet und also im Sinn des Äquivalenzprinzips nicht »gerecht« ist, muss sie den Widerspruch und Widerstand aushalten, den sie in den Leistungsstarken hervorruft. Denn sie erwarten von Gott wie vom täglichen Leben, dass ihre größere Leistung einen Vorrang vor den Leistungsschwachen sichert. Das hat Jesus zu spüren bekommen – als die »Sünde der Welt«, die er auf seinem ganzen Weg ertragen musste (*Johannes 1,29*). Die leistungsstarken Frommen haben Jesu Thesen nicht hingenommen – und ihm am Kreuz dafür die Quittung erteilt. Aber diese Ökonomisierung des Denkens und Lebens wird Gottes Liebe nicht gerecht, sondern versucht, sie zu kaufen, zur Ware zu machen, fördert die Bestechung auch bei den Wohlhabenden und Frommen, gibt Ablassbescheide aus. Sie vergrößert, wie jeder neue Armutsbericht der UNESCO zeigt, den Abstand zwischen den immer reicher werdenden Reichen und den immer tiefer absinkenden Unterschichten, die ohne Hilfe nicht überleben können.

Darum geht es auch in diesen Fragen um eine notwendige geistige Bewegung. Sie muss zuerst wahrnehmen, wie schlecht die meisten Menschen leben müssen; sie darf den Hunger nach Gerechtigkeit nicht mit milden Gaben abspeisen, sondern muss danach trachten, dass die reichen Ressourcen der Erde zugunsten *aller* verwendet werden. Kooperation ist das Stichwort der Menschwerdung des Menschen auch im wirtschaftlichen Bereich, so lange Gerechtigkeit und Gemeinnutz damit verbunden bleiben. Der brachiale Kapitalismus, den wir derzeit erleben, ist das Ergebnis einer ungebremsten Zinsgeilheit, die Gewinn will, ohne zu arbeiten und ohne den Zusammenhang von allem mit allem zu respektieren. Entgegen dem zweiten Prinzip der Evolution, der Kooperation, stellt der ungebremste Kapitalismus deren anderes Prinzip dar: die Selektion. Im Blick auf unsere tierliche Herkunft ist er Raubtierverhalten.

Das »Reich Gottes« wird auch heute *nicht mit* Gewalt gebaut. Der Verzicht auf Gewalt, um irgendwelche Ziele – und seien sie noch so gut – durchzusetzen, kennzeichnet Jesu Leben und Botschaft. Darum wollte Jesus auch nicht mit Waffengewalt verteidigt werden (*Matthäus 26,51f*). Heilige Gewalt und heilige Kriege sind für Jesus nicht denkbar und auch heute kein Weg zum Frieden. Die Todesstrafe (durch Steinigung) hat Jesus verworfen (*Johannes 8,1-11*). Ich führe den für seine Zeit und das damalige Rechtsverständnis ungewöhnlichen Gewaltverzicht mit darauf zurück, dass Jesus keine Männergruppe von Freiheitskämpfern angeführt hat, sondern eine Gemeinschaft, zu der auch Frauen gehörten (*Lukas 8,1-3*). Jesus hat die Vorstellung nicht geteilt, Frauen paktierten im Geheimen (seit dem »Sündenfall«) mit Satan. Seine Auferstehung haben zuerst Frauen bezeugt. Deshalb kann sich niemand auf Jesus berufen, der Frauen von irgendwelchen Ämtern prinzipiell ausschließen will. Verraten und verleugnet worden ist Jesus von Männern.

In den Zusammenhang des Gewaltverzichts gehört die Aufforderung Jesu, dem Rechtsprinzip »Auge um Auge, Zahn um Zahn« nicht mehr zu folgen. Vielmehr solle man dem, der einem einen Schlag auf die rechte Wange gegeben hat, auch die linke hinhalten (*Matthäus 5,39*). Dahinter steht die Absicht, den Konflikt zu beenden, indem man nicht zurückschlägt. Man verzichtet auf sein »gutes Recht«, damit die aggressive Energie umgeleitet werden und sich verlaufen kann. An diesem Zusammenhang wird deutlich, wie wenig »kuschelig« die Predigt von der unbedingten Liebe Gottes wirklich ist. Zu dulden, was Jesus verlangt hat, ist überhaupt nur möglich, wenn man sich von Gottes Liebe ganz und gar getragen weiß. Und man muss begriffen haben, dass es keine Veränderung der Verhältnisse geben wird ohne die Bereitschaft, für die neue Gerechtigkeit auch zu leiden.

Die Menschwerdung Gottes und des Menschen verbinden sich in der unbedingten Liebe

In der Vergebung spiegelt sich die unbedingte Liebe, die Gott gibt und die sich Menschen *untereinander* weitergeben (*Johannes 13,15.34f*). Darin drückt sich eine tiefe Verbindung aus zwischen der Menschwerdung Gottes und der vom Geist bewegten weiteren Menschwerdung des Menschen. Sie kennzeichnet die neue Lebens- und Glaubensgemeinschaft. Weil sie im Alltag gebraucht wird, hat Jesus die Vergebung von jeder Bindung an Kulte und Priesterämter, an sühnendes Blutvergießen und stellvertretende Opfer gelöst. Mitten im Unser-Vater-Gebet geht es um die Vergebung, die Gott uns gibt und die wir anderen geben (*Matthäus 6,12; Lukas 11,4*). Dazu passt, was Jesus von dem kultkritischen Propheten Hosea übernommen hat: »Barmherzigkeit (Liebe) will ich und keine Opfer« (*Hosea 6,6; Matthäus 9,13 ; 12,7*). Den mit Sühnopfern verbundenen Jerusalemer Tempel hat Jesus eine »Räuberhöhle« genannt und wollte wieder ein »Bethaus« daraus machen (*Matthäus 21,13*).

Die Fundamentalkritik am Sühnegedanken und Opferkult ist auch außerbiblisch bezeugt[232] und muss heute als dringende Aufforderung verstanden werden, die Abendmahls- und Eucharistieliturgien endlich vom Sühne- und Opfergedanken und von jedem Zusammenhang mit der Vergebung zu befreien. Außerdem dürfen Liturgien nicht mehr den Eindruck erwecken, als sei Vergebung ein besonderes Recht von Priestern und Pfarrern bzw. Pfarrerinnen. Das war *vor* Jesus so. Doch Vollmacht und Bereitschaft zur Vergebung kennzeichnet die Würde – und Bürde – *aller* Christen – alltäglich.

Jesus hat den Seinen das Unser-Vater-Gebet vorgebetet, sagt die Überlieferung. Das vertrauensvolle »Abba« am Anfang, was so viel wie »Papa« heißt, wird auf Jesu intensives Gottesverhältnis zurückgeführt. Alle weiteren Bitten des Gebetes sind im Wir-Stil formuliert, schließen also Jesus als Vorbeter mit ein. Das heißt aber auch, dass Jesus sich in allen Punkten mit denen auf einer Stufe gesehen hat, die mit ihm gezogen sind. Deswegen ist das kirchliche Dogma vom »sündlosen Jesus« eine Konstruktion, die den Erlösungsglauben vom angeblichen Sühnopfer am Kreuz begründen sollte: Nur ein »sündloser« Gottessohn konnte die »sündige« Menschheit erlösen! Das ist eine in sich klare Mytho-Logie, die religionsgeschichtlich ihre Zeit gehabt hat. Aber nicht nur vom Unser-Vater-Gebet her erweist sich die »Sündlosigkeit« Jesu als unglaubwürdig: Wäre er »ohne Sünde« gewesen, also niemandem etwas schuldig geblieben und an niemandem schuldig geworden, wäre er *nicht wirklich Mensch gewesen*, sondern eine uns fremde Schöpfung. Deswegen ist die sonst eher abstoßende Geschichte von der Begegnung Jesu mit der Syrophönizierin (*Matthäus 15,21-28*) so wichtig. Sie erweist Jesus wirklich als einen von uns – als einen, der Liebe schuldig bleibt.

Als Jesus in die Gegend von Tyrus und Sidon kam, kam ihm eine kanaanäische Frau entgegen »und schrie laut: Erbarme dich meiner, Herr, du Sohn Davids! Meine Tochter wird von einem Dämon schwer geplagt. Er aber antwortete ihr kein Wort. Und seine Jünger traten hinzu und baten ihn: Fertige sie ab, denn sie schreit uns nach! Doch er antwortete und sprach: Ich bin nur zu den verlorenen Schafen des Hauses Israel gesandt. Da kam sie, warf sich vor ihm nieder und sagte. Herr, hilf mir! Er aber antwortete und sprach: Es ist nicht recht, den Kindern das Brot zu nehmen und es den Hunden hinzuwerfen. Sie aber sagte zu ihm: Gewiss, Herr; auch die Hunde leben ja von den Brosamen, die vom Tisch ihrer Herren fallen. Da antwortete Jesus und sprach zu ihr: O Weib, dein Glaube ist groß; dir geschehe, wie du willst! Und ihre Tochter war geheilt von jener Stunde an.«

Diese Geschichte passt nicht ins übliche Bild von Jesus und seinen Jüngern. Hart, abweisend und auch arrogant treten die Juden gegenüber der »Heidin« auf, ziehen die Grenze ihrer völkischen Erwähltheit um sich herum, für die die anderen »Hunde« sind. Eine schlimmere Lieblosigkeit und Kränkung gegenüber dieser verzweifelten Frau, die Hilfe für ihre Tochter haben will, kann man sich kaum denken. Jesus und die Seinen bleiben ihr die Liebe schuldig, von der er den Juden gepredigt hat. Doch die Frau ist in ihrer unerbittlichen Liebe die überlegene Gestalt; Jesus ist der noch ganz vom erlernten Erwählungsglauben Gefangene, der zu den Juden geschickte Wanderprediger. Und sie ist es schließlich, die ihn über diese

Grenze hinausführt. An ihrer Liebe bricht Jesu traditionelles Verständnis seiner Sendung zusammen. *Sie* ist *ihm* mit der Unbedingtheit der Liebe begegnet, die er von Gott verkündigt hat. Ihr muss er willfahren: »Dir geschehe, wie du willst!« Dieser Frau müssen Christen dankbar sein. Sie hat den Prozess der Menschwerdung des Logos um ein gutes Stück weiter vorangetrieben. Und sie hat damit eine Grenzüberschreitung bewirkt, wie sie nach Jesus auch Paulus und Petrus erlebt haben: Paulus wurde durch sein Damaskus-Erlebnis vom Jesus-Verfolger zum Christus-Verkünder (*Apostelgeschichte 9*), Petrus durch einen Traum von der strikten Ablehnung zur Anerkennung der »Mission« unter Nicht-Juden bewegt (*Apostelgeschichte 10, 9-23a*).

Die unbedingte Liebe Gottes gibt eine geistige Freiheit, die weiter reicht, als unsere, an kulturelle Gedächtnisse gebundenen Standards es möglich erscheinen lassen. Sie hat, ja, sie ist die Kraft des Geistes, die uns auch von jenseits unserer eigenen Grenzen entgegenkommen und uns von dort aus zum Besseren überwinden kann. Die Geschichte von der starken Syrophönizierin ist eine wunderbare Parabel dafür, dass der Geist Gottes in der *Liebe* völlig unabhängig von Kulturen und Religionen wirkt. Insofern ist die Liebe, wenn sie nicht sich selbst sucht, tatsächlich auch die Kraft, durch die kulturelle Standards aufgebrochen werden können. Die unbedingte Liebe ist nicht nur ein herzerwärmendes Attribut, das der Glaube Gott verleiht. Sie ist die geistige Herausforderung schlechthin an unser Denken. Denn sie treibt die Menschwerdung des Menschen voran und verbindet diese mit der wahrgenommenen Menschwerdung Gottes. Noch allgemeiner gesagt: Die Creatio continua des Menschen und aller anderen Geschöpfe ist weder im Blick auf die gemeinsame Herkunft aus Geist noch im Blick auf die Zukunft – von Gottes Werden zu trennen.[233]

Gehen wir davon aus, dass Jesus für Christen in gewisser Weise Gott repräsentiert, dann zeigt die Geschichte mit der Syrophönizierin, dass auch die Wahrnehmungsgestalten Gottes evolutionäre Entwicklungen hinter sich haben. Dazu gehören Gottes-Herkünfte, die Jesus mit seinem teils grob-selbstherrlichen, teils partikular-liebesunfähigen Auftreten noch in die Szene einbringt. Von ihnen wird er durch die Frau befreit, die ihn mit seiner eigenen Botschaft von einem unbegrenzt liebenden Gott konfrontiert. Solch eine Geschichte kann man natürlich nur erzählen, wenn man davon ausgeht, dass es für Gott keine Rückkehr mehr in die alten Szenarien gibt. Wie also in die Menschwerdung des Menschen die Herkunft und die Zukunft des Menschen mit hineingehören, so ist es auch im Blick auf Gott. Deswegen ist es sinnvoll, in der (christlichen) Bibel einen Gang durch die Religionsgeschichte im vorderen Orient von ungefähr tausend Jahren dokumentiert zu sehen – aber *nicht* als Offenbarungs-, *sondern* als Wahrnehmungsgeschichte Gottes. Nur unter dieser Voraussetzung kann ich dann durchgängig von »Gott« reden.

Diese Geschichte geht weiter und wird auch zukünftig und universal betrachtet keine Selbstbilder Gottes produzieren. Menschen werden weiter von ihren Wahrnehmungsgestalten Gottes reden, wenn sie »Gott« sagen. Und es wird weiterhin eine Geschichte *mit* den vier Grundkonflikten sein, die uns seit der Steinzeit begleiten. Wenn sie je überwunden werden sollten, wird das das Ergebnis der Evolution des Geistes sein. Eine gestalthafte Zielvorstellung wie »den (kosmischen) Christus« möchte ich dafür nicht denken. Sie wäre der Versuch, die offene Zukunft ans Jetzt zurückzubinden.

Gott in seinen Wahrnehmungsgestalten und Lebensgaben

Der Glaube, dass Geist das Eigentliche des Möglichen und Wirklichen ist, bringt das Ganze zur Sprache. Auch wenn wir das Ganze nicht fassen können, hat es trotzdem Sinn, von dem Ganzen zu reden. Denn es meint ja, dass alles mit allem in Beziehung steht, und das ist denkbar. Die Einsicht in diesen großen Zusammenhang *Leben* ist der Weg zum inneren Frieden, weil wir dann auch mit Gott in einer Wirklichkeit verbunden sind. Gott außerhalb dieser Wirklichkeit, ja, eine andere Wirklichkeit als die eine gibt es nicht.

Wenn wir Geist als die eine schöpferisch-evolutionäre Potentialität verstehen, sind wir auch gegenüber Wissenschaften, die ohne die »Arbeitshypothese« Gott auskommen, ohne Berührungsängste. Dietrich Bonhoeffer hat es für nötig gehalten zu akzeptieren, dass »Gott als moralische, politische, naturwissenschaftliche« und »ebenso als philosophische und religiöse Arbeitshypothese« überwunden ist. Es gehöre deshalb »zur intellektuellen Redlichkeit, diese Arbeitshypothese fallen zu lassen bzw. sie so weitgehend wie irgend möglich auszuschalten.«

Die ängstliche Frage der Theologen, wo Gott dann »noch Raum« habe, beantwortete er so: Auch wir »können nicht redlich sein, ohne zu erkennen, dass wir in der Welt leben müssen – ›etsi deus non daretur‹[234]. … Gott selbst zwingt uns zu dieser Erkenntnis. So führt uns unser Mündigwerden zu einer wahrhaftigeren Erkenntnis unserer Lage vor Gott. Gott gibt uns zu wissen, dass wir leben müssen als solche, die mit dem Leben ohne Gott fertig werden. Der Gott, der mit uns ist, ist der Gott, der uns verläßt (*Markus 15,34*)! … Gott lässt sich aus der Welt herausdrängen ans Kreuz, Gott ist ohnmächtig und schwach in der Welt und gerade und nur so ist er bei uns und hilft uns.« Die Religiosität des Menschen wende sich in der Not an den mächtigen Gott, der dann als »deus ex machina«[235] funktionieren müsse. »Insofern kann man sagen, daß die beschriebene Entwicklung zur Mündigkeit der Welt, durch die mit einer falschen Gottesvorstellung aufgeräumt wird, den Blick frei macht für den Gott der Bibel, der durch seine Ohnmacht in der Welt Macht und Raum gewinnt.« Und Bonhoeffer fügte hinzu: »Hier wird wohl die ›weltliche Interpretation‹ einzusetzen haben.«[236] An anderer Stelle nennt er diese neue Hermeneutik eine »weltliche nicht-religiöse Interpretation der christlichen Begriffe«.[237] Wenn Bonhoeffer davon spricht, dass der Blick für »den Gott der Bibel« frei gemacht werden solle, meint er eindeutig den in Jesu Weg erkennbaren Gott.

Bonhoeffer hatte aus Jesu Leben und aus seinem eigenen verstanden, dass Gott kein das Überleben sichernder Überbau ist. Aber er ist auch kein Sprungtuch, in das man sich fallen lassen könnte, um Leiden zu *entgehen*. Mit dieser Gottesvorstellung hat er, bei sich anfangend, »aufgeräumt«. Diesen Gott gab es nicht mehr für ihn. Er erkannte das Leiden selbst als »Weg in die Freiheit. Die Befreiung liegt im Leiden darin, dass man seine Sache ganz aus den eigenen Händen geben und in die Hände Gottes legen darf.«[238]

Wir kennen Gott nicht anders als in menschlichen Wahrnehmungsgestalten, die uns die Religionsgeschichte aufbewahrt. Die strikte kategoriale Trennung zwischen den Göttern der »Religionen« und dem Gott »der Bibel«, die wir bei fast allen Theologen im 20. Jh. noch finden, ist von dem Ansatz meines theologischen Denkens her nicht mehr möglich. Und natürlich sind Göttinnen gleichrangige Wahrnehmungsgestalten Gottes.[239] Dass bestimmte Wahrnehmungen als »Offenbarungen« bezeichnet worden sind und andere nicht, sagt nur, dass die Kirche ihnen eine besondere Bedeutung im Blick auf die dogmatische Gestalt des Glaubens gegeben hat. Auch biblische »Offenbarungen« sind menschliche Wahrnehmungen und in menschlichen Worten und Bildern mitgeteilt worden. Welche Gotteswahrnehmungen dazu helfen, Gott zu verstehen, kann nicht vorweg entschieden werden. Heilige Schriften sollen den Zugang zu Gott öffnen, sie dürfen aber nicht *vor* Gott gestellt werden.

Vor uns liegt die Arbeit, die eigenen Wahrnehmungsgestalten Gottes mit den anderen Wahrnehmungsgestalten zusammenzusehen, in die hinein sich Gott in anderen Religionen und Kulturen entfaltet hat. Das bedeutet nicht, sie zu verschmelzen und als eigene Gestalten aufzugeben. *Das* friedliche *Zusammenleben der Religionen mit unterschiedlichen Wahrnehmungsgestalten Gottes ist vielmehr die neue, integrale Gestalt von Religion*, die es zu suchen gilt. Sie sieht nicht nur das gegenwärtige Stadium der Evolution, sieht nicht nur, wie Juden und Christen geworden sind, nicht nur die unterschiedlichen Ausprägungen jetzigen menschlichen (Selbst-)Bewusstseins und die geläufigen geistigen und wissenschaftlichen Standards als »das Leben«. Sondern sie nimmt das Jetzt als einen Zustand ernst, in dem auch die Vergangenheit mitenthalten ist. Zu dieser Vergangenheit gehören alle inzwischen erfolgten Abschiede von Gottesvorstellungen, die irgendwann nicht mehr glaubwürdig erschienen sind.

Aber selbst ein derart erweitertes integrales Jetzt ist noch nicht vollständig beschrieben. Denn es gehört auch das dazu, was uns nach vorne bringt, die Zukunft öffnet: unsere Sehnsüchte und Hoffnungen, re-flektierten Verheißungen, das Ahnen einer Weite und von Klängen[240], die wir im Getriebe unseres Alltags gar nicht tief genug in uns hineinlassen können, um sie dort wirklich wahrzunehmen. Die Geistes-Kindschaft verbindet auch mit dieser Zukunft, weil sich nichts entwickelt, was sich nicht aus Geist, dem Eigentlichen des Wirklichen und Möglichen, entwickelt. Das gilt, obwohl wir nichts von den konkreten Gestalten wissen, die sich aus dem Geist entwickeln werden.

Alle menschlichen Überlieferungen von Gott müssen wir konsequent von den »Quellen« her wahrnehmen. Dabei handelt es sich immer um menschliche Wahrnehmungen und ihre Anpassung an die soziokulturelle Situation der jeweiligen Gegenwart. Wer weiß, dass wir nur mit Wahrnehmungen Gottes umgehen und »ihn« bzw. »sie« nie zur Verfügung haben, ist sich der Perspektivität seines Redens bewusst und erhebt keinen Anspruch darauf, »die absolute Wahrheit« zu kennen. Wahrnehmungen haben aber einen Anspruch darauf, dass ihre Authentizität geachtet wird. Sie entstehen aus Begegnungen und Erfahrungen mit Gedanken, Menschen, Bildern oder Texten und verbinden sich in uns mit schon vorhandenen inneren Bildern, Gefühlen und Gedanken. Wahrnehmungen sind also immer etwas Schöpferisches, Originale, keinesfalls Reproduktionen. Sie schaffen neue, eigene Wahrnehmungsgestalten dessen, was wir wahrgenommen haben. Sie sind unser individueller Anteil am Geist. Und wer das weiß, lässt auch den alten Überlieferungen ihre authentische Gestalt. Zugleich aber hat er die Freiheit, seine eigene Wahrnehmung der überlieferten Erzählungen und Gedanken zusammen mit heutigen Erfahrungen *neben* das Überlieferte zu stellen.

Natürlich ist niemand gezwungen, das, was er liest, einem kirchlich konstruierten Dogma unterzuordnen. Denn Dogmen sind auf kirchliche Lehre hin reflektierte Wahrnehmungsgestalten aus vergangenen Zeiten. Sie sind zustande gekommen, um theologische Perspektiven, die lange strittig gewesen waren, durchzusetzen und für verbindlich zu erklären. Ihnen fehlt folglich gerade das, was die aperspektivische oder integrale Lebenswahrnehmung so lebendig macht: die Bewegung der Zeit und die damit verbundenen gedanklichen Veränderungen im »Bild« Gottes. Weil *Geist* Gott ist, geht eine integrale Wahrnehmung davon aus, dass kein Thema der Theologie mit einer irgendwann gefundenen Formulierung beendet ist.[241] Integrale Wahrnehmungen halten das Gottesverständnis auf seine Vergangenheit und Zukunft hin offen. Eine kontinuierliche »Wahrheit« kirchlicher Lehren hat es nie gegeben. Das gilt natürlich auch im Blick auf die Bekenntnisschriften der Reformation.

Gott auf einem Thron außerhalb der Welt zu denken war eine Vorstellung, mit der in vielen Religionen die hohe Würde und Verehrung ausgedrückt wurde, die man Göttinnen und Göttern entgegenbrachte – sei es in gedanklicher oder bildlicher Gestalt. Wo diese Bilder menschengestaltig gewesen sind, waren sie auch Ausdruck der Selbstachtung der Menschen. Hatten sie tierliche Anteile in ihrer Gestalt oder überhaupt eine tierliche Gestalt, ehrten sie auch die Mitgeschöpfe. Menschliche und tierliche Gottesdarstellungen sind Ausdruck der geistigen Potentialität des Gottes. Gott gehört zu der einen Wirklichkeit, in der alles ist, was ist. Gott ist in ihr, Gott ist Geist (*Johannes 8,24*), aber Gott ist in keiner Gestaltwerdung des Geistes festzusetzen. Er entfaltet sich in der Evolution des Geistes, denn »Gottes Sein ist im Werden«[242].

Zu Gott gehören seine Herkünfte wie unsere Herkünfte zu uns. Wie wir Menschen mit unserer tierlichen Herkunft leben müssen, so müssen wir auch mit Gottes vielfältigen Herkünften leben. Aber Gott muss, menschlich gesagt, auch ertragen, dass er auf seine Herkünfte hin angesprochen wird, die uns die Bibel und andere heilige Schriften vermittelt haben. Dazu gehören auch abstoßende Wahrnehmungsgestalten Gottes, die kaum noch jemand mit »seinem Gott« verbinden möchte. Zu Gottes Herkünften gehören aber nach meiner Wahrnehmung auch jene frühen künstlerischen Darstellungen von Heil, die in der steinzeitlichen Höhlenkunst gefunden worden sind. Sofern zur Evolution die Ausdifferenzierung hinzugehört, können wir auch dieses Phänomen mit Gottes Werden verbinden. Dabei hat Gott, durch das Wahrnehmungsgeschehen, Gestalten angenommen, die jeweils von den religiösen und kulturellen Standards der Menschen bestimmt worden sind. Und so wird es bleiben, so lange Menschen Gott wahrnehmen. Was dabei geschieht, können wir uns noch einmal mit der Wasserführung am Brunnen des Mystikers Rumi verdeutlichen *(s. Abbildung 8)*: Wie sich das auf drei Läufe aufgeteilte Wasser stärker mit Sauerstoff anreichert, als wenn es nur in einem flösse, so reichern sich die Gotteswahrnehmungen durch die Ausdifferenzierung in den Religionen *geist*lich an und münden in die Evolution des Geistes ein – zu offenem Ziel.

Folgen wir der Theologie des Johannesevangeliums, münden die Wahrnehmungen Gottes in die Wahrnehmungen ein, die die Menschen von Jesus und durch ihn haben. Stichwort ist die Inkarnation, die »Fleisch-« bzw. Menschwerdung Gottes. Da sich auch dieses Geschehen in der menschlichen Wahrnehmung und Theologie vollzieht, können wir davon sprechen, dass Inkarnation die Rückkehr des außerweltlich *gedachten* Gottes in die eine Wirklichkeit des Lebens meint. Sie geschieht nicht um ihrer selbst willen. Sondern sie muss in Verbindung mit der Menschwerdung des Menschen und mit der Weiterentwicklung aller anderen Lebewesen gesehen werden. Das heißt aber auch, *dass es für uns nicht darum gehen kann,* Gott *werden zu wollen*. Die Theosis haben wir durch die Geisteskindschaft ja schon hinter bzw. in uns. Und was nach diesem irdisch-menschlichen Leben für uns kommen wird, ist jenseits des Denkbaren. Nicht, was die Kraft angeht, die Leben gibt. Die ist nur als Geist und Liebe zu denken. Aber welche realen, sterblichen Gestalten von Leben sich unter Einbindung unseres individuellen Anteils an Geist und Liebe nach uns bilden werden, ist nicht vorherzusagen.

Weil alles mit allem zusammenhängt, ist das Sein und Werden Gottes im Geist auch nicht von dem zu trennen, was wir als Lebensgaben bzw. Lebens-Mittel auf dieser Erde finden. So gehören die Schöpfungsgaben Gottes und alles andere, was wir, elementar gesprochen, als Heilsgaben erhalten, zu Gott hinzu. Sie sind von Gott zu unterscheiden, aber nicht zu trennen. Weil die Lebensgaben durch nichts so einfach und schön zugleich repräsentiert werden wie durch die Elemente Brot und Wein, halte ich eine Feier der Lebensgaben Gottes für die (zukünftige) Grundform von Gottesdienst.[243] Sie kann und soll durch alles erweitert werden, was Menschen heute als Lebensgaben Gottes verstehen, gemeinsam einbringen und feiern wollen. Wichtig ist, dass eine solche Feier in einen Teil übergeht, in dem etwas gegessen und getrunken wird und Tischgemeinschaft auch im Reden und Hören erlebt werden kann. Mit Erlösung hat eine solche Feier nur dann etwas zu tun, wenn wir die Freude an den uns zugänglichen Lebens-Mitteln nicht für uns behalten, sondern als Gaben an diejenigen weitergeben, die nach dem täglichen Brot hungern müssen. Sie sollen von diesem Hunger und Durst erlöst und satt werden.

Das Problem der Theodizee muss im Rahmen der Evolution gedacht werden

Das Problem der Theodizee ist durch den alten Schöpfungsglauben entstanden. Denn der ist verantwortlich für die dualistische Diskrepanz zwischen der guten Schöpfung »am Anfang« und der bösen Realität der erfahrbaren Gegenwart. Aus dieser Diskrepanz ist die Frage erwachsen: Wie konnte, wie kann ein guter Gott »das Böse« zulassen? Die Theodizeeproblematik hängt deshalb mit dem alten Schöpfungsglauben zusammen, weil dieser keine Evolution kennt. Folglich weiß er auch nichts von den vier Grundkonflikten (s. S. 200ff.), die sich mit der beginnenden und fortschreitenden Menschwerdung des Menschen heraus aus seiner tierlichen Herkunft verbunden haben. Denn in der Schöpfungserzählung wird der Mensch geschaffen und ist einfach da. Das, was ich die Grundkonflikte nenne, ist für den Schöpfungsglauben kein *notwendiger* Bestandteil des gewordenen Menschseins. Vielmehr werden alle Äußerungen dieser Konflikte als böse *Zutat* gedeutet, die durch »die Sünde« des Ungehorsams in die gute Schöpfung hineingekommen sei und sie »verdorben« habe. Von dieser Unterstellung aus kann das gegenwärtige Menschsein dann nicht als »Station« in der *andauernden* Menschwerdung des Menschen gedacht werden. Vom angeblich guten Anfang her wird menschliches Verhalten vielmehr mit der absoluten Forderung konfrontiert, gut wie am fiktiven »sündenfreien« Anfang zu sein. Da diese Forderung die Wirklichkeit des sich über Millionen Jahre hin aus seiner Herkunft entwickelnden Menschen nicht ernst nimmt, kommt sie zwangsläufig zu dem Urteil, dass die Welt schlecht und der »sündige« Mensch »böse« ist, weil er die auf die scheinbar fertigen Menschen projizierten Normen nicht erfüllt.

Prinzipiell dasselbe gilt für jene Seite der Theodizee-Problematik, die mit dem vierten der Grundkonflikte zusammenhängt, der unser Verhältnis zur Erde betrifft. Zum Schöpfungsglauben gehört seit alters die Vorstellung, dass die Erde als Bestandteil der guten Schöpfung unerschütterlich stabil ist und von Gott als Lebensbasis für seine Geschöpfe so auch erhalten wird. Dabei ist nie realisiert worden, dass sich auch die Erde als winziger Teil des Kosmos in einer evolutionären Entwicklung befindet und sterblich ist. Was wir an Naturkatastrophen kennen, sind Anzeichen dieser Sterblichkeit und vergleichbar unseren Krankheiten, die auf unseren Tod vorausweisen. Wir erleben Naturkatastrophen und Krankheiten zumeist als »böse«, weil sie Leiden auslösen. Doch *das* traditionelle »Böse«, »*die* Sünde«, begründen beide nicht. Sie können aber, wo wir ihnen als dem Einbruch des großen Schreckens begegnen, manchmal etwas anderes bewirken: dass sich Gott wieder in Gestalten aus seiner frühen Wahrnehmungsgeschichte zu zeigen scheint, die wir als seine Herkünfte aus der Religionsgeschichte im Gedächtnis gespeichert haben. In den jäh aufbrechenden Urängsten kann Gott dann noch einmal jener Dämon sein, der im frühen Israel zum Beispiel als der »Zorn schnaubende« Jahwe wahrgenommen worden war (*vgl. 2. Samuel 22,16 u. ö.*).[244]

Erst wenn wir den Schöpfungsglauben mit der Evolution des Geistes verbinden, können wir die einfache Wahrheit erkennen: Die *Lebens*gemeinschaft alles Geschaffenen ist auch eine *Leidens*gemeinschaft. Ohne Leiden hätten wir kein menschliches Bewusstsein. Das heißt aber zugleich: Ohne Leidenserfahrungen könnten wir auch die Schönheit des Lebens nicht wahrnehmen. Eins hängt mit dem anderen zusammen. Vielleicht können uns diese Zusammenhänge lehren, die auf die Individuen fixierte, monoperspektivische Sicht des Lebens in dem Sinn integral zu erweitern, dass wir uns mehr im Zusammenhang mit allem anderen sehen, was lebt. Und das auch nicht nur bezogen auf das Jetzt, sondern auch bezogen auf die Horizonte Herkunft und Zukunft, mit denen das Jetzt als Punkte der Evolution des Geistes verbunden sind. Die »Himmelsscheibe von Nebra« (*s. Abbildung 3*) kann uns mit ihren beiden Horizontbögen daran erinnern.

Dass die Theodizee-Frage die Menschen wieder stark beschäftigt, ist zum einen erstaunlich, weil wir medikamentös so viel gegen Schmerzen tun können wie nie zuvor. Andererseits ist es verständlich. Denn wir bekommen heute in Bild und Wort weit mehr und auch sehr viel unmittelbarer als früher zu Gesicht, was weltweit an Naturkatastrophen, Kriegen, Unglücken, Verbrechen und Verelendung von Mensch und Natur geschieht. Hieraus erwachsen die alten Fragen nach der Gerechtigkeit Gottes neu. Vieles deutet allerdings darauf hin, dass die Theodizee-Problematik auch aus der Krise unserer Zielsetzung stammt, so lange zu leben, wie es nur geht. Eine wachsende Zahl von Krankheiten und Leiden hängt damit zusammen, dass es gelungen ist, das Durchschnittsalter weit anzuheben.

Aber ein anderer Teil des Interesses an der Theodizee-Problematik hat damit zu tun, dass das traditionelle Gottesverständnis in eine schwere Glaubwürdigkeitskrise geraten ist. Denn die Theologie des »Sündenfalls« hatte ja unterstellt, die auf der Erde lebenden Wesen hätten ohne die böse Wirkung der »Sünde« unsterblich und ohne Leiden leben können. Diese Unterstellung hat das Leiden und den Tod zu etwas gemacht, was der »liebe Gott« doch hätte verhindern können. Dass er es nicht tat und nicht tut, mache ihn unglaubwürdig. So hat jene Theologie Gott gegen Gott in Gestalt seiner eigenen Schöpfung gestellt, die er *sterblich* geschaffen hat. Der Weg aus dieser Glaubwürdigkeitskrise besteht darin ernst zu nehmen, dass die Erde selbst sterblich ist und alle Wesen schmerzempfindlich und leidensfähig sind, aber zugleich liebebedürftig und liebesfähig. Krankheiten gehören zum Leben von Menschen, Tieren und Pflanzen genauso hinzu wie die gegenseitige Heilung, Pflege und Tröstung in Leidenszeiten. In all diesen Seiten des Lebens ist Gott selbst aber, wenn er als Lebensenergie geglaubt wird, zu finden. Das heißt: Gott leidet in allem Leiden mit, ist selbst liebebedürftig, wie Jesus im »Gleichnis vom Weltgericht« (*Matthäus 25,40. 45*) gesagt hat. Er stiftet uns zur helfenden Liebe an, aus der Leidensgemeinschaft aller Geschöpfe eine Solidargemeinschaft zu machen, in der einer des anderen Last trägt (*Galater 6,2*).

Die alten Grundkonflikte, die das Menschsein begleiten, lehren uns, dass zum menschlichen Leben auch gehört, schuldig zu werden. Seit den Anfängen gibt es kein menschliches Leben, das nicht schuldig würde an anderen Geschöpfen, Menschen, Tieren und Pflanzen. Leben ist eine Lebensgemeinschaft, in der, weil alle sterblich sind, auch gestorben wird. Und es gibt immer wieder den Extremfall, dass Menschen unter einer Gewalttat anderer Menschen leiden müssen und dadurch sterben. Denn ob wir es wollen oder nicht: Nur, weil wir voneinander wissen, dass wir sterblich, verletzlich und leidensfähig sind, bedrohen sich Menschen als Individuen und staatliche Gemeinschaften bis heute immer noch gegenseitig mit Gewalt. Diese Seite der Wirklichkeit ertragen zu müssen stellt nicht Gottes Liebe in Frage, sondern spiegelt die tragische Seite des Menschseins.[245] Denn die besteht ja darin, dass wir das, was dem Leben seine Tiefe und Schönheit gibt und zur Entdeckung heilender Kräfte anregt, auch als Mittel *gegen* das Leben instrumentalisieren können: unsere Verletzlichkeit.

Gott wird den Menschen heute aber auch durch einen Hauptzug der schon kritisch referierten Erlösungstheologie mehr und mehr suspekt: Wir wurden gelehrt, Gott habe Jesu ungerechte Hinrichtung als Sühneleistung für unsere Sünden akzeptiert, weil die Tora eine solch blutige Sühne eigentlich von allen »Sündern« verlange; denn Vergebung sei ohne Blutvergießen nicht möglich (*Römer 3,25; Hebräerbrief 9,22*). Da hat das neue Theodizee-Problem angefangen: Wenn Gott hier Leiden gewollt und als Heilsgeschehen angenommen habe, hat er selbst mit »heiliger Gewalt« paktiert, ja, Tod und Leiden eines Menschen instrumentalisiert zum guten Zweck unserer »Erlösung«. Das sagen allerdings alle, die »für ihr Land« Krieg führen und dafür Menschen sterben lassen, im Grunde auch. Vor diesem Hintergrund ist aus dem Glauben, der gewaltsame Tod Jesu habe Gottes Gerechtigkeit *erwiesen* (*Römer 3,25*), gerade ein massiver *Zweifel* an der Gerechtigkeit Gottes geworden.

Religionen müssen verantworten, was sie in Gottes Namen sagen und tun. Sie müssen aus der Geschichte lernen und auch unangenehme Konsequenzen ziehen – wie jedermann. Es ist zwar lange Mode, selbst Überlieferungen, die sich als lebensfeindlich erwiesen haben, als das »Widerständige« in der Bibel festzuhalten und ihnen einen verborgenen Sinn zuzuschreiben. Aber auch *nach Jesus* Gott und Heil noch mit Kriegen und »heiliger Gewalt« verbinden zu wollen, ist Ausdruck eines gefährlichen Fundamentalismus. Völkisch geprägte Theologien, die Gott mit Gewaltaktionen verbinden, gibt es zwar zur Genüge. Doch das Studium der Geschichte zeigt, dass auch diese Theologien bis ins 20. Jh. hinein zu den traurigen Kapiteln gehören, die vom Ethnozentrismus geprägt worden sind: Sie haben jeweils das eigene Volk über alle anderen gestellt und Gott für diese Rangordnung in Dienst genommen. Nach den völkisch-religiösen Verirrungen, in die sich Deutschland im Dritten Reich begeben hat, müssen wir solche theologischen Irrwege[246] unbedingt verweigern.

Weder das Leben allgemein noch Ethik und Politik lassen sich allein religiös definieren. Wo es doch versucht wird oder geschieht, kommt die Totale ins Spiel und mit ihr die Androhung oder gar Ausübung von Gewalt gegen Andersdenkende und Andersglaubende. Es ist jedenfalls absurd, nur dem Islam (oder anderen Religionen) eine besondere Nähe zur Gewalt vorzuwerfen, wie es der jetzige Papst in seiner geschichtsvergessenen Rede 2006 in Regensburg getan hat. Dass auch Christen eine derartige Nähe zur Gewalt hatten und haben, ist in der Kirchengeschichte durch den Terror der Zwangsmissionierungen, durch die Kreuzzüge und die Eroberungszüge der christlichen Kolonialherren rund um den Globus hinreichend belegt worden – und nicht zuletzt durch die Shoa. All diese Erkenntnisse rufen danach, die Verbindung von Gott und einer angeblich heiligen Gewalt, im eigenen Bereich beginnend, entschieden zu bekämpfen. Diese Forderung schließt auch die Kritik an biblischen Schriften ein, die klar erkennbar die »Sprache der Gewalt« genutzt haben, um in ihrer Zeit durch gezielte Traumatisierung Gefolgschaft für bestimmte Glaubensvorstellungen und Verhaltensweisen zu erreichen.[247]

Beten und Hoffen auf Wunder im Zeitalter der Quantenphysik

Den Gesamtzusammenhang, in dem wir leben, habe ich als die Evolution des Geistes beschrieben. Nun hat aber auch alles, was *wir* tun und denken, Einfluss auf diesen Gesamtzusammenhang. Geist führt keine Tragikomödie namens »Leben« auf, in der wir die Marionetten oder Zuschauer oder beides wären. Geist hält alles, was es an geistigen Bewegungen gibt, zusammen in einer Entwicklung. Zu diesen geistigen Bewegungen gehören auch das Beten und seine Wirkungen.

Ich folge der einfachen Wahrheit, dass Beten mit Denken zu tun hat, ganz gleich, ob es um ein Stoßgebet oder ausführlich um Dank, Bitte, Fürbitte oder Klage geht. Denken ist aber immer an Sprache gebunden, wenn ich es still für mich oder laut – und eventuell in der Gemeinschaft mit anderen – tue. Denke ich aber sprechend, kann ich den Gedanken auch die Freiheit lassen, sich innerhalb einer Anrede zu entwickeln. Mit einer Anrede muss nicht unbedingt ein personal vorgestelltes Gegenüber verbunden sein. Die zumeist gewählte Anrede »Gott«[248] mit all den geläufigen Zusätzen wie »lieber«, »guter«, »barmherziger« etc. wählt ohnehin eine Anredeform, die nicht zwingend auf eine menschlich gedachte Gestalt hinausläuft. Anders ist es natürlich, wenn Jesus oder eine andere Gestalt das Gegenüber des Gebetes ist. Wer ohne Anrede betet, wird eher von einer Meditation sprechen. Und wer der Kontemplation und Zen-Meditation zuneigt, versucht, alle gedanklichen Konkretionen loszulassen und sich dem freien Spiel der Bilder, Schwingungen und Räume anzuvertrauen, das der Geist mit ihm vollführt. Da es aber immer ein Mensch ist, der so oder so betet oder kontempliert oder meditiert, ist er in dem, was er konzentriert tut, auch selbst enthalten – einschließlich seiner Wünsche und Ängste, Hoffnungen und

Traurigkeiten. Es geht also nichts verloren, wenn man beim »Beten« Gott nicht anredet – zumal es das schöne Jesus-Wort gibt »Euer Vater weiß, wessen ihr bedürft, ehe ihr ihn bittet« (*Matthäus 6,8*). Warum? Weil er in den geistigen Zusammenhängen wirkt.

Damit kommen wir zu der eigentlichen Frage, die manche umtreibt: Hat Beten denn Sinn? Bewirkt Beten etwas? Beten bewirkt, wenn es nicht reines Nach-Beten ist, zuerst einmal eine große Konzentration auf die geistigen Kräfte in uns. Wer Gebete bewusst formuliert, weiß, wie viel Reflexion sich mit der ›mitlaufenden‹ Frage verbindet, ob ich wirklich will, worum ich bete, und welche Auswirkungen meine Bitten auf andere haben könnten, falls sie erhört würden. Wer fragt, *wie* Gebete wirken, kann zumindest einen Teil des Geschehens besser verstehen, wenn er bedenkt, dass Beten eine *geistige Tätigkeit* ist. Nur deshalb kann die Quantenphysik etwas zur Antwort auf die Frage beitragen, wie Gebete wirken. Ich erinnere dazu noch einmal das Geschehen, das sich alltäglich in der Creatio continua, der fortdauernden Evolution, vollzieht. Am Anfang ist jeweils – wie ich von Hans-Peter Dürr zitiert habe[249] – ein unerschöpfliches Potential an Quanteninformation. Damit ist das überhaupt Mögliche bzw. »Könnte-Mögliche« gemeint, das unter jedweden Bedingungen werden *könnte*. Durch den konkreten Möglichkeitsrahmen aber, in dem sich die Information in Richtung auf eine Realisierung in der materiellen Wirklichkeit hinbewegt, kommt es zur Einengung des »Könnte-Möglichen« auf das *»Kann-Mögliche«*, das zu den Rahmenbedingungen passt. Dann ist zwar immer noch nicht annähernd entschieden, welche der Möglichkeiten sich nun wirklich realisiert, aber die Auswahl ist schon deutlich weiter eingeschränkt, der Spielraum dessen, was sich realisiert und was nicht, kleiner geworden. Denn: »In der Kann-Möglichkeit steckt auch der Wille drin«, sich zu realisieren, »denn Potentialität meint auch Potenz … Woll-Möglichkeit.« (47)

Wenn Dürr an anderer Stelle formuliert: »Evolution vollzieht sich unentwegt durch Verstärkung innerhalb von Möglichkeitsrahmen« (48), dann kann man das Gebet als eine solche Verstärkung verstehen – und sogar Bert Brecht mit dem Satz Recht geben: »Es helfen nur Menschen, wo Menschen sind.«[250] *Verstärkung* wirkt (vor allem) da, wo es um das geht, was Dürr »Verbundenheit« nennt. Verbundenheit gibt es zum einen als Erfahrung einer unverlierbaren Beziehung zu einem anderen Menschen, einer »Seele«, wie Dürr gerne sagt. Aber Verbundenheit gibt es auch als Beziehung zu Gott, insofern mit »Gott« das geistige Gesamtgeschehen Leben, »das Eigentliche des Wirklichen«, Geist (Carl Friedrich von Weizsäcker), gemeint ist. Diesem Geschehen, hat Werner Heisenberg gesagt, kann man gegenübertreten wie einer Seele (152), um sich damit bewusst in Beziehung zu setzen und die damit verbundene Ordnung gegen Auslöschungstendenzen zu stärken. Nötig ist dafür aber, dass man einer lebensdienlichen Grundorientierung folgt. Und Seele ist der Teil des Geistigen, der sich in der Lebenszeit »temporär beim Individuum angesammelt hat«. So kommen die Erfahrung der Verbundenheit mit vielen und die Gewissheit, dass es auch auf mich als einzelne geistige Potenz ankommt und ich nicht gleichgültig bin, zusammen. (153) Alle, die etwas tun, was wesentlich und tief ist, wirken mit an der Ausdifferenzierung der Potentialität des Geistigen, und so wächst sie an Bedeutung. Wenn immer mehr Menschen versuchen, den Sinn, den sie aus der Tiefe der auch für andere gültigen Lebensorientierung holen, »durch etwas zu ergänzen, was sie in ihrem Leben erleben« und es dieser Bedeutung, diesem Sinn, beifügen, wächst diese Bedeutung, dieser Sinn immer mehr. Und er drängt zu Realisierungen in der allen zugänglichen Wirklichkeit. Dann hat der einzelne Mensch zum Leben beigetragen, was er beitragen konnte. »Wenn er dem Ganzen einmal eine Bedeutung gegeben hat, dann ist er hinterher gar nicht mehr wichtig, weil er im Gesamtkunstwerk aufgehoben ist, unvergänglich.« (155)

Beten heißt also auch, die eigene Lebensorientierung zu stärken, gerade nicht in tausend Einzelwünschen unterzugehen (92-96). In diese Grundorientierung weist das Unser-Vater-Gebet Jesu ein, indem die drei ersten Bitten keine menschlichen Bedürfnisse zur Sprache bringen. Sie drücken die von Dürr angesprochene Verbundenheit und das darin lebendige Grundvertrauen aus: »Geheiligt werde dein Name, dein Reich komme, dein Wille geschehe wie im Himmel, so auf Erden.« Das sind die »Rahmenmöglichkeiten«, in die der eigene »Bedarf«, die eigentlichen Bitten, dann gestellt werden können und worin sie die besten Chancen haben, realisiert zu werden. Allerdings nicht unbedingt so, wie wir uns das gewünscht haben, sondern so, wie es Gottes Geist entspricht. Bittgebete beten heißt deshalb immer auch, die eigenen Wünsche durch das Wirken des Geistes, der das Ganze »im Blick hat«, korrigieren lassen zu wollen.

Diese Gedanken zeigen aber auch, wie wichtig Vorbilder für die geistige Entwicklung insgesamt sind. Darauf hat Dietrich Bonhoeffer mit Nachdruck hingewiesen und hier den *Menschen* Jesus genannt.[251] In aller Nüchternheit muss man allerdings auch hinzufügen, dass es gefährliche Vorbilder und gefährliche geistige Bewegungen gibt, die ganze Völker in den Abgrund reißen können – wie wir Deutsche erlebt haben. Die Entscheidung für Vorbilder oder geistige Strömungen, denen man sich anschließt, ist also mit einer großen Verantwortung verbunden. Denn es geht darum, wen und was man verstärken wird.

Das kontinuierliche Gebet für andere schafft dadurch, dass man sich mit anderen Menschen in Verbindung bringt, eine geistige Beziehung. Sie kann zu einer eigenen Lebensgestalt werden, in der man sich mit Liebe und Geist geborgen weiß. So sehr, dass der einfache Satz »Ich denke an dich« wirkliche Gegenwart vermittelt, die stärkt und trägt, wenn es schwer wird.

Auch Wunder können möglich werden – sofern man unter »Wunder« die Realisierung von etwas versteht, was aufgrund der Erfahrungswerte außerhalb des »Kann-Möglichen« liegt. Wunder meinen etwas, was denkbar und auch wünschbar, aber trotzdem unwahrscheinlich ist, weil es nur zu dem »Könnte-Möglichen« gehört. Wenn sich aber aufgrund von geistigen Kräften oder Mutationen ein Übergang aus dem »Könnte-Möglichen« zum »Kann-Möglichen« ergibt, obwohl die Rahmenbedingungen nicht dazu »passen«, können »Wunder wahr werden« – *vielleicht*, wie alles Kann-Mögliche.

Anmerkungen

1 Vgl. Manfred Görg, Mythos, Glaube und Geschichte. Die Bilder des christlichen Credo und ihre Wurzeln im alten Ägypten, Düsseldorf 1992, 3. Aufl. 1998, S. 110.

2 Von 1891, Leinwand. Jetzt: The Metropolitan Museum of Art, New York.

3 Aus dem Stundenbuch des Étienne Chevalier (vor 1457).

4 S. u. S. 26f.

5 Erstauflagen: Notwendige Abschiede. Auf dem Weg zu einem glaubwürdigen Christentum, 2004; Lebensgaben Gottes feiern. Abschied vom Sühnopfermahl: eine neue Liturgie, 2007; Mehr Leben, bitte! Zwölf Schritte zur Freiheit im Glauben, 2009; Glaubwürdig von Gott reden. Gründe für eine theologische Kritik der Bibel, 2009.

6 Vgl. dazu auch Willigis Jäger, Westöstliche Weisheit. Visionen einer integralen Spiritualität, Bielefeld 2007, S. 65. 79. 81.

7 Dietrich Bonhoeffer, Widerstand und Ergebung, Briefe und Aufzeichnungen aus der Haft (DBW 8); die Zitate S. 557 und 526-535. 546.

8 Für Griechisch-Kundige ist die Studienausgabe der ältesten Jesus-Überlieferung zu empfehlen: Paul Hoffmann u. Christoph Heil (Hg.), Die Spruchquelle Q. Studienausgabe 2. Aufl. Griechisch und Deutsch, Darmstadt 2007. Auf Deutsch in: Klaus Berger und Christiane Nord, Das Neue Testament und frühchristliche Schriften, übers. u. komm., Frankfurt/M. und Leipzig 1999 = 2005, S. 267-298.

9 Zwar kann man mit guten Argumenten die Meinung vertreten, dass es sich bei diesem Buch eher um ein Upgrade als ein Update handele. Ich halte mich daran, dass das Verb to update im Englischen so viel wie »auf den neusten Stand bringen« meint, und dass sich der Begriff Update im Sprachgebrauch und -verständnis auch derjenigen etabliert hat, die nicht mit Computern umgehen. Beide Begriffe sagen außerdem, dass das »Betriebssystem« als Basis beibehalten wird. Wo es um den Glauben geht, ist Ziel immer das, was Papst Johannes XXIII. vom 2. Vatikanischen Konzil gefordert hatte: ein »aggiornamento«, ein Ankommen in der Gegenwart, im Heute. Da, wo das Betriebssystem geändert wird, ist es nicht mehr sinnvoll, von einem Update oder Upgrade zu reden. Da muss auch in der übertragenen Benutzung dieser Begrifflichkeiten von einem Systemwechsel gesprochen werden. Kapitel II. wird solche Wechsel behandeln.

10 Es ist eigentlich nicht überraschend, dass inzwischen auch die These vertreten wird, dass Jesus zweisprachig aufgewachsen ist und seine Reden nicht erst nachträglich ins Griechische übersetzt werden mussten: Bernhard Lang, Jesus, der Hund. Leben und Lehre eines jüdischen

Kynikers, München 2010, S. 11-16.

11 Jan Assmann, Herrschaft und Heil. Politische Theologie in Altägypten, Israel und Europa, München 2000, S. 152. Vgl. dazu Notwendige Abschiede, S. 317. 330. 339.

12 Manfred Görg, Mythos, S. 103-105.

13 Manfred Görg, Mythos, S. 105f.

14 Vgl. Othmar Keel / Silvia Schroer, Eva – Mutter alles Lebendigen. Frauen- und Göttinnenidole aus dem Alten Orient, Fribourg/Schweiz 2004, 3. Aufl.. 2010, S. 262f. (Figur einer thronenden, stillenden Isis auf dem Sarapisthron, 2. Jh. n. Chr.).

15 Manfred Görg, Mythos, S. 112.

16 Im Frühjahr 2012 fand im Ägyptischen Museum in München eine Ausstellung »Gottesbilder. Religion im Alten Ägypten« statt, in der die Darstellung des Gottes Horus als Fisch in Oxyrhynchos durch zahlreiche Objekte belegt worden ist. Symbolkraft hat der Fisch, weil er ursprünglich Lebensgaben repräsentierte, die der Nil den Menschen mit Wasser und seinen Fischen gab. Dargestellt wurde der Fisch mit dem aufgesetzten Kuhgehörn der Hathor und mit der Sonnenscheibe dazwischen.

17 Die immer noch breiteste Dokumentation ist: Emma and Ludwig Edelstein, Asclepius. A Collection and Interpretation of the Testimonies, Vol. I and II, Baltimore 1945.

18 Auch der erste ptolemäische Pharao, Ptolemaios I. Soter, hat sich mit dem Titel des paradigmatischen Heilandes als Beiname geschmückt.

19 Erich Dinkler, Christus und Asklepios. Zum Christustypus der polychromen Platten im Museo Nazionale Romano, Heidelberg 1980.

20 Der Spruch 14,6 besagt nichts über das Verhältnis zu anderen Religionen, sondern sagt, dass Jesus die allein gültige Verkörperung des jüdischen Vatergottes ist. Religionsgeschichtlich ist das ein Update aus der ägyptischen Religion, in der der Pharao derjenige war, an den man sich wenden musste, wenn man etwas von Gott haben wollte.

21 Dazu muss man erinnern, dass sich Paulus immer gerne als »Knecht Jesus Christi« und Jesus Christus als seinen Kyrios, »Herrn«, bezeichnet hat!

22 Rudolf Bultmann, in: Neues Testament und Mythologie. Das Problem der Entmythologisierung der neutestamentlichen Verkündigung (1941), in: Hans-Werner Bartsch (Hg.): Kerygma und Mythos, Bd. 1 (1948), 4. Aufl. Hamburg, 1960, S. 15-48, hier: 20.

23 Rudolf Bultmann, Jesus, Tübingen 1926, 19.-21. Tausend 1958; das folgende Zitat S. 182

24 Dafür steht in vielerlei Hinsicht der Name von Teresa Berger (seit 2007 in Yale).

25 Vgl. dazu nähere Einzelheiten bei Hartmut Welzer, Das kommunikative Gedächtnis. Eine Theorie der Erinnerung, München 2002, und in meinem Buch: Notwendige Abschiede, S. 120-130, bes. 127-129.

26 Hartmut Welzer, Das kommunikative Gedächtnis, S. 220.

27 Viktor von Weizsäcker, Gesammelte Schriften 4. Der Gestaltkreis. Theorie der Einheit von Wahrnehmen und Bewegen, Frankfurt/M. 1997, S. 236f. Vgl. zum Ganzen meine Aufarbeitung dieses Ansatzes in: Notwendige Abschiede, S. 120-129.

28 Vgl. dazu meinen Beitrag: »Predigen ist Hörensagen. Zum Zusammenhang von Predigtanalyse und Predigtgestaltung, in: Rudolf Bohren / Klaus-Peter Jörns, Die Predigtanalyse als Weg zur Predigt, Tübingen 1989, S. 155-175.

29 Zu finden in: Berger-Nord, Das Neue Testament und frühchristliche Schriften, S. 1389-1394. Es fehlt darin allerdings noch das Judas-Evangelium, weil es erst später zugänglich geworden ist.

30 Text aus dem Ausstellungskatalog »Der geschmiedete Himmel. Die weite Welt im Herzen Europas vor 3600 Jahren«, hg. Harald Meller, Stuttgart 2008, S. 57.

31 Die Sonne spielte in der Religion der alten Ägypter auch schon vor Echnaton eine Rolle, aber nicht als Gott. – Nie ist dort ein Pferd als Zugtier mit einem Sonnenwagen benutzt worden. Erst in der Antike finden wir Darstellungen des Sonnengottes Helios, die ihn vierspännig über den Taghimmel fahrend zeigen.

32 Zum Thema ausführlich: Manfred Görg, Mythos (s. Anm. 1).

33 Die These, dass Mose ein Ägypter gewesen ist, hat Sigmund Freud bereits vertreten: Der Mann Mose und die monotheistische Religion, Amsterdam 1939; vgl. auch Jan Assmann, Moses der Ägypter: Entzifferung einer Gedächtnisspur, Frankfurt/M., 5. Aufl. 2004.

34 Siehe dazu die Übersicht über die Abendmahlstexte im Neuen Testament in: Lebensgaben Gottes feiern, S. 116f.

35 Hartmut Bobzin, Der Koran, neu übertragen, München 2010, S. 366. 785f. 806.

36 Das Zitat und die Belege nach: Adel-Theodor Khoury, Themenkonkordanz Koran, Gütersloh 2009, S. 283.

37 Ein weiterer integrativer interreligiöser Kanon ist im 19. Jh. von den Gründern der Bahai-Religion vorgelegt worden.

38 Vgl. Gotthold Hasenhüttl, Glauben ohne Denkverbote. Für eine humane Religion, Darmstadt 2012.

39 Immer noch wegweisend: Kurt Hübner, Die Wahrheit des Mythos, München 1985.

40 »Parolen wie, die funktionale Hirnforschung habe ›bewiesen‹, dass die menschliche Willensfreiheit eine Illusion sei, werden mittlerweile

von nahezu allen Vertretern« einer Philosophie des Geistes und der Neurowissenschaften »als unseriöse Verkürzungen zurückgewiesen.« Es bahne sich vielmehr ein Dialog an, »der auf eine wechselseitige Überprüfung von Annahmen und Interpretationen der jeweiligen theoretischen Modelle angelegt ist.« Bert Heinrichs, in: Infobrief 1/11 des Deutsche Referenzzentrums für Ethik in den Biowissenschaften, Bonn.

41 Willigis Jäger, Westöstliche Weisheit. Visionen einer integralen Spiritualität, Bielefeld 2007, S. 28.

42 Vgl. dazu Gerd Theißen, Die Religion der ersten Christen, Gütersloh 3. Aufl. 2003.

43 Die griechische Mythologie gibt reiches Anschauungsmaterial dafür, dass die Götter vielfältig »inkarniert« sind – wenn auch nur auf Zeit oder dauerhaft als Strafe, indem ihnen die Unsterblichkeit genommen wurde.

44 Das Wort in Psalm 8,6 (»du machtest ihn [= den Menschen] wenig geringer als *älohim*«) mit »Engel« zu übersetzen, stellt eine theologische Ausflucht dar.

45 Vgl. dazu auch Jörg Zink, Gotteswahrnehmungen. Wege religiöser Erfahrung, Gütersloh, 2. Aufl. 2012, S. 305-307.

46 Vgl. dazu die scharfe Analyse »Menschen im Gottesdienst« bei Wilfried Engemann, Vom Umgang mit Menschen im Gottesdienst. Probleme der impliziten liturgischen Anthropologie, in: Evangelische Theologie 72/2012, 101-117.

47 Notwendige Abschiede, S. 146-158.

48 S. dazu das entsprechende Kapitel in: Notwendige Abschiede, S. 369-373.

49 Der Streit zwischen Paulus und Petrus ist bestens dokumentiert: Galater 2,11-21; vgl. Apostelgeschichte 11,1-18.

50 Diese Erkenntnis setzt sich langsam in der theologischen Wissenschaft durch. Vgl. dazu den Aufsatz von Reinhard Meßner, Über einige Aufgaben bei der Erforschung der Liturgiegeschichte der frühen Kirche, in: Liturgie verstehen (ALw 50), Fribourg/Schweiz 2008, S. 207-230. Messner zeigt auf, dass sich die kirchliche Lehre, die die Römische Messliturgie geradenwegs auf Jesus zurückführt, nicht halten lässt. Das ist auch für evangelische Kirchen wichtig, weil sie sich seit der Lima-Konferenz 1982 wieder deutlich dieser Liturgie genähert hat.

51 Vgl. Hartmut Welzer, Das kommunikative Gedächtnis, S. 221, zum »kulturellen« im Unterschied zum »kommunikativen Gedächtnis«.

52 Das hat auch Hubertus Halbfas mit großer Deutlichkeit beschrieben in: Glaubensverlust. Warum sich das Christentum neu erfinden muss, Düsseldorf 2011, S. 18-30. 47-56 u. ö.

53 Als Beispiel nenne ich Galater 6,2: »Einer trage des anderen Last, so

werdet ihr das Gesetz Christi erfüllen«, oder die Aufforderung zur Feindesliebe Römer 12,20f vgl. Matthäus 5,44.

54 Die Zwölfapostellehre oder Didaché, aus der Wende vom 1. zum 2. Jh. Diese Abendmahls- bzw. Eucharistieliturgie habe ich zum Vorbild genommen für die Liturgie, die ich in Gottesdiensten benutze und die keine Verbindung mehr zur Sühne- und Opfertheologie, und auch nicht zum Gedanken des Bundesblutes hat: Lebensgaben Gottes feiern. In der mittlerweile benutzten Fassung sind auch einige andere Relikte der traditionellen Sündentheologie nicht mehr enthalten.

55 S. die preiswerte Ausgabe von Klaus Berger und Christiane Nord, o. Anm. 29.

56 Zu finden u. a. in der in Anm. 29 genannten Ausgabe. Seine Entstehungszeit ist unklar. Entgegen der bisherigen Meinung, es sei erst im 2. Jh. entstanden, wird es von anderen in die Mitte des 1. Jh.s datiert und zu den ersten Jesus-Überlieferungen gerechnet.

57 Weisheit aus der Wüste. Worte der frühen Christen, hg. Gerd Heinz-Mohr, Frankfurt/M. 1989.

58 Vgl. Gerd Theißen, Erleben und Verhalten der ersten Christen, Gütersloh 2007.

59 Im Internet zu finden unter www.haus-der-religionen.ch.

60 Im Internet zu finden unter www.eugen-biser-stiftung.de

61 Kaum jemand kann sich heute als Judenchrist bezeichnen. Doch die neutestamentlichen Autoren hatten wohl alle eine jüdische Herkunft, wie Jesus.

62 1. und 2. Teilband, Göttingen 1992.

63 Vgl. dazu: Albrecht Rademacher / Klaus-Peter Jörns, Antworten von Pfarrerinnen und Pfarrern der Evangelischen Kirche in Berlin-Brandenburg sowie von Berliner Theologiestudierenden, in: Klaus-Peter Jörns / Carsten Großeholz (Hg.), Was die Menschen wirklich glauben. Die soziale Gestalt des Glaubens – Analysen einer Umfrage, Gütersloh 1998, S. 195-257, und manche Analysen von Paul M. Zulehner.

64 Wolfgang Schrage stimmt in seinem Kommentar der These zu, dass diese Verse nicht von Paulus, sondern nachträglich eingefügt worden seien: Evangelisch-Katholischer Kommentar zum Neuen Testament VII/3 1Kor 11,17-14,40, Neukirchen-Vluyn 1999, S. 479-501, bes. 481-487.

65 Als Beispiel lobe ich die Veröffentlichung »Der Sonder-Kirchenbote, 450 Jahre Reformation in Marktredwitz«, 2010 erschienen. Darin schrieb Pfarrerin Ellen Meinel den Beitrag »Typisch evangelisch – Die Frau schweige (nicht) in der Gemeinde« (1. Kor 14,34)!?« Hier wurde der gesamte Zusammenhang offen diskutiert.

66 Hubertus Halbfas, Glaubensverlust, S. 18: »Dieses ›Loch‹ im Glaubens-

bekenntnis ist eine Paulus zu verdankende folgenschwere Verdrängung des historischen Jesus.«

67 S. dazu das letzte Kapitel des Buches.

68 Thomas Luckmann, Die unsichtbare Religion, Frankfurt/M. 1991, und Jan Assmann, Religion und kulturelles Gedächtnis, München 2000, S. 45-61.

69 Die unsichtbare Religion, S. 166-171.

70 Vgl. dazu meinen Aufsatz: Religionsinterner Pluralismus im Christentum: eine Herausforderung für Theologie und Kirche, in: Anne-Kathrin Finke / Joachim Zehner (Hg.), Zutrauen zur Theologie (FS Chr. Gestrich). Berlin 2000, S. 417-436.

71 Es fehlt Literatur für Menschen, die die biblischen Sprachen nicht gelernt haben. Sie müsste die deutschen Übersetzungen vom Hebräischen (Aramäischen) und Griechischen her aufschlüsseln.

72 Das haben Manfred Görg und Hubertus Halbfas, aber vor ihnen auch schon Eugen Drewermann mit vielen Büchern getan.

73 Dazu ist die im Institut für Religionssoziologie der Kirchlichen Hochschule Berlin durchgeführte Umfrage unter der Pfarrerschaft der Ev. Kirche in Berlin-Brandenburg (EKiBB) aus dem Jahr 1992 immer noch ein wichtiger Beleg: in: Klaus-Peter Jörns, Die neuen Gesichter Gottes, München 2. Aufl. 1999. Warum führten die Evangelische und die Katholische Kirche in Deutschland keine neue Erhebung unter den deutschen Pfarrerinnen und Pfarrern bzw. Priestern durch, die offenlegte, wie groß die Kluft zwischen der Dogmatik und dem gelebten Glauben in der Pfarrer- bzw. Priesterschaft ist?

74 S. www.pfarrer-initiative.at.

75 Der Mensch in seiner Geschichte, 220.

76 So Friedrich Wilhelm Graf in einem Vortrag am 4.12.2011 in München.

77 Dass in den Darstellungen nebeneinander drei Begriffe für dieselbe Größe verwendet werden, hängt mit den alten und neuen Wissenschaftssprachen zusammen: Kosmos (griechisch), Universum (lateinisch) und All / Weltall / Welt.

78 Die noch zum Weltchaos gehörende Gestalt der mesopotamischen Tiamat ist durch das Wort »Wasser« schon entmythologisiert: vgl. Claus Westermann, Genesis. I. Teilband Gen 1-11, Biblischer Kommentar Bd. I/1, Neukirchen-Vluyn 2. Aufl. 1976, S. 144-147.

79 »Das hebräische Wort … rakia lässt an festes Gewölbe oder eine Kuppel über der Erde denken« (so: Die Tora. In jüdischer Auslegung. Hg. von W. Gunther Plaut, Bd. I Bereschit, Gütersloh 2. Aufl. 2004, S. 72) .

80 So heißt es im »Kleinen Sonnengesang« Echnatons, Z. 16: »Du erhabener Gott, der sich selbst ›baute‹ …«. Bei Jan Assmann, Ägyptische

Hymnen und Gebete. Übersetzt, kommentiert und eingeleitet. 2. Aufl. Freiburg/Schweiz u. Göttingen 1999, S. 215.

81 Die Tora. In jüdischer Auslegung, Bd. I Bereschit, S. 72.

82 Art. Weltschöpfung VI. Christentum B. Gnosis, in: Der Neue Pauly 12/2, Sp. 471.

83 Vgl. dazu: Die Tora. In jüdischer Auslegung, Bd. I Bereschit, S. 77. Der Name »Sabbat« wird erst Exodus 16,23 genannt.

84 Art. Weltschöpfung. VII. Islam, in: Der Neue Pauly 12/2, Sp. 474.

85 Ich beziehe mich bei den folgenden Ausführungen auf: Carl Friedrich von Weizsäcker, Der Mensch in seiner Geschichte, München 1991; Hans-Peter Dürr / Raimon Panikkar, Liebe – Urquelle des Kosmos. Ein Gespräch über Naturwissenschaft und Religion, Freiburg i. Br. 2008; Hans-Peter Dürr / Marianne Oesterreicher, Wir erleben mehr, als wir begreifen. Quantenphysik und Lebensfragen, Freiburg i. Br. 4. Aufl. 2010, sowie auf Thomas und Brigitte Görnitz, Die Evolution des Geistigen. Quantenphysik – Bewusstsein – Religion, Göttingen 2008, aber auch auf Wikipedia-Artikel zum Urknall, zum Kosmos und zur Erde.

86 In griechischen Mythen erzählte man, die Milch (griech.: gála) sei auf den Himmel geflossen, als Herakles (Hermes? Bacchus?) als Säugling zu wild an der Brust der schlafenden Göttin Hera (bzw. Juno) getrunken habe und von ihr weggestoßen worden sei.

87 Thomas und Brigitte Görnitz, Die Evolution des Geistigen, S. 346, sagen, dass »die modernen Menschen« erst vor 40.000 Jahren nach Europa eingewandert seien. Die Datierung der sensationellen Funde auf der Schwäbischen Alb, deren Alter auf 35.000 bis 40.000 Jahre geschätzt wird, scheinen mir auf eine frühere Einwanderung hinzuweisen.

88 Der Name »Gottesteilchen« erklärt sich, wie ich las, aus der Verzweiflung, mit der so lange nach diesem »gottverdammten Teilchen« gesucht worden ist. Irgendjemand habe dann aus den beiden Wörtern eines gemacht.

89 Thomas und Brigitte Görnitz, Die Evolution des Geistigen, S. 346.

90 Hans-Peter Dürr / Marianne Oesterreicher, Wir erleben mehr als wir begreifen, S. 46f. Dürr fügt sogar hinzu: »In der Kann-Möglichkeit steckt auch der Wille drin, denn Potentialität ist auch Potenz.« Etwas später heißt es: »Der freie Wille steht noch ganz außerhalb der heute ausformulierten Quantenphysik. Er kann aber gedacht werden auf der Basis der Nicht-Festlegung, der Offenheit des Alles in Allem, eingebettet in Alles in Allem.« (S. 47)

91 Hans-Peter Dürr / Marianne Oesterreicher, Wir erleben mehr, S. 36.

92 Hans-Peter Dürr / Marianne Oesterreicher, Wir erleben mehr, S. 44.

93 Jeremia 18,1-5 weicht nicht wirklich von diesem Denkmodell ab. Denn

wenn der Töpfer geschaffene Stücke buchstäblich »verwirft« und neu ansetzt, kann man nicht von Evolution reden.

94 Hier wird im Hebräischen *älohim* verwendet.

95 Der Neue Pauly, Art. Weltschöpfung. VII. Islam, Bd. 12/2, Sp. 473f.

96 Christian Kummer SJ leitet das Institut für naturwissenschaftliche Grenzfragen zu Philosophie und Theologie (ING) der Hochschule für Philosophie, München. Zitiert aus einem Artikel von ihm in der Süddeutschen Zeitung vom 29.10.2009 (»Ein Segen für die Theologie«).

97 Evolution der Geistigen, S. 349.

98 Evolution der Geistigen, S. 18.

99 Evolution des Geistigen, S. 347.

100 Hans-Peter Dürr / Marianne Oesterreicher, Wir erleben mehr, als wir begreifen, S. 47.

101 Hans-Peter Dürr / Marianne Oesterreicher, Wir erleben mehr, als wir begreifen, S. 80.

102 Willigis Jäger, Westöstliche Weisheit, S. 83f.

103 Ich beziehe mich hier und weiter unten auf eine Untersuchung von Fritz Paepcke, Zur Sprache und Begriffswelt von Pierre Teilhard de Chardin, in: Helmut de Terra (Hg.), Perspektiven Teilhard de Chardins, München 1966, S. 154-175, hier: 156-163.

104 Pierre Teilhard de Chardin denkt die »Christuswerdung des Kosmos« im Punkt »Christus-Omega« (in Anlehnung an Offenbarung 21,6) als eine organische Einheit alles Seienden. – Die Verwendung des Person-Begriffs ist mir – wie Willigis Jäger, Westöstliche Weisheit, S. 83 – im Zusammenhang des Redens von Gott und einem Ziel der Evolution zu eng. Wenn alles an die Dimension des Personalen gebunden bliebe, dann hätte die Johannesoffenbarung Recht, die in ihrer Zukunftsvision nur noch Gott bzw. das Christus-Lamm und Menschen sieht, mit Pflanzen als Dekoration. Aber Tiere sind dort zum Beispiel nicht mehr zu finden.

105 Fritz Paepke, Zu Teilhards Sprache und Begriffswelt, S. 162f. – Teilhards Vorstellungen sind von dem Physiker Frank J. Tipler physikalisch untermauert worden. Doch wegen der hochspekulativen Elemente seines Denkmodells finden seine Vorstellungen wenig Gegenliebe in der Physik.

106 Bei Rainer Hagencord, Gott und die Tiere. Ein Perspektivenwechsel, Kevelaer 2008, S. 119.

107 Vgl. dazu Hans-Peter Dürr / Marianne Oesterreicher, Wir erleben mehr, als wir begreifen, S. 45: »Alles, was entsteht, hängt, schon bevor es entsteht, mit allem zusammen, es ist gewissermaßen da, aber nicht in dieser konkreten Form. Aus dem umfassenden Zusammenhängenden entsteht das, was wir sehen.«

108 Carl Friedrich von Weizsäcker, Der Mensch in seiner Geschichte, S. 216.

109 Ich folge hier einem Bericht der Zeitschrift »Bild der Wissenschaft«, 4/2012, S. 32-37.

110 In: Die Vorsokratiker. Griechisch-Deutsch. Auswahl der Fragmente, übers. von Jaap Mansfeld, Stuttgart 1987, Logion 32, S. 412f.

111 Vgl. Die Vorsokratiker, hg. von Wilhelm Capelle, Stuttgart 1968, S. 205, Logion 48: »da ein jedes von ihnen seine eigene Form verliert«.

112 Hans Belting hat in seinem Buch: Florenz und Bagdad. Eine westöstliche Geschichte des Blicks, München 2008, nicht nur die Entdeckung der Zentralperspektive in Florenz dargestellt, sondern auch die große Auseinandersetzung mit der in Bagdad herrschenden islamischen Kunsttheorie, die die Dominanz des menschlichen Blicks auf das Leben und seine Darstellung abgelehnt hatte.

113 Das Bild hängt in der Sixtinischen Kapelle in Rom. Perugino lebte von 1448-1523. Die hier sichtbaren Linien sind zu Demonstrationszwecken in die Reproduktion eingezeichnet worden.

114 Den Hinweis auf die Bedeutung Jean Gebsers für unseren Zusammenhang verdanke ich Wolf Spemann, Wiesbaden.

115 Jean Gebser, Gesamtausgabe Bd. II. Ursprung und Gegenwart. Erster Teil, 1986, 5. Aufl. Quern-Neukirchen 2010, S. 50f.

116 An diesem Punkt setzt die kritische Gender-Theorie an. Vgl. zum Ganzen: Hans Belting, Florenz und Bagdad, S. 282-284.

117 Jean Gebser, a.a.O., S. 51.

118 Jean Gebser, Gesamtausgabe Bd. III. Ursprung und Gegenwart. Zweiter Teil, S. 495.

119 Die übrigen Zitate von Jean Gebser, a.a.O., S. 62f.

120 Die Einschätzung von Christoph Türcke, Philosophie des Traums, München 2008, S. 74, die Chauvet-Malereien seien »Abbildungen«, die in starrer Weise – auf Wänden – festgehalten worden seien, »Zeugnisse eines relativ späten Stadiums der menschlichen Einbildungskraft«, teile ich nicht. Werner Herzogs Aufnahmen zeigen die Integrierung von Zeit in den bewegten Bildern, die den Höhlenlöwen, Pferden und Nashörnern zum Beispiel gestatten, in vielerlei Aspekten sich selbst zu zeigen.

121 Ich will hier wenigstens anfügen, dass es mittlerweile viele andere Vorschläge gibt, wie eine integrale Wahrnehmung des Lebens erreicht werden kann. Ich nenne: Ken Wilber, Das Wahre, Schöne, Gute. Geist und Kultur im 3. Jahrtausend, Frankfurt/M. 1999, TB 2011; Ders., Integrale Spiritualität, München 2007, 4. Aufl. 2011. In vielem schließen an Wilber an: Marion Küstenmacher, Tilmann Haberer, Werner Tiki Küstenmacher, Gott 9.0. Wohin unserer Gesellschaft spirituell wachsen wird, Gütersloh 2010, 3. Aufl. 2011.

122 Gerhard Vollmer, Gott und die Welt. Atheismus, Metaphysik, Evolution, in: Aufklärung und Kritik 3/2010, S. 7-24, hier: 22. Vollmer ist Physiker und Philosoph.

123 Die Sintfluterzählung Genesis 6-8 schildert das drastisch. Da solche Fluterfahrungen im religiösen Schrifttum rund um den Globus vorkommen, ist anzunehmen, dass sie frühe Antworten auf die Frage waren, was Gott und Menschen mit solchen Tsunamis ursächlich zu tun haben. Dass sie mit der geschöpflichen Sterblichkeit der Erde und anderer Planeten zu tun haben, war damals nicht im Blick.

124 Johannes 9,1-7.

125 Zu vergleichen ist, was Paulus im 1. Korintherbrief 15,52-54 zur im Tod geschehenden Verwandlung gesagt hat.

126 Zu den theologischen Gründen, die gegen das Christentum als Erlösungsreligion sprechen, s. u. S. 189-198.

127 Auf zwei Neuübersetzungen des Gilgamesch-Epos gehe ich unten S. 164-167 näher ein.

128 S. u. S. 239-244.

129 Karl R. Popper, Ausgangspunkte. Meine intellektuelle Entwicklung, München 2004, S. 263-281,

130 Ich beziehe mich auf die Artikel Paradeisos und Paradies in: Der Neue Pauly, Bd. 9, Sp. 306-309.

131 Die Sadduzäer erwarteten kein Leben nach dem Tod.

132 Im evangelischen Bereich hat es die Anwendung von Gewalt gegen Kinder und Jugendliche vor allem in Heimen durch Prügel und Schikanen gegeben, um Gehorsam zu erzwingen.

133 Adel Theodor Khoury (Hg.), Themenkonkordanz Koran, Gütersloh 2009, S. 478-491: Wonnen des Paradieses. Diese ausführliche Koran-Konkordanz zählt nicht nur Surenverse auf, sondern zitiert die genannten Stellen ausführlich – eine fürs Koran-Studium große Hilfe!

134 Auch Goethe lässt Faust (in seinem Faust I) sich bekanntlich mit dieser Stelle mühen (Z. 1224-1235): Faust erwägt, »Wort« durch »Sinn« und »Kraft« zu ersetzen, und entscheidet sich schließlich für »Tat«.

135 S. o. S. 23f.

136 Jan Assmann, Ägyptische Hymnen und Gebete, S. 216, Z. 52-56.

137 A. a. O., S. 221, Z. 115-117. Zur Sonne heißt es Z. 112: »Du bist aufgegangen in deiner Verkörperung als Lebende Sonne.«

138 Der Vers geht weiter: »Und die ihn anbeten, müssen ihn in Geist und Wahrheit anbeten.«

139 Der Gedanke von der Selbstentfaltung Gottes ist nicht neu. Er gehört nicht nur zur Theologie des Pharaos Echnaton (s. u.), sondern auch zur Schöpfungslehre von Johannes Scotus Eriguena (ca. 810-877) und

Nikolaus von Cues (1401-1464). Er ist auch wieder aufgenommen worden von Rainer Hagencord, Gott und die Tiere.

140 Flavius Josephus, Jüdische Altertümer. Übersetzt von Heinrich Clementz, Nachdruck Wiesbaden o. J., S. 19. Josephus wurde ca. 33 in Jerusalem geboren und starb nach 100 in Rom.

141 Theologisches Wörterbuch zum Alten Testament (ThWAT), Bd. II, Sp. 249f.

142 ThWAT Bd. I, Sp. 82f; II, Sp. 252.

143 ThWAT Bd. I, Sp. 83.

144 Das Blut unschuldig Getöteter kann auch nach Blutrache schreien: Genesis 37,26 u.ö..

145 ThWAT Bd. II, Sp. 255 vgl. 251f..

146 ThWAT Bd. II, Sp. 253. Hartmut Bobzin übersetzt wörtlich näher: »aus Anhaftendem«. Andere Stellen des Koran nennen als Stationen des menschlichen Werdens den Samentropfen, den Embryo, den Fötus und Knochen, die mit Fleisch überzogen werden: z. B. Sure 23,14 u. ö.

147 Jan Assmann, Ägyptische Hymnen und Gebete. S. 216.

148 Der griechische Philosoph Empedokles sah die Menschen vom Blut aus gesteuert: Die Vorsokratiker. Jaap Mansfeld, Stuttgart 1987, Logion 142, S. 460f.

149 Kurt Hübner, Die Wahrheit des Mythos, München 1985.

150 Jürgen Habermas hat den Begriff des »erkenntnisleitenden Interesses« eingeführt. Die Hirnforschung sagt uns heute, wie stark diese »Interessen« durch – neuronal fixierte – Vorgaben aus den Erfahrungen in der sozialen Umgebung vorgeprägt sind. Deshalb ist es keinesfalls so, dass die Wissenschaften selbst über alle Prämissen der Wissenschaftler entscheiden.

151 Gerhard Vollmer, Gott und die Welt, a.a.O., S. 21.

152 Text nach dem Internetauftritt der deutschen Franziskanerprovinz, überarbeitet.

153 Dahinter können sich alte griechisch-römische Überlieferungen verbergen: Gaia als Personifikation der Erde und schöpferische Urpotenz (indogerm. vielleicht »Gebärerin«, so: Der Neue Pauly, Bd. 4, Sp. 733f) und Sol invictus als die römische Fassung des ägyptischen Sonnengottes.

154 Mond, Wasser, Erde und Tod sind im Lateinischen und Italienischen weiblich, Wind und Feuer männlich.

155 Markus Wild, Tierphilosophie zur Einführung, Hamburg 2008, S. 34.

156 Erich Gräßer, Art. Albert Schweitzer, in: Theologische Realenzyklopädie Bd. 30, S. 679.

157 Näheres zum Thema: Albert Schweitzer, Ehrfurcht vor den Tieren.

Hg. v. Erich Gräßer, München 2006; Eugen Drewermann, Über die Unsterblichkeit der Tiere, Düsseldorf 2. Aufl. 2006; Josef Bernhart, Die unbeweinte Kreatur. Reflexionen über das Tier, München 1961; Rainer Hagencord, Gott und die Tiere. Ein Perspektivenwechsel, Kevelaer 2008; Klaus-Peter Jörns, Notwendige Abschiede, S. 242-265; ders., Glaubwürdig von Gott reden, S. 87-126.

158 Dieses und die folgenden Zitate bei Markus Wild, Tierphilosophie, S. 168f.

159 Markus Wild, Tierphilosophie, S. 183: »Die Welt und die sie strukturierenden Artefakte werden und wurden … gemeinsam hergestellt und genutzt. Sie sind nicht das Produkt eines Einzelnen, sondern das Ergebnis fortlaufender Modifikationen und das Produkt gemeinsamer Arbeitsanstrengung.« (182) »Menschen sind nicht nur ökologische Nischenbauer, sondern spezifischer auch ›epistemische Nischenbauer‹. Sie verändern ihre Umwelt, um die Lösung kognitiver Aufgaben entweder zu erleichtern oder überhaupt erst zu ermöglichen.«

160 Jacques Derrida, L'animal que donc je suis, Paris 2006; deutsch: Das Tier das ich also bin, übersetzt von Marcus Sedlaczek, Passagen Verlag, Wien 2010.

161 Bei Markus Wild, Tierphilosophie, S. 209.

162 A.a.O., S. 70-82.

163 Notwendige Abschiede, S. 369-377.

164 Internetauftritt des Max-Planck-Instituts für evolutionäre Anthropologie, Leipzig, Abteilung für vergleichende und Entwicklungspsychologie zum Thema »Primatenkognition« (www.eva.mpg.de/psych/primate-cognition.de.php).

165 www.derstandard.at vom 29.11.2009.

166 Die Steinzeit begann vor 2,6 Millionen Jahren und endete, als der Mensch anfing, Metalle für die Herstellung von Werkzeugen zu benutzen (ca. 7. Jahrtausend. v. Chr.).

167 S. u. S. 204-210.

168 S. u. S. 217-228.

169 Walter Burkert, Wilder Ursprung. Opferritual und Mythos bei den Griechen, Berlin 1991, S. 23.

170 Dass Dogmatiken heute immer noch schreiben, die Tiere seien der menschlichen Bosheit wegen den Menschen von Gott als Nahrung gegeben worden (Genesis 9,2), baut einen den Tieren gegenüber brutalen Gott auf und ist angesichts unserer evolutionären Verwandtschaft mit den Tieren eine abstruse theologische Konstruktion.

171 Quelle: www.umad.de.

172 Der »Löwenmensch« wurde 1939 bei Grabungen entdeckt, in seiner Bedeutung aber erst 30 Jahre später erkannt. Seine Restaurierung dau-

ert an, weil sich immer noch kleine und kleinste Teile der Figur finden. Er wird mit vielen anderen Fundstücken im Ulmer Stadtmuseum ausgestellt. Fundort ist die Höhle Hohlenstein-Stadel im Lonetal. Im Internet ist er zu finden unter www.loewenmensch.de.

173 S. o. S. 146f.

174 Bei Walter Burkert, Wilder Ursprung, S. 21f: Man streute in Griechenland Ähren auf den Altar, führte den Stier daran vorbei, und wenn er von den Ähren aß, hatte er den Altar entweiht. Genau genommen führen Eva und Adam Gott gegenüber auch eine solche Unschuldskomödie auf, indem sie versuchen, die Schuld schließlich auf die Schlange zu schieben: Genesis 3,11b-13.

175 Christoph Türcke, Philosophie des Traums, S. 60-68. Die folgenden Zitate finden sich S. 61-63.

176 Walter Burkert, Wilder Ursprung, S. 23.

177 Zu den Hominiden (lateinisch für Menschenaffen) als Familie der Primaten zählen Orang-Utans, Schimpansen, Gorillas und Menschen.

178 Diese im Grundbestand alten Gesetze verordnen die Todesstrafe für den hinterhältigen Totschläger, für den, der seine Eltern schlägt oder verflucht, sowie für denjenigen, der einen Menschen raubt.

179 Stephan M. Maul, Das Gilgamesch-Epos. Neu übersetzt und kommentiert, München 2005. Hierzu I,48.

180 Raoul Schrott, Gilgamesch-Epos, München 2001, S. 54.

181 Stephan M. Maul, Das Gilgamesch-Epos, S. 49f.

182 Raoul Schrott, Gilgamesh. Epos, S. 54.

183 Das Wort ist im Urtext offenbar schwer zu entziffern.

184 Zitate aus der Achten Duineser Elegie.

185 Helmut Schelsky, Auf der Suche nach Wirklichkeit, Düsseldorf 1965, S. 250-275.

186 Vgl. dazu formal 2. Samuelbuch 24,1: Da reizte Gott Jahwe den König David, etwas zu tun, was er nicht tun durfte, und wofür er – bzw. die Israeliten – dann auch von ihm bestraft wurden.

187 Eigene Übersetzung, V. 18 in Anlehnung an: Die Bibel, neu in Sprache gefasst von Jörg Zink, Stuttgart 2008, S. 394.

188 In seiner Person sind die göttliche und menschliche Natur verbunden. Außerdem ist der Gottessohn zugleich auch jener mystische Leib Christi, den die Kirche als Gemeinschaft der getauften Christen bildet (1. Korinther 12,13).

189 Im neuen »Handbuch der politischen Ikonographie«, hg. Uwe Fleckner / Martin Warnke / Hendrik Ziegler, München 2011, 2 Bde., wird unter dem Stichwort »Zwei Körper des Königs« die seit dem 10. Jh. nachweisbare, in England im 16. Jh. ausgearbeitete Idee behandelt, dass

der König einen natürlich-sterblichen und einen politisch-mystischen, unsterblichen Leib habe (II, S. 560).

190 Seit dem Mittleren Reich konnten auch Königinnen – wie Hatschepsut – als Sphinx dargestellt werden: Art. Sphinx, in: Der Neue Pauly, Bd. 11, Stuttgart 2001, Sp. 816-819.

191 Seit dem Neuen Reich sind – wie im Tempelbezirk von Karnak – die Löwenkörper mit Widderköpfen verbunden worden; sie stellen den Gott Amun dar.

192 Art. Sphinx, in: Der Neue Pauly, Bd. 11, Sp. 817f. Der Text des Rätsels ist dort mitgeteilt.

193 Die frühe Darstellung aus dem 8. Jh. v. Chr. zeigt die Verbindung von Mann und Pferd besonders eindrucksvoll, s. Abbildung 13.

194 S. o. S. 26f.

195 S. s. S. 23f.

196 Das Jesus-Wort im Johannesevangelium »Niemand kommt zum Vatergott denn durch mich« (Johannes 14,6b) ist ganz in diesem Sinn gemeint.

197 Beim diesem Konzil wurde u. a. formuliert: Jesus Christus sei: »Einziggeborener in zwei Naturen unvermischt, unverändert, ungeteilt und ungetrennt zu erkennen, in keiner Weise unter Aufhebung des Unterschieds der Naturen aufgrund der Einigung, sondern vielmehr unter Wahrung der Eigentümlichkeit jeder der beiden Naturen und im Zusammenkommen zu einer Person und einer Wirklichkeit (Hypostasis).«

198 Galater 3,27 (durch die Taufe); Römer 13,14 vgl. Epheser 4,24; Kolosser 3,10f. Der Ausdruck findet sich abgewandelt auch 1. Korinther 15,53, wo Paulus im Blick auf die bei der Auferstehung der Toten geschehende Verwandlung sagt, das Verwesliche müsse Unverweslichkeit *anziehen* und das Sterbliche Unsterblichkeit.

199 1. Korinther 11,27-30 hat Paulus klargemacht, dass er manche Krankheiten und Todesfälle in der Gemeinde darauf zurückführte, dass diese Menschen nicht mit dem erforderlichen Verständnis am Abendmahl teilgenommen hatten.

200 In ptolemäischer Zeit wurde Osiris mit dem Beinamen Apis (Stier) zusammengeschrieben: Osirapis. Das als griechischer Artikel missverstandene »O« fiel bald weg, und so entstand Serapis bzw. Sarapis (Quelle: Art. Serapis, in: Der Neue Pauly, Bd. 11, Sp. 445). Es gibt Belege, die von einer Verschmelzung von Serapis mit Asklepios sprechen.

201 Für Asklepios nennen Emma und Ludwig Edelstein, Asclepius I, Baltimore 1945, S. 110ff, u. a. Minucius Felix (2. oder 3. Jh. n. Chr.): »A. wurde vom Blitz getötet, um als Gott aufzuerstehen«. Minucius Felix versuchte zu zeigen, dass etliche vorchristliche Überlieferungen – wie die zu Asklepios – dem Christentum vorgearbeitet hatten. Dafür hat man ihn verachtet.

202 So im Evangelischen Kirchenlexikon 3. Aufl. Göttingen 1986, Bd. 1, Sp. 741, s. v. »Christologische Hoheitstitel«. Der Titel »Menschensohn« begegnet mit Ausnahme von Apostelgeschichte 7,56 nur in Jesus-Worten, breit gestreut über die Quellen.

203 Martin Luther ermahnte in einer Predigt über Johannes 20,21-29 am Osterdienstag 1529 (bei Erwin Mülhaupt [Hg.], Martin Luthers Evangelien-Auslegung. 5. Teil. Die Passions- und Ostergeschichten, 4. Aufl. Göttingen 1969, S. 377) die Bischöfe, »sie sollten lauter Helfer, Heilande und Christusse sein, denn er (scil. Christus) ist nicht gekommen, die Seelen zu verderben, sondern zu retten.« Das folgende Zitat ebenda S. 380.

204 Man darf auch nicht davon ausgehen, dass der Zwölfer-Apostolat von Jesus eingesetzt worden wäre. Es ist eine frühkirchliche Konstruktion. Bei Markus 3,13-16 kann man noch sehr schön erkennen, dass Jesus (12) Männer zu sich gerufen hatte, um sie mit der Vollmacht auszusenden, Dämonen auszutreiben. Aus dem »Aussenden« (griech. apostellein) hat dann die von Matthäus (10,1-2) und Lukas (6,12f) benutzte Tradition schon das Amt der »Apostel« (griech. apostolos/ Plural: apostoloi) gemacht.

205 Richard Heinzmann, Eugen Biser und die Zukunft der Theologie, in: Richard Heinzmann / Martin Thurner (Hg.), Die Mitte des Christentums. Einführung in die Theologie Eugen Bisers, Darmstadt 2011, S. 150f.

206 Dass auch mit anderen Total-Forderungen schon die Seelen von Kindern in furchtbare Notlagen gebracht worden sind, lehrt das Kindergebet »Ich bin klein, mein Herz ist rein, soll niemand drin wohnen als Jesus allein.« Also weder Mutter noch Vater noch Geschwister durften eigentlich darin sein: Jesus als der, der alle Liebe für sich beansprucht! Das war lebensfeindlich gedacht.

207 Friedrich Nietzsche, aus »Das trunkene Lied«. Das Gedicht ist auf der Halbinsel Chasté in Sils Maria/Oberengadin in einen Stein gemeißelt.

208 In Platons »Symposion« erzählt Aristophanes diesen Mythos, um die Kraft des Eros zu erklären.

209 Paul Gerhardt, Evangelischen Gesangbuch Nr. 84,4.

210 Wilfried Engemann, Vom Umgang mit Menschen im Gottesdienst. Probleme der impliziten liturgischen Anthropologie, in: Evangelische Theologie 72/2012, 101-117, hier: 104.

211 Dieses Phänomen lässt sich erschreckend gut bei dem Propheten Jeremia beobachten. Vgl. dazu Klaus-Peter Jörns, Zerstörtes Vertrauen. Zur traumatisierenden Wirkung theologischer Vorstellungen von Gott und Mensch und zu ihrer Überwindung, in: Wege zum Menschen 62/2010, S. 106-121.

212 Ein Engel Satans habe ihn ins Gesicht geschlagen, sagt er, aber er hat dahinter eindeutig Gott selbst gesehen: 2. Korinther 12,8.

213 Ich beziehe mich auf das Buch: Paul Watzlawick, Janet H. Beavin, Don D. Jackson, Menschliche Kommunikation. Formen, Störungen, Paradoxien, 1969, = 8. Aufl. Bern, Stuttgart, Toronto 1990.

214 Engemann zitiert das »Bußgebet« aus dem Evangelischen Gottesdienstbuch (S. 495): »Du hast uns gerufen, und wir haben nicht auf dich gehört. Deine Herrlichkeit ist erschienen, und wir sind blind gewesen. Du hast deine Hand nach uns ausgestreckt, und wir sind davor zurückgewichen. Wir haben viel empfangen und wenig gedankt. Wir sind deiner Liebe unwürdig.«

215 Die Bibelkritik ist sich einig, dass hier schon Erfahrungen eingefügt worden sind, die aus der Zeit nach 70 stammen, als die Römer Jerusalem zerstört und Titus im Tempel eine römische Götterstatue hatte aufstellen lassen, die man »den Gräuel der Verwüstung« nannte. Dies hat man als Zeichen verstanden, das die Endzeit einleitet.

216 Ich nenne nur die Klassiker: Konrad Lorenz, Das so genannte Böse. Zur Naturgeschichte der Aggression, 7. Aufl. Wien 1965; Irenäus Eibl-Eibesfeldt, Der vorprogrammierte Mensch. Das Ererbte als bestimmender Faktor im menschlichen Verhalten, 2. Aufl. Wien-München-Zürich 1973, und ergänze die beiden Werke, um das Phänomen der Kooperation einzubinden, durch das populärwissenschaftliche Buch von Stefan Klein, Der Sinn des Gebens, Frankfurt/M. 2010 bzw. 2011.

217 Jan Assmann, Das kulturelle Gedächtnis. Schrift, Erinnerung und politische Identität in frühen Hochkulturen, 2. Aufl. München 1997 (= 1999).

218 Bei der Jagd war es dagegen geboten, tierliche Verhaltsweisen zu imitieren.

219 Ich beziehe mich dabei auf mein Buch: Krieg auf unseren Straßen. Die Menschenopfer der automobilen Gesellschaft, Gütersloh 1992.

220 Krieg auf unseren Straßen, S. 110-116.

221 Dass unsere Autos immer noch bzw. wieder so unvernünftig viele PS haben und Rezensenten von schnellen Autos in militärischem Jargon von »Boliden« (»Geschossen«) schreiben, zeigt den Geist, der die Szene regiert: Es geht um Schnelligkeit und Kampf, um die Anbetung des Stärksten. Und die Todesopfer und Verletzten werden bei diesem Kult von vornherein mit einkalkuliert.

222 S. u. S. 236.

223 Michael Hanekes Film »Das weiße Band. Eine deutsche Kindergeschichte« (2009) hat gezeigt, dass eine sexualitätsfeindliche Erziehung zur Grausamkeit erzieht – auch wenn sie von frommen Eltern ausgeht. Die Kirchen sollten ihm dankbar sein.

224 Arno Baruzzi, Art. Recht/Rechtstheologie/Rechtsphilosophie VI, in: Theologische Realenzyklopädie, Bd. 28, Berlin 1997, S. 254.

225 Vgl. dazu bei Matthäus das Gleichnis 25,31-45 mit dem Zusatz V. 46.

226 Gnadenlos hart ist Jesus allerdings mit denen umgegangen, die »einen dieser Kleinen« verführt haben – obwohl nicht genau zu erkennen ist, was er damit meint (Lukas 17,1f). Für die frühchristliche Gemeinde aber gilt, dass, wenn einer an einem anderen schuldig wird und das bereut, ihm auch dann vergeben werden soll, wenn es sieben Mal am Tag geschieht (Lukas 17,3f).

227 In meiner Übersetzung der Seligpreisungen habe ich hier eine Verbindung zur »Feldrede«(Lukas 6,21b) hergestellt.

228 Im griechischen Text steht einfach »die Friedenstifter«. In der Verkündigung Jesu geschieht dies vor allem durch die Vergebung. Deswegen habe ich das Wort hier eingesetzt.

229 Aus der sarkastisch-menschlichen »Dreigroschenoper« von Bert Brecht sind die rhetorische Frage »Ein guter Mensch sein! Ja, wer wär's nicht gern?« und die resignierte Antwort »Doch die Verhältnisse, die sind nicht so!« zu Sprichwörtern geworden. Dass Brecht hier auf die Seligpreisungen anspielt, sagen diese beiden Zeilen: »Sein Gut den Armen geben, warum nicht? Wenn alle gut sind, ist Sein Reich nicht fern.« Vgl. dazu meinen Aufsatz: Vom unwirksamen Gott. Religiöse Motive in der Lyrik Bertolt Brechts, in: Klaus-Peter Jörns, Der Lebensbezug des Gottesdienstes, München 1988, S. 211-239.

230 Dietrich Bonhoeffer, Widerstand und Ergebung (DBW 8), S. 560.

231 In diesem Zusammenhang müssen auch die Radikalisierungen der Gebote in der Bergpredigt gesehen werden: Wenn Jesus seinen Zuhörern sagt (Matthäus 5,21f), das Gebot »Du sollst nicht töten« beschränke sich nicht auf Totschlag oder Mord, sondern schließe den Zorn ein, mit dem man seinen Bruder attackiert. Schon wenn man ihn als »Null« beschimpfe oder ihm wünsche »Fahr zur Hölle!«, habe man dieses Gebot übertreten (hier folge ich Jörg Zinks Übersetzung). In diesen Reden steckt ja etwas Vernichtendes. Jesus ging es nicht darum, alle zu verurteilen, sondern das Bewusstsein zu schärfen dafür, welche Dynamiken sich in solchen Reden auftun – und dass wir alle schon solche Vernichtungswünsche gedacht haben.

232 Im so genannten Ebioniten-Evangelium, das nicht in der Bibel überliefert ist, steht das Jesus-Wort: »Ich bin gekommen, die Opfer abzuschaffen. Und wenn ihr nicht aufhört zu opfern, wird der Zorn Gottes gegen euch nicht aufhören.« Zu lesen in: Berger-Nord, Das Neue Testament und frühchristliche Schriften. Frankfurt/M. 1999 = 2005, S. 986.

233 Vgl. dazu trotz des anderen Ansatzes im Ergebnis übereinstimmend: John Shelby Spong, Warum der alte Glaube neu geboren werden muss, Düsseldorf 2006, S. 106.

234 »Als wenn es Gott nicht gäbe«.

235 »Der Gott aus der Maschine«.

236 Dietrich Bonhoeffer, Widerstand und Ergebung. Briefe und Aufzeichnungen aus der Haft (DBW 8), Gütersloh 1998, S. 532-535.

237 A.a.O., S. 546.

238 A.a.O., S. 549. Er fährt – ein dreiviertel Jahr vor seinem gewaltsamen Ende – fort: »In diesem Sinn ist der Tod die Krönung der menschlichen Freiheit.«

239 Besonders eindrucksvoll finde ich das o. Anm. 14 erwähnte Buch: Othmar Keel – Silvia Schroer, Eva – Mutter alles Lebendigen.

240 Vgl. dazu Joachim Ernst Berendt, Nada Brahma. Die Welt ist Klang, Frankfurt/M. 1983, und die Audio-CDs mit den Urtönen.

241 Ich stimme mit John Shelby Spong, a.a.O., S. 103, überein: Keine einzige Definition Gottes kann Gott wirklich erfassen.

242 Vgl. den gleichnamigen Titel des Buches von Eberhard Jüngel: Gottes Sein ist im Werden. Verantwortliche Rede vom Sein Gottes bei Karl Barth. Eine Paraphrase, Tübingen 3. Aufl. 1976.

243 Damit lehne ich mich bewusst an die »Lebensfeier« an, die Willigis Jäger im Benediktushof und anderswo feiert.

244 Das Danklied Davids 2. Samuel 22 sollte man lesen, wenn man sich über die große Bilderfülle der Wahrnehmungen Gottes in früher biblischer Zeit »ins Bild setzen« will.

245 Mit demselben Recht können wir auch von der tragischen Seite tierlicher oder pflanzlicher Existenz reden, wenn wir das Leben der Tiere und Pflanzen beobachten und ihre Leiden, auch und gerade die von Menschen verursachten, dabei nicht ausblenden.

246 Vgl. Ferdinand Schlingensiepen, Dietrich Bonhoeffer, München 2005, S. 150ff.

247 Vor allem bei der so genannten deuteronomistischen Theologie ist das zu erkennen, wie Othmar Keel gezeigt hat: Monotheismus – ein göttlicher Makel? In: Neue Züricher Zeitung 30./31.10.2004.

248 Klaus-Peter Jörns, Die neuen Gesichter Gottes. Was die Menschen wirklich glauben, München 2. Aufl. 1999, 48f. 40% der Befragten verwendeten 1992 für den persönlich gedachten Gott »Gott« auch als Namen.

249 S. o. S. 92-95. Die in Klammern angegebenen Seitenzahlen beziehen sich auf das Buch von Hans-Peter Dürr und Marianne Oesterreicher, Wir erleben mehr als wir begreifen.

250 Aus: Bert Brecht, Die heilige Johanna der Schlachthöfe von 1931, uraufgeführt 1959.

251 Dietrich Bonhoeffer, Widerstand und Ergebung (DBW 8), S. 560f.

Bildnachweis

Abb. 1: Gott Horus als Fisch, mit Adorant, aus Oxyrhynchos. © akg-images/Werner Forman

Abb. 2: Asklepios mit Äskulapstab. © akg-images

Abb. 3: Himmelsscheibe von Nebra. © Landesamt für Denkmalpflege und Archäologie, Juraj Lipták;

Abb. 4: Sonnenwagen von Trundholm. © akg-images

Abb. 5: Echnaton, Nofretete und Töchter werden vom Licht aus der Sonnenscheibe Aton bestrahlt. © akg-images

Abb. 6: Christus als Helios im Sonnenwagen

Abb. 7: Perugino, Schlüsselübergabe, 1482, Fresko Rom, Sixtinische Kapelle. © akg-images

Abb. 8: Brunnen vor Rumis Grabstätte in Koya. © Autor

Abb. 9: Picasso, Zeichnung 1926. Jean Gebser: Ursprung und Gegenwart, Gesamtausgabe Novalis Verlag, Bd. 2, Seite 61. © Sucession Picasso/VG Bild-Kunst, Bonn 2012

Abb. 10: Hohle Fels, Venus. Foto: H. Jensen, Universität Tübingen.

Abb. 11: Hohle Fels, Flöte aus Flügelknochen eines Gänsegeiers. Foto: H. Jensen, Universität Tübingen.

Abb. 12: Löwenmensch. Statuette aus Mammutelfenbein, H 296 mm; Br 63 mm. Jüngere Altsteinzeit. Fundort: Höhle Hohlenstein--Stadel, Gmk. Asselfingen, Baden-Württemberg, Deutschland. Inv. Ulmer Museum Prä Slg. Wetzel Ho-St. 39/88.1. Foto: Thomas Stephan, © Ulmer Museum, Ulm.

Abb. 13: Kentauer aus dem 8. Jh. v. Chr., Statuette eines drohenden Kentauren aus Terrakotta. Gefäßapplik aus Athen, Inv. NI 5236. © Staatliche Antikensammlungen und Glyptothek München. Fotografiert von: Renate Kühling.

Abb. 14: Büffel, Rentiere und Pferde aus der Chauvet-Höhle. © picture-alliance/dpa-Bildarchiv.

Verzeichnis zitierter und erwähnter Stellen

1. Bibel

Apostelgeschichte

Brief an die Römer

1. Brief an die Korinther

2. Brief an die Korinther

Brief an die Galater

Brief an die Philipper

Der 2. Brief an Timotheus

Der Brief an die Hebräer

Der erste Brief des Johannes

Offenbarung des Johannes

2. Andere Religionen und Quellen